노모포비아

스마트폰이 없는 공포

← 스마트폰은 어떻게 우리의 뇌를 망가뜨리는가 →

노모포비아
스마트폰이 없는 공포

만프레드 슈피처 지음
박종대 옮김

THE NAN
더 난 콘 텐 츠

머리말

이 책은 새로운 디지털 미디어가 인간, 특히 그중에서도 어린아이와 청소년에게 미치는 영향을 다룬 나의 네 번째 책이다. 첫 책《디지털 화면을 조심하라!(Vorsicht Bildschirm!)》는 2005년에 이 책과 마찬가지로 클레트 출판 그룹에서 출간됐는데, 핵심 주제는 TV 소비에 대한 위험성이었다. 당시 이 주제는 이미 많은 연구가 이루어졌는데, TV가 나온 지 50년이 넘었기 때문이다.

2012년에 나온 두 번째 책《디지털 치매》는 사회적으로 격렬한 논쟁을 불렀지만, 전체적으로는 이후 디지털 정보 기술을 무작정 수용하는 대신 점점 비판적으로 바라보는 흐름이 생겨났다. 이제는 미디어들이 아무리 똑같은 허위 사실들, 예를 들어 '디지털 천재'니, '디지털이 사람을 똑똑하게 만든다'느니, '분필 시대의 종말'이니 하는 말을 앵무새처럼 되뇌어도《디지털 치매》의 출간 이후엔 그런 디지털 과장 광고에 의심의 눈초리를 보내고, '디지털화'라는 시대적 화두를 비판적으로 곱씹어보는 사람들이 점점 늘어났기 때문이다. 사실 '디지털화'라는 말은 현재 굉장히 다양한 영역에서 사용되고 있다. 생산 과정의 자동화에서부터 종이 없는 행정, 각 가정의 광속 인터넷 연결, 무선 랜, 학교의 디지털 단말기에 이르기까지. 게다가 《디지털 치매》 출간 이후엔 무언가 작용이 있으면 항상 위험과 부작용도 따르기 마련이라는 상식적인 말도 다시 한 번 생각해보게 됐다(만일 어떤 의사가 여러분에게 약을 처방하면서 이 약에는 아무 부작용이 없으니 걱정하지 말고 복용하라고 하면 나는 여러분에게 절대 그 약을 먹지 말라고 권하고 싶다. 부작용이 없다는 것은 곧 작용도 없다는 뜻이니까!).

디지털화에 대한 비판적인 책은 미국에서 먼저 수십 권이 출간됐고, 이후 조금 늦게 독일에서도 나왔다. 그로써 그전에 내 입장을 가리켜 '누구도 공감하지 않는 지엽적인 의견'이라느니, '아무도 당신의 말에 귀를 기울이지 않는다'느니 하면서 몰아붙였던 많은 비판가들의 잔꾀도 더 이상 통하지 않게 됐다.

2015년 가을 나의 세 번째 책 《사이버 스트레스》가 출간된 지 몇 주 지나지 않아 놀랍고도 기쁜 일이 일어났다. 2015년도 독일의 청년층이 꼽은 '올해의 말'로 '스몸비'(스마트폰 좀비)가 선정된 것이다. 다시 말해 젊은이들이 과도한 스마트폰 사용과 활력 없는 삶 사이의 관련성을 인지하기 시작하면서 그에 대한 적당한 말을 찾아낸 것이다. 심지어 2018년 1월 애플의 거대 투자자 2명이 투자처에 편지를 보내 스마트폰의 위험성으로 애플이 파산할 수 있고 그로 인해 자신들도 큰 손해를 볼 수 있다는 점을 지적했다는 소식을 접했을 때, 이제 나는 느긋하게 등을 기대며 쉴 수 있겠구나 하고 생각했다.

그런데 왜 또 책을 쓰게 됐을까? 그것도 오직 스마트폰에 관한 책을. 이유는 아주 간단하다. 지난 3~4년 동안 새로운 깨달음을 많이 얻은데다 특히 스마트폰이 가져온 어마어마한 규모의 해악이 최근에야 제대로 드러났기 때문이다. 예를 들어 한국의 20세 이하 아이들은 근시 비율이 90퍼센트가 넘고(일반적으로 1~5퍼센트가 보통이다), 미국 여자 청소년들은 최근 7년 사이 자살률이 두 배로 늘었으며, 심지어 스마트폰이 '미국 대선'과 '브렉시트 투표'를 비롯해 전 세계 200여 곳의 선거에 영향을 끼쳤다는 것은 결코 무시할 수 없고 무시돼서도 안 되는 심각한 문제다. 디지털 정보 기술은 건강에 대한 위해에서부터 교육 과정의 침해, 일자리 감소, 공동체적 토대의 상실에 이르기까지 온갖 부작용을 낳고 있다. 이런 상황을 못 본 채 방관하는 것은 결코 더는 가능하지 않을 뿐더러 그 자체로 무책임한 짓이다.

따라서 이 책은 있지도 않는 불안을 야기하는 것이 아니라 〈사이언스(Science)〉나 〈네이처(Nature)〉 같은 전문 잡지에 공개된 많은 과학자들의 인식을 요약하고, 스마트폰이 우리 모두에게 끼치는 해악을 이해하기 쉽고 핵심적으로 표현하는 데 그 목적이 있다.

다른 책에서도 언급했듯이 스스로 정론이라고 주장하는 언론들, 그러니까 전통적인 신문사와 TV 방송국들은 스마트폰의 위험성에 대한 정보를 제대로 제공해주지 않고 있다. 일례로 2018년 1월 20일 〈노이에 취리히 차이퉁(Neue Züricher Zeitung)〉이 노르웨이 보건 시스템에 대한 사이버 공격, 즉 노르웨이 국민 절반의 정보가 유출된 사이버 공격을 상세히 보도했을 때 당연히 독일의 큰 신문들에도 관련 기사가 나오리라 기대했다. 그러나 허사였다. 보건 시스템의 디지털화를 추진하는 정치적 움직임에 불리한 사실들을 보도하지 않으려는 의도로밖에 볼 수 없었다. 그런 디지털화의 배경에는 돈 문제가 얽혀 있고, 개인 정보 유출이라는 고도의 위험성이 함께 존재한다.

교육 영역에 대한 거대 신문사와 잡지사의 보도 태도 역시 부적절하기는 마찬가지다. 그들의 입장은 한결같다. 유치원에서부터 중고등학교, 대학에 이르기까지 모든 교육 시설이 무조건 '디지털화돼야' 하고, 그 과정에서 특히 스마트폰은 '좀 더 적극적으로 활용돼야' 한다는 것이다. 그러나 현장 상황은 다르다. 교육 과정에서 스마트폰의 위해는 심각한 것으로·드러났다. 바로 그런 이유에서 프랑스 의회는 2018년 8월부터 학교에서 스마트폰 사용을 전면 금지했다.

교실의 '디지털화'는 학생들의 학습을 방해하는 것으로 입증됐다. 그러나 그런 연구는 보도되지 않는다. 오히려 〈노이에 취리히 차이퉁〉이나 〈프랑크푸르터 알게마이네 차이퉁(Frankfurter Allgemeine Zeitung)〉 같은 언론들은 2018년 1월 학교 디지털화의 긍정적 측면을 부각한 뮌헨공과대학교의 연구 결과만 보도했다. 아직 출간되지 않은 보고서인데 말이다(실제 출간은 2018년 7월에 이루어졌다).

디지털 로비스트들의 팔은 넓고 길게 뻗어 있고, 그들의 입장을 대변하는 순종적인 언론에 거금을 뿌린다. 거짓 정보는 계속해서 확산되고, 문제점은 카펫 아래로 자취를 감춘다. 간혹 부정적인 결과를 부각하는 연구서가 나와도 '지극히 말단적인 것'으로 치부돼버린다. 그래서 필자는 이 책을 통해 다시 한 번 우리 자신뿐 아니라 우리 아이들을 더 큰 위험으로 내모는 현실을 고발할 생각이다.

마지막으로 이 책이 나오게 된 형식적이고 외적인 이유를 말하자면, 이 책은 필자가 지난 18개월 동안 쓴 글을 모은 것이다. 설명하면 이렇다. 나는 20년 가까이 신경학자와 정신과의사들을 위한 전문 월간지 〈신경의학(Nervenheilkunde)〉의 발행인을 맡아왔다. 매호에 기고문 두 편을 실었고, 그렇게 모인 글이 매년 작은 책자 형태로 출간됐다. 그런데 그 잡지를 출간해오던 샤타우어 출판사가 2018년 1월 1일부터 예전 형태를 유지하지 못하고 일부 분야를 클레트-코타 출판사에 넘긴 탓에 2018년과 2019년 〈신경의학〉에 실린 스마트폰의 영향에 관한 원고가 이 책에 요약본 형태로 담기게 된 것이다. 물론 단행본 출간을 위해 일부는 수정하고, 몇 장은 완전히 새로 쓰기도 했다.

오랫동안 나는 내 책들과 기고문이 좀 더 폭넓은 독자층에게 읽히길 기대했다. 미국에 체류하는 동안 대중이 이해하기 쉽게 쓰는 것에 익숙해져서 한층 그런 기대를 갖게 됐는지 모르겠다. 미국에 있을 때 가끔 내 글을 읽고 의견을 얘기해주던 내 멘토의 부인이 언젠가 이런 말을 했다. "만프레드, 어렵게 쓰려고 하지 말고 말하듯이 쓰세요." 그 충고 덕분에 나는 어깨에 잔뜩 힘이 들어간 채 '교양 있게' 쓰려는 버릇을 버릴 수 있었다. 그러나 안타깝게도 독일에는 이해하기 어려운 것을 심오한 것으로 여기는 풍조가 여전히 남아 있는 듯하다.

쉬운 언어로 풀어낸 내 생각에 많은 독자들이 메일로 격려와 감사의 인사를 전해온다. "응원합니다", "결코 물러서지 마십시오", "정말 중요한 일을 하고 계십니다" 등등 일부러 시간을 내어 메일을 보내주신 모든 분들께 이 자리를 빌려 진심으로 감사의 말씀을 전한다. 온갖 비열하고 심지어 모욕적인 언사의 표적이 되더라도 내 생각에 공감하고 뜻을 같이하는 사람들이 적지 않다는 사실에 힘을 얻는다.

이 책이 나오기까지 힘을 보탠 출판사 세 곳의 많은 분들께 감사드린다. 샤타우어 출판사의 아냐 보르허스 박사, 안드레아 쉬르크 박사, 볼프 베르트람 박사, 티메 출판사의 마르틴 슈펜커, 올리버 포크, 보르

허스 박사 그리고 클레트-코타 출판사의 톰 크라우스하르, 하인츠 바이어 박사, 산드라 아이헬레가 그분들이다. 특히 마지막으로 거론한 분들은 이 책의 기획을 흔쾌히 수용했을 뿐만 아니라 집필 과정에도 많은 긍정적인 에너지를 불어넣어줬다.

독일 대학병원의 정신의학과 중에서 여전히 아주 작은 곳에 속하는 울름대학교의 정신의학과도 2018년 6월 초에 벌써 설립 20주년을 맞았다. 지금껏 함께한 모든 분들께 진심 어린 감사를 전한다. 삶의 의미를 느끼며 즐겁게 일할 수 있었던 데는 그분들 덕이 크다. 의사, 심리학자, 병동 간호 인력, 사회복지사, 심리상담사 그리고 정신의학과의 원활한 유지에 도움을 주신 모든 분들이 그렇다. 우리는 크고 작은 여러 그룹을 만들어 새로운 인식과 성찰에 대해 틈틈이 토론을 벌여왔다. 어떤 말을 해도 비난받지 않으리라는 확신 속에서 말이다. 자유로운 분위기 속에서 자연스레 신선한 아이디어들이 쏟아졌다. 물론 나중에는 비판적 조명을 통해 그 아이디어들 가운데 99퍼센트가 쓰레기통에 던져졌지만, 무엇이든 풍성하게 흘러넘치다 보면 창의적이고 새로운 것이 남기 마련이다. 온 선원이 합심해서 배를 잘 저어가다 보니 선장에게는 틈틈이 몇 주씩 칩거해서 이 항해의 의미와 목적 그리고 진실과 거짓 자체를 숙고할 시간이 허락된다. 미력한 힘으로나마 이 세상을 구할 수 있을지에 대해서도….

만프레드 슈피처

차례

일러두기

_저자와 옮긴이의 주는 *로 표기하여 각주로 처리했습니다.
_자료 출처는 번호로 표기하여 미주로 처리했습니다.
_인명과 지명 등은 외래어 표기법을 따랐으나 이미 통용되는 표현이 있는 경우 그 표기를 따랐습니다.

제1장

스마트폰이 만든
전염병

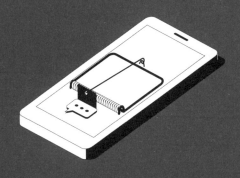

건강, 교육
그리고 사회

스마트폰은 건강과 젊은이들의 교육을 해치고, 민주 사회를 위기에 빠뜨린다. 몇 가지 사례를 살펴보자.

- 한 엄마가 내게 이런 하소연을 했다. 자신이 아들의 스마트폰을 빼앗으려고 하자 아들이 자신의 손을 깨물었다는 것이다. 이것은 명백한 중독의 신호다! 한국에서는 스마트폰에 중독된 젊은이의 비율이 30퍼센트가 넘는다. 2015년 10월 독일의 한 연구팀은 8~14세 500명을 상대로 스마트폰 사용에 관한 조사를 벌였는데, 그 보고서에 따르면 중독성의 위험을 보인 비율이 8퍼센트였다고 한다.
- 독일건강보험공단은 소셜 미디어 중독을 경고한다. 12~17세 청소년들은 매일 평균 3시간 가까이 소셜 미디어에 접속한다. 독일직장건강보험공단의 설문 조사에 따르면 청소년의 2.6퍼센트가 왓츠앱(WhatsApp), 인스타그램(instagram), 스냅챗(Snapchat), 페이스북(facebook), 트위터(twitter)에 중독된 것으로 드러났다. 세계보

건기구(WHO)는 2018년 6월 18일 질병에 관한 새로운 국제 분류 (ICD-11)를 제시하면서 컴퓨터 중독과 온라인 게임 중독을 질병에 포함시켰다.

- 한 17세 고등학생이 수업 시간에 스마트폰으로 뮤직비디오를 보다가 여자 선생님에게 적발되어 당장 스마트폰을 끄라는 지시를 수차례 받았다. 그러나 학생은 지시를 따르지 않고, 오히려 "선생님이 뭔데 스마트폰을 못 보게 하느냐"라며 욕을 했다(f*ck). 선생님은 곧장 학생의 스마트폰을 빼앗아 창밖으로 던져버렸다. 이후 그 선생은 1심 법원에서 유죄 판결을 받았다. 물론 2심에서는 무죄가 선고됐지만.

- 미국에서는 몇 년 사이 여자 청소년과 젊은 여성들의 자살률이 두 배 증가했다. 원인을 분석한 결과 목숨을 끊으려는 심리적·정신적 충동은 디지털 미디어의 사용 시간이 늘어날수록 증가하는 것으로 나타났다. 1,000명의 여자 청소년을 대상으로 실시한 영국의 한 조사에 따르면 13세에 매일 3시간 넘게 페이스북을 이용한 사람은 18세에 우울증이 나타날 확률이 다른 아이들의 두 배라고 한다.

- TV는 과체중을 낳는다. 비디오, DVD, 컴퓨터 게임은 더 심하다. 스마트폰이라고 해서 낫지는 않다. 어린아이와 청소년의 행동반경은 30년 사이 90퍼센트나 감소했다. 운동 부족과 과체중은 세계적으로 증명된 디지털 미디어의 부작용 가운데 가장 확실한 것으로 꼽힌다.

- 컴퓨터와 스마트폰은 교육을 해친다. 컴퓨터나 인터넷 연결이 학

교에서 학생들의 학습에 긍정적인 영향을 끼쳤다는 주장은 지금 껏 독일뿐 아니라 다른 어떤 나라의 연구로도 증명된 적이 없다.

- 총 50개국 이상에서 10년 넘게 조사한 국제학업성취도평가(Programme for International Student Assessment, PISA)의 결과에 따르면 디지털 인프라(교실의 컴퓨터, 무선 랜)에 돈을 많이 투자한 나라일수록 학생들의 학업 성취도는 오히려 떨어지는 것으로 확인됐다.

- 책상 위의 스마트폰은 사고 능력과 지능을 떨어뜨린다. 그것도 그냥 책상 위에 놓여 있다는 사실 하나만으로 말이다. 스마트폰을 실제로 사용하지 않는 경우도 마찬가지다. 책상 위에 스마트폰이 놓여 있으면 거기로 사람의 주의력이 분산된다. 언제든 사용할 수 있기 때문이다.

- 스마트폰은 인간의 상호 신뢰와 민주주의의 근간을 무너뜨린다.

- "진실은 아직 신발도 신지 않았는데 그사이 거짓은 세계 반 바퀴를 돌아다닌다." 2018년 3월 〈사이언스〉에 발표된 한 연구 보고서에 대한 주석이다. 총 450만 번 공유된 12만 6,000개의 트위터 뉴스를 추적 조사한 연구다.

- 유튜브(YouTube)는 우리가 지금껏 경험해본 적 없는 규모로 세계인을 극단화시키고, 페이스북은 우리의 개인 정보를 훔쳐간다. EU의 정보보호기본법(EU General Data Protection Regulation, GDPR)에 따르면 명확하게 금지된 일임에도 말이다.

디지털 미디어의 진화

디지털 정보 통신 기술(IT), 즉 전 세계적인 컴퓨터 망은 1980년대 초부터 처음엔 느리게, 그다음부터는 점점 빠르게 직장과 일상의 세계로 진입했다. 새벽부터 심야까지, 요람에서 무덤까지. 선진국뿐 아니라 제 2세계의 많은 나라들, 심지어 개발도상국(제3세계)에서도 아이들은 걷고 말하기 전에 벌써 TV와 태블릿 PC를 접한다. 부모는 2~4세 아이들이 스마트폰 화면을 손으로 넘기거나, TV 채널을 돌리거나, 유튜브 동영상과 게임을 척척 불러내면 흐뭇한 미소를 지으며 대견해한다. 어린아이들이 디지털 미디어를 사용하기 시작하는 평균 나이는 지난 몇 년 사이 획기적으로 낮아진 반면 하루에 디지털 미디어를 사용하는 시간은 급격히 불어났다.

2015년 2월과 3월 미국에서 8~18세 아이들 2,658명을 상대로 실시한 연구에 따르면 8~12세 아이들은 디지털 미디어를 평균 6시간, 13~18세 아이들은 9시간을 사용한다고 한다. 그것도 하루에![1] 어른이라고 해서 상황이 나은 것은 아니다. 미국에서 8~18세 자녀를 둔 부모 1,786명을 상대로 실시한 한 조사에서 매일 평균 9시간 22분을 미디어로 시간을 보내는데, 그 가운데 1시간 39분은 일과, 7시간 43분은 여가와 관련된 활동이었다고 한다. 부모의 51퍼센트는 매일 8시간 이상을 미디어와 접촉했고, 단 19퍼센트만 하루 미디어 사용 시간이 4시간 이하였다.[2]

25년 전만 해도 상황은 달랐다. 인간들은 하루에 2~3시간만 TV를 보았다. 그게 전부였다. 오늘날은 정교한 장기 연구를 통해 디지털 미디어의 부정적인 영향을 확실히 알 수 있다. 어린이와 청소년은 하루에 TV 앞에서 보내는 시간이 많을수록 나중에 과체중이 될 가능성이 더 높아지고[3] 학업 성취도가 더 떨어지고[4] 공격성이 더 높아졌다.[5/6] TV가 사람을 정말 뚱뚱하고 멍청하고 공격적으로 만든다는 사실은 오늘날까지도 논쟁이 뜨겁지만, 지금까지 축적된 과학적 연구 결과에 따르면 흡연과 폐암 사이의 관련성만큼이나 자명해 보인다.[7]

비디오의 확산 및 게임의 발달과 함께 디지털 미디어의 소비는 줄곧 증가하고 있다. 게다가 1982년경에 등장한 개인용 컴퓨터(PC)는 1990년대에 가격이 획기적으로 떨어지면서 확산 일로를 걸었다. 처음 10여 년 동안 PC의 가격은 자동차 값과 맞먹었다. 그러던 것이 오디오 수준과 비슷해지면서 각 가정에 보급됐다. 10여 년 전에는 8~18세 아이들의 디지털 미디어 사용 시간은 하루 5~6시간이었다.[8] 하지만 그때 이미 의학 전문 서적들에서는 PC가 어린아이들의 행동과 건강에 미치는 장기적인 영향을 걱정하기 시작했다.[9]

양(量)이 독을 만든다.* 스위스 의학자 파라켈수스(Paracelsus)가 했다는 이 금언의 의미는 디지털 정보 통신 기술이 인간에게 미치는 부정적 영향, 즉 나쁜 자세로 인한 신체적 손상, 과체중, 우울증, 불안, 산만함, 학습 저하와 관련해서 점점 뚜렷해지고 있다. 우리는 디지털 화면과 정보 통신 기술로는 손 글씨나 정서법(正書法), 암산, 독도법(讀圖法)을 익히지 못한다. 또한 무언가에 대해 의지를 불태우고, 무언가를

---

* 세상 만물에 독이 담겨 있는데, 어떤 것이 독이 되느냐, 독이 되지 않느냐는 양에 달려 있다는 것이다. 무엇이건 적당히 하면 문제가 안 되지만 과하면 독이 된다는 뜻이다-옮긴이.

실행에 옮기고, 남에게 공감하고, 입장을 바꾸어 생각하는 법을 배우지 못한다. 또한 오래전부터 내려오는 인식, 즉 아동기와 청소년기에 도달한 지적 수준이 노년의 치매 예방과 깊이 관련되어 있다는 것도 주목할 필요가 있다. 그게 사실이라면 우리는 빨라야 50년 뒤에나 결과를 확인할 수 있는 장기 연구의 결과를 기다릴 필요가 없다.[10]

기술 영향 평가도 없이 전 세계로 퍼져나간 스마트폰

디지털 정보 통신 기술의 발전은 2007년 이후 다시 한 번 급격하게 진보했다. 세상에 없던 새로운 기기가 발명된 것이다. 애플이 먼저 스타트를 끊은 이 기기는 표면적으론 통화가 주 기능이지만, 충전용 배터리와 무선 인터넷 연결망을 갖춘 일종의 휴대용 컴퓨터였다. 게다가 이 컴퓨터는 손가락 터치만으로 움직이는 화면을 비롯해 카메라, 마이크, 여러 개의 센서(속도, 기압, 나침반), 스피커, 진동 장치가 장착되어 있었다. 그런데 시간이 흐르면서 이 물건을 정말 흥미롭게 한 것은 많은 사람들이 개발한 수십만 개의 프로그램(앱)인데, 이 프로그램을 통해 무선망, 인터넷, 글로벌 위성 내비게이션 시스템(GPS), 근거리의 다른 기기(블루투스) 및 다른 스마트폰과 연결해서 사용하는 것이 가능해졌다. 우리는 이 기기로 일상의 많은 자잘한 문제를 해결한다. 물건을 사고파는 것은 물론이고, 글과 그림, 소리 형태의 정보를 저장하고 교환한다. 또한 사진을 찍고, 동영상을 촬영하고, 메모를 하고, 행정 업무를 처리하고, 일정을 짜고, 메일과 메시지를 주고받고, 여행지의 날씨를 확인하고, 호텔을 예약하고, 택시를 부르고, 비행기나 기차의 연착 사실을 확인한다. 그뿐이 아니다. 편리한 소프트웨어를 사용해서 목적지를 쉽게 찾아가고, 계좌 이체를 하고, 온라인 쇼핑을 즐기고, 공장의 생산 과정을 통제하고, 별장이나 냉장고 상태를 관리한다. 전화 통화는 당연히 기본이다.

간단하게 말해서 디지털 시대의 이 만능 도구[11]는 믿을 수 없을 만큼 실용적이다! 언제 어디건 갖고 다닐 수 있을 만큼 작고, 전기 콘센트만 있으면 계속해서 사용할 수 있고, 원할 때면 언제든 우리를 세계의 나머지 지역과 연결시켜준다. 또한 GPS로 정확한 시각을 알려주기에 손목시계나 자명종이 필요 없고, 고성능 카메라가 장착되어 있어서 전문가가 아닌 이상 카메라와 캠코더로 사용하기에 손색이 없다. 이게 다가 아니다. 스마트폰은 그사이 많은 기기들을 원격 조종하는 도구로도 활용되고 있으며, 자동차에서는 계기판을 대체하고, 심지어 엄마와 아빠의 스마트폰이 마치 새끼를 친 것처럼 베이비폰도 시중에 나와 있다. 부모는 이 물건을 베이비시터 역할로 사용할 수 있음을 알아차렸다. 베이비폰은 움직이는 다채로운 영상을 보여주고, 다양한 소리를 낸다. 아이들은 화면을 슬쩍 넘기기만 해도 금방 내용이 바뀌는 이 물건을 넋이 나간 듯 바라본다.

특히 스마트폰에는 남들과 언제든 접촉할 수 있는 가능성이 열려 있다. 이 기기가 나오기 몇 년 전에도 이른바 소셜 미디어들이 존재했지만(페이스북은 2004년, 트위터는 2006년), 스마트폰을 사용하게 됨으로써 소셜 미디어들의 거침없는 글로벌 진군이 시작됐고, 그와 함께 스마트폰 자체도 전 지구를 휩쓸게 됐다. 어떤 기기도 지금껏 스마트폰만큼 빠른 속도로 전 세계에 전방위적으로 확산된 것이 없었다. 스마트폰은 지구상의 인구보다 더 많이 생산됐고, 이용자 수는 벌써 40억 명이 넘는다.[12] 또한 스마트폰 이용자의 절반가량이 하루에 5시간 넘게 이 기기를 사용한다.[13] 이용자의 상당수가 소셜 미디어를 한 개 이상 사용하고, 그중 가장 큰 미디어인 페이스북은 이미 이용자가 20억 명을 헤아린다(그중 3분의 2가 날마다 페이스북에 접속한다). 다음으로 가장 많이 사용하는 다섯 개 소셜 미디어 중 세 곳은 왓츠앱(2009년 이후, 현재 이용자 12억 명), 메신저(2008년 이후, 현재 이용자 12억), 인스타그램(2011년 이후, 현재 이용자 7억 명)이다. 특히 페이스북은 50억 명이 넘는 이용자의 정보를 갖고 있다.[14]

최근 많은 젊은이들이 스마트폰을 게임기와 TV로 활용하고 있어 유튜브가 전통적인 동영상계의 최강자인 TV를 대체했다. 사실 소극적인 시청만 강요하는 기존의 TV는 유튜브에 밀릴 수밖에 없다. 현재 전 세계 유튜브 이용자들의 시청 시간을 다 합치면 매일 10억 시간이 넘는다.

인류의 상당수는 깨어 있는 시간의 약 3분의 1을 세상에 나온 지 10여 년밖에 안 된 이 작은 기계를 만지작거리며 보낸다. 우리는 이 기계로 온갖 일을 하고, 수많은 가상 세계를 체험하고, 심지어 실제 인간과의 일상적 접촉까지 상당 부분 처리한다. 삶을 보내는 방식에서의 이런 변화는 뇌가 아직 발달 단계에 있으면서 뛰어난 학습 능력을 보이는 시기, 즉 태어나서부터 20대까지의 어린아이와 젊은이들에게 큰 영향을 끼친다. 만일 인간 대다수의 체험과 행동이 이 작은 기계 하나로 새로운 차원으로 바뀌었다면 당연히 그에 따른 결과도 있을 수밖에 없다.

하지만 이 신기술에 대해 어떤 형태의 공식적인 기술 영향 평가도 이루어지지 않았다는 사실은 선뜻 이해하기 어렵다. 앞서 언급했듯이 2018년 초 애플의 두 거대 투자자 말고는 누구도 이 부분을 공식적으로 문제 삼지 않았다. 두 투자자는 애플에 이런 편지를 보냈다. '아이폰에 크나큰 위험과 부작용이 있을 수 있으니 회사가 그런 점들을 잘 헤아려 대처해달라. 그렇지 않으면 수십억 이용자가 아이폰 사용에 따른 부정적 영향과 부작용을 이유로 회사에 피해 보상을 요구할 수 있다. 소송을 제기할 고객들의 엄청난 잠재적인 수를 고려하면 세계 최고의 부자 회사 애플도 한순간에 도산할 수 있다'는 것이다.[15] 이 회사의 상징성을 고려하면 관련 보도 내용을 좀 더 상세히 인용할 필요가 있다.

"두 곳의 대형 투자자가 말했다. 스마트폰 생산자는 스마트폰 중독 문제에 적극 대처할 필요가 있다고. 스마트폰 중독은 국민 건강과 직결된 문제이기 때문이다. 애플 주식을 약 20억 달러 갖고 있는 헤지 펀드 자나 파트너스(Jana Partners LLC)와 캘리포니아주 정부 공무원 연금 기금 캘스타스(CalSTRS, California State Teachers' Retirement System)는 2018년 1월 6일 애플에 편지를 보냈다. 여기서 그들은 부모들이 자녀의 스마트폰 사용을 좀 더 쉽게 통제하고 제한하는 새로운 소프트웨어를 개발하고, 스마트폰의 과도한 사용이 아이들의 정신 건강에 미치는 영향을 조사할 것을 강력히 요구했다(《월스트리트저널(The Wall Street Journal)》 2018년 1월 7일자)."

이후 애플에서는 그에 대한 대응으로 개발 연구팀 회의가 열렸다. 여기서 새로운 기기의 개발이 아닌, 스마트폰 사용의 자기 통제 및 아이들의 아이폰 사용을 제한하는 소프트웨어 개발 문제가 논의됐다고 한다.[16]

스마트폰과 건강

스마트폰의 부정적 영향은 단순히 '행동 중독'에만 그치지 않는다. 스마트폰이 건강에 많은 해를 끼친다는 것은 이미 입증됐다. 하지만 그 심각성과 범위를 인지하는 사람은 많지 않다. 건강상의 위해로는 근시(제2장 참고), 불안, 우울(제7장 참고), 주의력 장애, 수면 장애, 운동 부족, 과체중, 나쁜 자세, 당뇨병, 고혈압 그리고 성행위와 운전 중의 위험 행동 증가를 들 수 있다. 그사이 지역 기반 네트워크 앱이 다양하게 나오면서 많은 사람이 매일 낯선 타인을 만나 일회성이나 지속적으로 섹스를 나누는 것이 가능해졌고, 그로 인해 성병 확산의 위험이 증가했다. 또한 도로에서는 젊은 운전자들이 운행 중에 스마트폰을 보느라 기존의 교통사고 원인 1순위였던 알코올의 자리를 스마트폰이 차지했다. 그 밖에 스마트폰은 교육 과정을 침해함으로써 치매성 질환을 촉진하기도 한다. 이 부분은 '교육'에 관해 다룬 장에서 좀 더 자세히 다루겠다. 그전에 방금 언급한 부작용 가운데 대표적인 몇 가지를 좀 더 상세히 살펴보기로 하자.

건강: 과체중, 수면 장애

많은 연구 보고서들이 증명한 바에 따르면 디지털 미디어의 사용은 과체중과 비만을 부른다.[17][18][19] 과체중과 비만의 메커니즘은 분명하다. 에너지를 소모하는 최소한의 운동도 하지 않고, 칼로리가 높은 식품 광고의 유혹에 넘어가 다른 여가 활동과도 완전히 담을 쌓는 식이다.[20/21/22/23/24/25/26] 스마트폰으로 인해 스포츠 활동을 위한 시간이 줄어들고,[27] 걸음걸이가 33퍼센트 정도 느려지고,[28] 육체적 비활동성(소파에서 지내는 시간)이 늘어나고, 자연에 대한 관심이 떨어지고, 자연과 함께 하는 활동(자전거, 트래킹)이 줄어든다.[29] 아동기와 청소년기의 과체중은 평생 이어질 우려가 클 뿐 아니라 만성 질병, 잘못된 생활 습관, 학습 장애, 행동 문제와 연결되기도 한다.[30/31/32/33] 2014년 한 해에만 과체중으로 인한 경제적 손실이 세계적으로 2조 달러에 달하는 것으로 추산된다.[34]

1만 명에 가까운 청소년을 조사한 노르웨이의 한 연구에 따르면 아이들은 잠들기 전에 디지털 미디어를 많이 사용하는데, 그중에서 가장 빈도수가 높은 도구가 스마트폰이다.[35] 스마트폰이 수면 장애를 일으킨다는 것은 여러 연구를 통해 증명됐는데,[36/37/38] 그 메커니즘은 최소한 다음 세 가지로 정리할 수 있다. 우선 스마트폰은 수면 시간을 물리적으로 감소시킨다. 둘째, 화면 내용이 흥분과 불안을 부추긴다. 셋째, 화면의 푸른 불빛이 수면 호르몬인 멜라토닌의 분비를 방해한다.[39] 수면 실험실에서의 조사가 보여주듯 낮에 디지털 미디어를 많이 사용하는 것도 불면증으로 이어질 수 있다.[40/41]

건강: 고혈압, 심혈관계 질환

수면 장애는 물질대사 장애(과체중, 제2형 당뇨병)와 고혈압을 수반한다. 특히 스마트폰 사용과 고혈압의 관련성은 직접적으로 밝혀지기도 했다.[42/43/44/45] 14~17세의 학생 331명을 대상으로 실시한 한 조사에 따르

면 주당 인터넷 사용 시간이 많을수록 혈압이 높은 것으로 나타났다.[46]

또한 스마트폰 벨소리가 사람의 혈압과 맥박을 상승시킨다는 것은 컴퓨터로 일하는 사람들을 대상으로 한 실험으로 증명됐다.[47] 하지만 가끔 이런 지적을 비판하는 사람들은 지금껏 어떤 연구도 그 관련성을 확실하게 입증하지는 못했다고 주장한다. 너무 진부하다. 실험실 조건은 실제 현실 조건과 맞지 않으니 실제 삶과 연결시켜서는 안 된다고 주장하는 것은 실험적 연구에 쏟아지는 상투적 비판이기 때문이다. 다른 한편으로 실제 현실(예를 들어 학교)에 대한 연구는 어떠한가? 이를 두고도 사람들은 관찰을 통해선 통계학적 관련성만 증명될 뿐 인과성은 전혀 증명되지 않는다고 주장한다. 두 주장 다 일리가 있지만, 앞서 말했듯이 진부하다. 관찰은 관찰이고, 실험은 실험이다. 그런데 만일 실험실에서의 연구 결과(여기선 원인과 결과가 증명된다)와 실제 삶의 연구 결과가 동일하게 나타난다면 그런 반론들은 설 자리가 없다. 두 연구는 서로를 보완하기 때문이다. 지난 150년에 걸친 의학적 진보의 상당 부분이 바로 실험실(과학적 실험)과 병원(현실 관찰)의 협력 작업에 기초하고 있다. 우리가 그런 의학적 진보로 막대한 덕을 보고 있다는 사실을 누가 부정하겠는가?

건강: 정신적 해악

나는 정신과의사로서 스마트폰의 많은 위험과 부작용이 내 전공 분야에 속한다는 점을 먼저 밝힌다. 특히 주의력 장애, 불안, 중독, 치매, 우울증과 관련해서 말이다.[48/49]

영국의 한 연구 보고서에 따르면, 18세 여자 청소년이 13세 때 하루에 3시간 넘게 페이스북을 했다면 우울증에 걸릴 확률이 그렇지 않은 사람에 비해 두 배가 높다고 한다.[50] 미국의 한 연구 보고서도 비슷한 결과를 보여줬다. 여자 청소년과 젊은 여성의 자살은 미디어 사용 시간과 밀접한 연관이 있고,[51] 실제로 2007년에서 2015년까지 자살률이 두 배로 껑충 뛰었다는 것이다.[52]

스마트폰은 여러 가지 형태의 불안을 일으킨다. 자신이 무언가를 놓치고 있는 것이 아닌지에 대한 불안(고립공포감. Fear of missing out, 줄여서 Fomo)*은 모든 스마트폰 사용자의 60퍼센트 이상이 경험하는 현상이다. 노모포비아(No mobile-phone phobia)**도 매우 넓게 퍼져 있다. 두 현상에 대한 연구는 이미 활발하게 이루어져 있어서 그 결과에 대해선 많은 사람들이 알고 있다. 집단 따돌림(Mobbing)과 연결된 불안도 오늘날 학교에 널리 퍼져 있는 문제점인데, 이 문제를 해결하는 데는 무척 많은 시간과 비용이 든다.

일부에선 여전히 도박 중독이나 컴퓨터 중독, 온라인 게임 중독 같은 비물질적 중독을 질병으로 인정하지 않는 전문가들이 있다. 그러나 그에 대한 의구심은 이미 오래전에 해소됐고, 그런 중독의 결과 역시

---

* 자신만 세상의 흐름을 놓치고 있다고 생각하는 공포. 소셜 미디어 이용자들이 타인과의 네트워킹을 못 하게 될 경우 심리적으로 느끼는 불안 증세. 소셜 미디어에 대한 과도한 집착과 의존을 보여준다-옮긴이.

** 스마트폰이 손에 없거나 눈에 보이지 않으면 불안감을 느끼는 증상. 스마트폰을 수시로 만지작거리거나, 스마트폰이 없으면 5분을 버티지 못하거나, 강제로 스마트폰 사용을 제지당했을 때 폭력적인 반응을 보이면 노모포비아로 볼 수 있다-옮긴이.

세계 곳곳에서 확인되고 있으며, 앞서 언급했듯이 세계보건기구는 컴퓨터 중독과 온라인 게임 중독을 질병으로 공식 인정했다. 이 중독의 생성 메커니즘과 결과는 이미 알려져 있다. 그것의 진단 역시 예를 들면 알코올 중독과 비슷해 보인다. 어떤 사람이 한 술자리에서 얼마나 많은 양의 술을 마시느냐가 아니라 그 사람이 술의 양을 스스로 통제할 수 있는지, 술이 그 사람에게 점점 중요해지는지, 술로 인한 부정적 결과에도 불구하고 계속 술을 마시는지가 알코올 중독의 판단 기준이다. 게다가 비물질적 중독 질병의 치료도 물질 중독과 별반 다르지 않다. 가장 중요한 조치들을 언급하면 다음과 같다.

1. 중독 상태에 더 이상 굴복하지 않는다(단주).
2. 다양한 일상생활 중에 술 없이 살아가는 법을 배운다.
3. 중독 압박을 완화하는 특정한 약물의 도움을 받는다.
4. 다른 행동 방식(대안)을 개발한다.
5. 무엇보다 자신을 더 잘 통제하는 법을 터득한다.

중독 양상은 항상 구체적인 형태 속에서 나타난다. 스마트폰은 언제 어디서든 인터넷에 접속할 수 있는 컴퓨터인 동시에 게임기의 역할까지 한다. 컴퓨터 게임 중독이나 온라인 게임 중독이 존재한다면 당연히 스마트폰 중독도 존재한다. 또한 경험적 연구에 따르면 수억 명의 사람이 페이스북(또는 다른 소셜 미디어)에 중독 증세를 보인다.

한국과 중국 같은 아시아 국가에서는 수년 전부터 컴퓨터 중독과 인터넷 중독, 스마트폰 중독을 치료할 목적으로 청소년 병영 캠프가

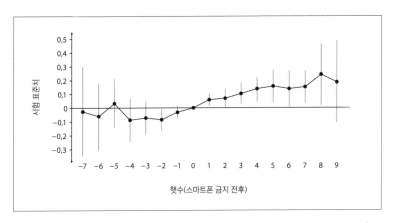

그래프 1 90개 학교에서 스마트폰 금지가 16세 학생들의 성적에 미친 영향(2015년 런던정경대학교의 경제학자 루이스 필립 벨란드 교수와 리처드 머피 교수의 공동 조사). 스마트폰 금지 시점을 '0'으로 잡고 이전과 이후의 햇수 및 시험값을 표기했다. 스마트폰을 금지하기 전에는 학생들의 성적이 뚜렷이 변하지 않았지만, 금지 이후에는 눈에 띄게 좋아졌다.

열린다. 여기서는 엄격한 규율, 혹독한 훈련, 모든 디지털 미디어와의 완벽한 차단을 통해 청소년들이 본인의 의사와 상관없이 노출된 해악을 필사적으로 극복하려는 노력이 이어진다. 사실 중독을 초래하는 테크놀로지를 어린 나이에 접촉한 것은 아이들의 책임이 아니다. 그것의 부정적인 영향과 중독성을 깨닫지 못하고 계속 빨려 들어간 것도 결코 아이들의 책임이 아니다. 책임은 부모와 국가에 있다. 그들이 나서서 아이들이 그런 상태에 빠지는 것을 막아야 했다. 부모와 국가는 인간의 삶에 매우 중요한 능력, 즉 자기 통제력의 형성이 디지털 미디어, 특히 스마트폰에 의해 방해받는다는 사실을 충분히 깨달을 수 있기 때문이다.

디지털 미디어와 주의력 장애의 관련성에 대해선 더는 의심할 필요가 없을 정도로 충분히 증명됐다. 그렇다면 스마트폰이 특히 파국적인 영향을 끼치는 것은 바로 교육 영역인데, 지금부터는 그 점에 대해 간략하게 설명하겠다(제6장 참고).

교육: 학업 성취도

스마트폰은 청소년의 육체와 정신 건강만 해치는 것이 아니라 교육에도 부정적 영향을 끼친다. 스마트폰이 곁에 있는 것만으로도 아이들의 사고 능력은 직접적으로 훼손되고, 지력은 떨어진다(제3장, 제15장 참고).

스마트폰은 학습 과정에 막대한 문제점으로 작용한다. 학교에서 아이폰을 나눠주거나[53] 학생들에게 자신의 스마트폰을 수업 시간에 갖고 오게 하면[54] 학업 성취도는 떨어진다. 반면에 스마트폰을 금지하면 성취도는 눈에 띄게 올라간다. 런던의 90개 학교 학생 13만 명을 조사한 연구 보고서가 이를 잘 보여준다(그래프 1).[55]

스웨덴, 핀란드, 덴마크 같은 몇몇 북유럽 국가에서는 지난 10년 사이 학교 현장의 디지털화를 강력하게 추진했다. 그 결과 학업 성취도의 급격한 하락이었다. 그것은 60여 개국의 자료를 비교, 분석한 국제학업성취도평가(PISA) 보고서에 잘 드러난다. 이 보고서에 따르면 학교에서 컴퓨터에 대한 투자와 아이들의 수학 성취도 사이의 관련성이 부정적으로 나타난다. 그러니까 학생 1인당 컴퓨터에 대한 투자가 많을수록 학업 성취도는 오히려 떨어진다는 것이다.[56] 이런 불행한 현실은 세계 곳곳에 존재한다. 핀란드는 20여 년 전 PISA가 조사를 시작할 초기만 해도 학업 성취도 면에서 많은 나라들이 부러워하는 챔피언이었

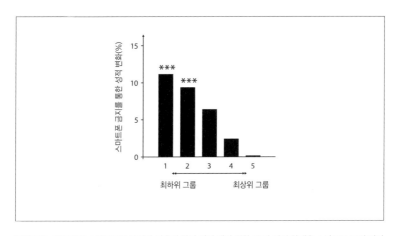

그래프 2 학교에서 스마트폰을 금지한 이후의 학업 성적 개선 현황. 13만 명의 학생을 스마트폰 금지 이전의 평균 성적에 따라 다섯 개 그룹으로 나눴다. 1그룹은 최하위 20퍼센트, 2그룹은 하위 20퍼센트, 3그룹은 중위 20퍼센트, 4그룹은 상위 20퍼센트, 5그룹은 최상위 20퍼센트다. 스마트폰 금지로 가장 크게 성적이 오른 집단은 최하위 그룹이다. 최상위는 별로 영향을 받지 않았다. 이것을 거꾸로 해석하자면, 수업 시간에 스마트폰을 허락하면 가장 피해를 많이 보는 것은 최하위 그룹이라는 사실이다.

다. 하지만 최근에는 중위권으로 밀려났다. 학교의 디지털화에 막대한 돈을 투자한 결과였다. 오스트레일리아도 상황이 비슷했다. 오스트레일리아는 2008년 24억 달러를 학교의 컴퓨터 시스템 구축에 투자했는데, 2016년에는 그 계획을 철회했다. 이 나라를 방문한 PISA 회장 안드레아스 슐라이허(Andreas Schleicher)가 PISA의 연구 보고서를 들이밀며 교육 당국을 설득했던 것이다.

지난 몇 년 동안 많은 정치인을 비롯해서 모든 미디어들이 앵무새처럼 반복적으로 떠들어대는 소리가 있다. 독일에서는 학교의 디지털화가 선두 국가들에 비해 한참 뒤처진다는 것이다. 필자 입장에서는 그런 말을 들으면 정말 다행이라는 생각부터 드는데, 그들은 정말 격

정인 모양이다.

디지털 미디어는 주의력을 떨어뜨리고, 학습에 장애를 일으키고, 교육을 저해한다. 이는 비단 독일의 과거 연구들뿐 아니라 세계 여러 나라, 특히 미국의 최신 연구에 의해서도 증명됐다. 미국의 한 보고서에 따르면 수업 시간이나 강의 중에 필기를 하는 것이 컴퓨터 자판을 두드리는 것보다 훨씬 학습 효과가 큰 것으로 나타났다. "만년필이 컴퓨터 자판보다 더 강력하다"는 멋진 제목의 연구 보고서였다.[57] 인간은 복잡한 내용의 여러 가지 일을 결코 동시에 처리할 수 없다.[58] 그건 멀티태스킹이 가능한 것으로 알려진 여자들도 마찬가지다. 멀티태스킹을 시도하면 학습 능력은 저하하고 집중력은 떨어진다.[59]

게다가 교육 수준이 떨어지는 사람일수록 디지털 정보 기술의 해악이 더 큰 것으로 나타난다. 그렇다면 학교에서 컴퓨터 사용은 무엇보다 성적이 좋지 않은 학생들에게 해롭다. 다른 한편에서는 여전히 사회적으로 소외되고 성적이 좋지 않은 학생들이 보편적 디지털화의 가장 큰 수혜자라는 주장이 끊임없이 나오지만, 이는 사실 정치적 이데올로기에 물든 희망 사항일 뿐이다. 실제 결과는 정반대이기 때문이다 (그래프 2).

건강과 교육: 디지털 치매

건강과 교육은 결코 완전히 분리해서 생각할 수 없는 사안이다. 건강한 정신은 건강한 육체에 깃들고(mens sana in corpore sano), 지적 수준이 높은 사람이 좀 더 오래 살기 때문이다. 이에 대해 아직 제대로 알려지지 않은 예가 치매다. 치매의 원인은 가장 빈번한 두 가지 원인, 즉 신경세포의 죽음(예를 들어 알츠하이머병)과 혈액 순환 장애(다발경색성 치매)에서부터 뇌 손상을 통한 뇌 내외부에 생기는 수십 가지 희귀성 질환에 이르기까지 다양하다.

그런데 지금껏 별로 주목받지 못한 사실이 하나 더 있다. 다른 모든 쇠퇴와 마찬가지로 정신적 쇠퇴도 추락의 시작 지점이 높은 곳에 있을수록 바닥에 떨어지는 시간도 오래 걸린다는 것이다. 수년 전부터 잘 알려져 있듯이 치매 진행과 관련해서 가장 중요한 예방책은 아동기와 청소년기에 도달한 교육, 즉 지적 수준이다.[60] 그다음으로 중요한 요소가 육체 활동이다. 달리 말하자면, '뇌에 가장 좋은 조깅'은 바로 육체적 조깅이다. 처음엔 쥐에게서, 나중엔 인간에게서 확인된 것이지만 육체 활동을 하면 뇌에 새로운 신경세포가 자란다. 그것도 예전의 신경세포가 스트레스로 죽은 바로 그 지점에서 말이다. 따라서 아동기와 청소년기, 청년기에 도달한 지적 수준과 함께 육체 활동은 정신적 쇠퇴를 막는 중요한 요소다.

스마트폰은 이 두 가지 요소, 즉 운동과 교육에 부정적 영향을 끼치고, 인간의 육체 활동과 정신 활동을 현저히 저해하고, 그로 인해 인간의 교육과 육체 건강에 해를 끼친다. 그래서 디지털 치매는 결코 공허한 말이 아니다. 오히려 관련성이 명확해짐에 따라 우리가 지금처럼 현실을 외면하면 앞으로 커다란 의학적, 경제적, 사회적 위험에 처할 거라는 경고에 대한 명확한 표현이다.

사회: 사회적 행동

디지털 정보 통신 기술은 육체 건강과 정신 건강 그리고 개인의 교육만 해치는 것이 아니라 전체 사회에 대해서도 지극히 나쁜 영향을 끼친다. 오늘날 스마트폰이 육체와 정신 건강 그리고 교육에 미치는 해악적 결과는 사회적인 차원으로 일어나고 있다. 예를 들어 우울증을 앓는 사람은 사회적으로 담을 쌓고 더 이상 공동체적 삶에 적극적으로 참여하지 않는다. 또한 교육의 결핍은 판단력에 직접적인 영향을 끼치고, 그로 인해 남에게 쉽게 조종될 수 있다. 따라서 디지털 정보 통신 기술로 인해 국민의 기본 소양이 전체적으로 감소하는 것은 우리 민주주의의 직접적인 위협 요소다.

우리가 타인과 함께 시간을 보내고, 의견을 교환하고, 경험과 생각, 감정을 나누는 것은 대개 직접적인 접촉을 통해서만 가능하다. 우리는 타인의 감정을 언어의 멜로디, 표정, 몸짓 그리고 가끔은 땀 냄새에서 느낀다. 이것들은 화면이나 스피커, 자판으로는 느낄 수 없는 것이다. 미디어(매체)는 말 그대로 '무언가를 간접적으로 전달하는 것'으로서 직접적인 소통의 반대편에 있다.

게다가 타인과의 공감도 우리는 걸음마나 말처럼 학습을 통해 배운다. 그러려면 타인과의 직접적인 접촉이 무수히 필요하다. 이러한 직접적인 접촉이 디지털 미디어로 인해 배제되면 공감능력이 생기기 어렵다. 실제로 청소년들이 날마다 화면 앞에서 더 많은 시간을 보낼수록 부모와 친구들에 대한 공감능력이 줄어드는 것으로 드러났다.[61] 공감은 항상 타인의 마음을 헤아리는 감정적인 요소인 동시에 타인의 입장을 받아들이는 인지적 요소다.

스마트폰은 언제 어디서나 사용 가능하다. 덕분에 소셜 미디어도 언제 어디서나 사용이 가능해졌다. 바로 그것이 스마트폰을 문제로 만들었다. 만일 어린이와 청소년이 사회적 접촉을 대부분 스마트폰으로만 실행한다면 공감을 배우는 건 요원하다(제9장 참고). 예를 들어 사고 현장에서 사람들은 희생자들을 돕는 것이 아니라 사진이나 동영상을 찍어 바로 소셜 미디어에 올린다. 공감능력이 사회적으로 어떤 현상을 부르는지 보여주는 대목이다. 카메라는 발명된 지 100년이 지났지만 그런 일은 없었다. 그러나 스마트폰은 나온 지 불과 10여 년밖에 안 됐지만 사회적 논란이 되고 있다.

오해를 피하기 위해 덧붙이자면, 친구가 있고 뇌가 완전히 발달한 사람이라면 타인과 끊임없이 접촉하고 약속을 잡고 공동 활동을 계획하기 위해 얼마든지 소셜 미디어를 사용할 수 있다. 예전에는 봉화를 피워 소식을 전하거나, 편지를 쓰거나, 단순히 말로 약속을 잡았던 것처럼 말이다. 그러나 실질적인 사회적 만남이 상당 부분 화면과 스피커로만 대체되는 것이 문제다. 그것도 하루 몇 시간씩 말이다. 그렇게 되면 이미 증명된 것처럼 아이들과 청소년의 정상적이고 건강한 사회적 능력은 지장을 받을 수밖에 없다. 그것도 사회적 능력이 발달해야 할 시기에 말이다. 물론 요즘 들어서는 청소년 스스로 그런 문제점을 인지한 듯하다. 그렇지 않다면 2015년도 청소년의 말로 '스몸비'가 꼽히지는 않았을 테니까(제6장 참고).

게다가 아이들은 모름지기 자연과 함께 보내는 시간이 많아야 한다. 그것이 아이들의 건강과 정서적 발달에 좋다고 검증됐다.[62/63] 우리는 아이들이 무엇보다 기술이 지배하는 환경에 갇혀 자연 대신 인공적인 사물에만 열중하는 흐름에 강력히 대처해야 한다(제5장 참고).[64] 자연과 함께하는 시간이 화면 앞에서의 시간으로 대체되면 수십 년 전에 미국에서 제기된 자연 결핍 장애(Nature deficit disorder)가 아이들에게 생길 수 있다.[65]

사회: 신뢰

신뢰는 '사회적 자산'이다. 경제적 측면에서 보자면 돈과 재화의 모든 거래 비용을 절감하고, 건강한 경제 발전을 촉진한다. 신뢰는 얻기 쉽지 않다. 오직 장시간 축적된 믿음직한 행동으로만 얻을 수 있다. 다시 말해 그전의 경험에 의거해서 앞으로도 타인이 예측 가능한 행동, 그러니까 믿을 만한 행동을 할 거라는 기대와 함께 신뢰가 생성된다. 반면 신뢰가 허물어지는 것은 무척 쉽다. 당연히 신뢰를 복원하는 것은 힘든 과정을 거쳐야 하고 속도도 느리다. 경제학자들이 증명했듯이 타인에 대한 기본적 신뢰의 정도는 나라마다 다르다. 결국 이러한 기본 신뢰는 사회 영역에서의 많은 개별 경험에 기초한다.

스마트폰은 신뢰 구축을 저해한다. 만일 타인과의 자잘한 일상적 접촉, 예를 들어 길을 물어보거나, 길모퉁이 카페에서 커피 값을 계산하거나, 누군가의 안부를 묻거나 하는 일들이 스마트폰으로 대체된다면 이는 이미 증명됐듯이 타인에 대한 기본적 신뢰 상실 및 공동생활을 끈끈하게 돌아가게 하는 '윤활제'의 상실로 이어진다.[66/67/68]

사회: 극단화

유튜브는 매일 8억 시간 분량의 동영상으로 15억 명을 극단화한다. 여기서 제공되는 동영상은 시청자의 관점보다 한결 극단적이고 과격하다. 이는 유튜브의 사업 모델에 그 원인이 있다. 다시 말해 유튜브는 우리가 원하는 것을 마음대로 골라서 시청할 수 있는 TV와는 달리 동영상의 80퍼센트 정도를 특유의 추천 알고리즘에 따라 시청자에게 제시한다.

유튜브 입장에서는 이용자를 화면 앞에 오래 '붙잡아두려면' 점점 더 극단적인 동영상을 제공할 수밖에 없다. 예를 들어 처음엔 '조깅'을 보여주다가 나중에는 '울트라 마라톤'으로 넘어가거나, 또는 '채식주의자'로 시작하다가 얼마 안 있어 '비건'을 보여준다. 특히 정치적 내용의 경우 극단화 경향은 더욱 두드러진다. 그 원인은 광고 산업의 이익 추구에 있다. 유튜브는 구글 소유(또는 구글의 모기업인 알파벳 소유)로, 이 기업의 사업 모델은 동영상을 시청하는 시간만큼 광고주에게 돈을 받는 구조이기 때문이다. 유튜브를 통한 인간의 일상적 극단화는 의도된 것은 아니라고 하더라도 결국 이 사업 모델에서 비롯된 것이다.[69] 그렇다면 이 사업 모델에 대해 다시 한 번 깊이 고민해보아야 한다(제14장 참고).

사회: 탈진실

소셜 미디어인 트위터 역시 의도한 것은 아니지만 불가피하게 우리 사회에 문제를 던지고 있다. 진실한 뉴스보다 가짜뉴스가 더 빨리, 더 멀리, 더 깊이 확산되는 데 기여하는 것이다. 이는 300만 이용자에 의해 총 450만 번이나 재전송된 12만 6,000개의 트위터 뉴스를 조사한 〈사이언스〉의 보도로 명확히 확인됐다.[70] 이런 현상의 원인은 트위터 자체가 아니라 호기심에 젖은 사람들이 트위터를 그렇게 이용하는 데 있다 (제14장 참고).

사회: 여론 조작과 민주주의 붕괴

가짜뉴스의 확산만 문제가 아니다. 2012년 6,100만 명을 상대로 실시한 실험에서 페이스북이 2010년 미국 의회 선거에서 유권자들의 투표 참여에 영향을 끼칠 수 있음이 드러났다.[71] 얼마 뒤에는 페이스북에서 일주일간 친구들의 조작된 상태 메시지를 받은 이용자 70여 만 명을 분석한 결과 심지어 그들의 생각과 감정, 행동까지 원하는 대로 조종할 수 있음이 확인됐다.[72]

이런 인식은 지난 미국 대통령 선거에서 돈벌이 수단으로 사용됐다. 2018년 초에 알려진 영국 데이터 분석 기업 케임브리지 애널리티카(Cambridge Analytica) 스캔들이 그것이다. 이 회사는 2014년에 이미 페이스북 이용자 8,700만 명의 정보를 취득해서 팔아먹었다.[73]

페이스북이 결국 유튜브나 구글, 트위터와 동일한 사업 모델, 즉 광고를 수익 모델로 삼고 있다는 사실은 이 회사의 공동 창업주이자 억만장자인 숀 파커의 입을 통해 이미 오래전에 확인됐다.

"이용자들의 시간과 의식적인 주의력을 이용해서 어떻게 돈을 벌 수 있을까?"

이게 바로 회사 설립의 근본 문제였다.[74] 페이스북의 해결책은 20억 명에 이르는 이용자들에게 개인별 맞춤형 광고를 제공하는 것이었다. 그렇게 하자 광고 효과가 50퍼센트 정도 더 높아졌다.[75]

페이스북은 대서양 건너편에서도 개인별 맞춤형 광고를 위해 EU 시민 약 40퍼센트(약 2억 명)의 민감한 개인 정보를 수집, 분석했다. 이는 2018년 5월 25일에 발효된 EU의 정보보호기본법에 정면으로 어긋나는 행위였다.

정리해보자. 스마트폰의 사용은 수백만 명을 조사한 많은 과학적 연구 결과들이 보여주듯 우리의 건강, 교육, 사회에 심각한 해를 끼친다. 심지어 이에 그치지 않고 우리의 민주주의적 토대까지 위협한다. 스마트폰은 사람들의 감정과 의견뿐 아니라 선거에도 영향을 미칠 수 있다. 또한 진실보다 더 빨리, 더 멀리, 더 깊게 확산되는 가짜뉴스와 세계 곳곳에서 이루어지는 의견의 극단화는 비록 의도한 것이 아닐지라도 디지털 기업들의 사업 모델에서 비롯된 것이 틀림없다.

지금껏 스마트폰에 대해선 기술 영향 평가가 전혀 이루어지지 않았다. 대신 유례없는 규모로 광고의 무차별적인 폭격에 시달리고 있어, 이 문제에 대해 진지하게 생각해보지 않을 수 없다. 하지만 여전히 사회적 논의의 기미는 보이지 않는다. 아이들의 건강과 교육을 비롯해 민주주의적 토대까지 세계에서 가장 돈 많은 기업들의 영리 추구에 무비판적으로 방치하는 것은 무책임하기 이를 데 없는 행동이다.

제2장

새로운 팬데믹,
근시

**멀리 바라보지 않는
습관의 시작**

근시는 유럽 인구의 30퍼센트에게서 나타나는 흔한 시력 장애다.[1/2/3/4] 이 질환은 안구가 너무 길어 수정체에 의해 모인 광선이 망막 앞에 맺히게 되면 생긴다. 그래서 망막 위의 상은 흐릿하게 보인다(그림 1). 반면 근거리에서 광선이 눈에 들어올 때는 망막 바로 위에 맺힘으로써 대상이 선명하게 보인다. 그러니까 사물과 눈 사이의 거리가 짧아야 사물이 또렷이 보이는 것이다. 이런 형태의 시력 장애를 근시(近視)라고 부르는 것도 그 때문이다. 가까운 것은 잘 보이는데 먼 것은 잘 보이지 않는 것이다. 근시는 발산 렌즈(오목 렌즈)로 교정하는데, 오목 렌즈의 굴절률에 근거해서 근시의 정도(도수)를 측정한 뒤 렌즈를 이용해 멀리 떨어진 사물의 상을 망막에 선명하게 맺히게 한다.

물체의 거리에 따라 눈의 수정체 모양을 조절하여 물체의 초점이 망막에 맺히도록 하는 메커니즘을 원근 조절이라고 한다. 사진을 찍는 사람이라면 잘 알고 있을 것이다. 피사체의 거리에 따라 렌즈를 조절하는 것이다. 그렇지 않으면 사물이 흐리게 보인다. 이는 사진에만 해당되는 것이 아니라 사물을 보는 우리의 눈에도 해당된다.

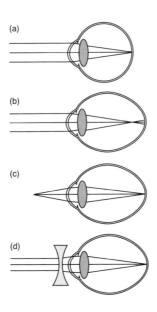

그림 1　근시란 무엇인가? (a)일반적인 경우 밖에서 들어오는 평행 광선은 정확히 망막 위에 맺히고, 그로써 선명한 상이 생겨난다. (b)그런데 안구가 너무 길 경우 광선은 망막 앞에 맺히고, 그 때문에 외부 사물은 더 이상 선명하게 보이지 않는다. (c)반면 사물이 긴 안구 가까이 있으면 선명하게 보인다. 근시라는 이름도 여기서 나왔다. 눈앞에 가까이 있는 것이 선명하게 보인다는 말이다. (d)근시는 오목 렌즈 안경으로 교정하고 시력 장애를 해소할 수 있다.

카메라의 경우 원근 조절을 위해 렌즈를 움직인다. 어류와 양서류도 그렇게 한다. 원근 조절을 위해 딱딱한 수정체와 망막 사이의 거리를 조정한다. 반면 파충류, 조류, 포유류, 인간은 다른 방식으로 원근 조절을 한다. 우리에게는 유연한 수정체가 있고, 수정체 가장자리는 모양체근(毛樣體筋)에 걸려 있다. 이 근육이 수축되면 수정체는 두꺼워진다. 수정체는 탄력성이 높고, 그 속에 섬유와 젤 같은 것이 담겨 있기 때문이다. 많이 두꺼운 수정체는 빛을 좀 더 강하게 굴절시키고, 이는 가까

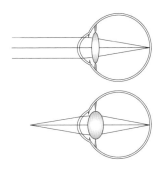

그림 2　우리 눈의 원근 조절. 수정체 주변의 모양체근이 수축되어 수정체를 둥글게 만듦으로써 가능하다.

운 것을 선명하게 보는 데 중요한 역할을 한다(그림 2).

　원근 조절은 피곤한 일이다. 그건 무언가를 눈에 가까이 놓고 한참 동안 일해본 사람이라면 안다. 예를 들어 깨알같이 인쇄된 책을 읽거나, 손목시계 수리같이 매우 작은 물체를 장시간 다루는 일이 그렇다. 이렇게 가까운 사물을 두고 일하고 나면 눈의 긴장을 풀어줘야 하고, 한동안 먼 곳을 내다보아야 한다. 모양체근뿐 아니라 다른 눈 근육들도 눈을 안쪽으로 돌리느라 많은 일을 했기 때문이다. 무척 가까운 거리에 있는 사물에 눈의 초점을 맞추는 것은 상당히 수고스러운 일이다.

　일반적인 상황에서 눈은 멀리 볼 때는 별 어려움이 없다. 물체가 가까이 있을수록 원근 조절이 더 많이 필요하고, 눈을 안쪽으로 좀 더 집중해야 한다.

근시는 어떻게 생길까?

어릴 때 할머니가 이런 말씀을 자주 하셨다. 책을 많이 읽으면 근시가 되고, 그러면 언젠가 안경을 써야 하고, 안경 쓴 사람은 모두 책벌레라고 봐도 된다고 말이다. 내 친구 토머스도 의과대학 시절 그런 생각을 드러냈다가 안과학 지식이 부족하다는 이유로 호되게 야단맞은 적이 있었다. 그의 이야기를 옮겨보자.

"의과대학 시절 나는 근시 때문에 안경을 썼는데 이런 의문이 들었어. 근시가 혹시 눈에 좋지 않은 습관, 예를 들어 책을 많이 봐서 생긴 건 아닐까? 1988년 나는 뒤셀도르프 의과대학에서 안과학 실습 과정을 마쳤는데, 그때 평소 궁금했던 그 문제를 교수에게 물어볼 기회가 있었어. 그런데 안과학 교수는 불같이 화를 내며 이렇게 말하더군. '아니네! 특별한 시각 습관과 비정상적인 시력 사이에 관련이 있다는 증거는 하나도 없어. 근시나 원시 같은 시력 장애는 어릴 때나 청소년기에 눈이 너무 과하게, 또는 너무 왜소하게 자라서 안구가 너무 길어지거나 짧아졌을 때 생기는 걸세'라고 말이야."

그렇다면 책을 너무 많이 읽으면 안경을 쓰게 된다는 건 어떻게 된 걸까? 아무 근거가 없는 이야기일까? 위에서 언급한 뒤셀도르프대학교 안과학 교수와는 달리 튀빙겐 의과대학의 프랑크 셰펠 교수는 바로 이 문제에 관심을 가졌다. 그는 막 알을 깨고 나온 병아리들을 연구 대상으로 삼아 녀석들에게 작은 안경을 씌워줬다. 밑으로 흘러내리지 않도록 밴드를 부착해서. 이 실험으로 그는 안구 성장이 망막에 맺힌 상의 선명함에 얼마나 영향을 끼치는지 조사했다.

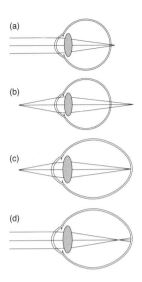

그림 3 근시의 생성. (a)원칙적으로 아이들의 눈에는 사물이 제대로 선명하게 보이지 않는다. 아이들의 눈은 아직 너무 작아서 망막 위의 상이 초점이 맞지 않기 때문이다. (b)특히 가까운 것이 흐릿하게 보인다. (c)그러던 눈이 이제 물체가 선명하게 보일 때까지 자란다. 그런데 이 기간에 가까운 것을 많이 보게 되면 안구가 너무 길어지면서 근시가 생긴다. 즉 가까운 것만 선명하게 보인다. (d)반면에 멀리 있는 것은 초점이 맞지 않는다.

아이들의 눈은 작다. 특히 안구의 앞뒤 길이가 너무 짧다. 그래서 먼 곳의 사물을 볼 때면 망막 위의 상이 원근 조절 없이는 흐릿할 수밖에 없다(그림 3). 그렇다면 아이들은 먼 곳의 사물을 볼 때 이미 원근 조절을 해야 한다. 물론 아이들은 그것이 가능하다. 어린 시절 눈의 수정체는 다른 모든 조직과 마찬가지로 무척 유연하기 때문이다.

다행히 눈은 아동기와 청소년기에 성장하고, 안구도 점점 길어진다. 그렇다면 먼 곳의 사물이 선명하게 보이는 바로 그 시점까지 안구가 성장한다고 볼 수 있다. 병아리 연구가 보여주듯 실제로도 정확히 그랬다. 모든 눈은 사물을 선명하게 볼 수 있을 때까지 성장한다. 비슷한 연구들이 병아리뿐 아니라 물고기, 쥐, 토끼, 기니피그, 원숭이를 대상으로도 실시됐다.[5/6/7] 그 결과 모든 동물 종의 눈은 멀리 떨어진 사물이 선명하게 보일 때까지 성장한다는 사실을 확인할 수 있었다.*

눈의 길이가 정확하게 어떤 규칙에 따라 성장하는지는 오늘날까지도 명확하지 않다. 다만 망막에 맺힌 상의 평균 선명도를 지속적으로 점검하면서 상이 아직 선명하지 않는 동안에는 성장 요소를 계속 분비하는 메커니즘이 망막 속에 존재한다는 사실만큼은 분명하다. 상이 대체로 선명하게 나타나면 성장 요소의 분비는 중지되고, 안구는 성장을 멈춘다. 이 모든 과정은 기본적으로 자연에 의해 지극히 단순하지만 기발한 방식으로 이루어졌다.

어린이와 청소년이 주로 야외에서 머물면서 먼 곳을 바라보면 방금 언급한 메커니즘은 순조롭게 진행되고, 눈의 발달은 정상적으로 이루어진다. 인간의 진화 과정을 돌아보면 대부분의 시기가 그랬다. 그런데 약 5,000년 전 문자의 발명과 함께 인간은 가까운 거리에 있는 것을 볼 기회가 점점 많아졌고, 그로써 근시가 나타날 위험이 점점 커졌다.

인간의 경우 안구 길이의 성장은 주로 10대 때 일어난다. 자연 민족들은 이 과정에 아무 문제가 없으니 안경을 쓸 필요가 없다. 그들의 눈은 주로 먼 곳을 향하고, 덕분에 청소년기 동안 정상적으로 볼 수 있을

---

* 어린아이들은 눈의 수정체가 아직 매우 유연하기 때문에 가까운 것만 선명하게 볼 수 있는 것이 아니라 멀리 떨어진 것도 볼 수 있다. 그럼에도 아이들에게는 큰 글자로 책을 읽히는 것이 좋다. 그럴 경우 굳이 지속적으로 원근 조절을 할 필요가 없기 때문이다.

때까지 꾸준히 성장한다. 그러나 문명인은 다르다. 일찍부터 책을 읽힘으로써 아이들을 근시로 만든다. 이와 관련해서 안과학에서는 벌써 오래전부터 '학교 근시'라는 말을 자주 사용한다. 책을 읽을 때처럼 주로 가까운 것에만 눈의 초점을 맞추면 눈은 너무 길어진다. 화면의 광선은 망막 '한참 뒤쪽에' 맺힐 뿐 아니라 선명하게 보일 때까지 눈이 길어지는 과정도 훨씬 오래 걸리기 때문이다.

스마트폰이 근시의 원인이다

할머니 말씀이 맞았다. 오늘날 우리가 알고 있기로는 아동기와 청소년기에 책을 많이 읽으면 나중에 어른이 됐을 때 실제로 안경을 쓰게 될 확률이 훨씬 높아진다. 그런데 혹자는 이렇게 반론할지 모른다. 최근 청소년들이 책이나 신문, 잡지를 하루에 평균 15분 정도밖에 읽지 않는다는 통계를 고려하면 이 문제는 저절로 해결되지 않겠느냐고. 그렇다. 오늘날엔 더 이상 책이 문제가 아니다.

대신 새로운 문제가 나타났다. 디지털 미디어, 그중에서도 스마트폰이 가장 큰 문제다. 스마트폰은 다른 디지털 미디어(PC, 노트북, 태블릿 PC, 게임기)에 비하면 화면이 작아서 눈에 가깝게 대고 보아야 한다. 책만큼, 아니 책보다 훨씬 가깝게 말이다. 게다가 젊은 친구들은 스마트폰을 하루에 5시간 이상 사용한다. 거의 달고 사는 수준이다. 다른 디지털 미디어의 사용 시간까지 합치면 디지털 미디어의 총 사용 시간은 우리가 깨어 있는 시간의 절반을 넘는다. 그에 따른 결과는 명백하다. 눈의 성장이 지장을 받고, 근시의 발발 빈도는 훨씬 높아진다.

이는 비단 몇몇 '책벌레'만의 문제가 아니라 어린 친구들의 95퍼센트에 해당되는 이야기가 됐다. 이 대단한 수치는 한국의 경우다. 세계에서 스마트폰을 가장 많이 생산하고, 거의 모든 청소년이 스마트폰을 갖고 있고, 디지털 인프라가 지상 어느 나라보다 더 훌륭하게 구축된 나라다. 한국에서는 20세 이하 청소년에게 나타나는 근시 비율이 실제로 95퍼센트에 이른다. 믿을 수 없겠지만 중국에서조차 이 비율은 80퍼센트다.[8/9/10/11] 앞서 언급했듯이 2015년 조사에 따르면 유럽 젊은이들의 근시 빈도는 30퍼센트 가량이다. 아동기와 청소년기에 디지털 미디어를 전혀 사용하지 않았거나 아주 가끔 사용한 지금의 노인층은 1~5퍼센트에 불과하다. 이 막대한 근시 빈도를 고려하면 가히 전염병이라고 불러도 과장이 아니지 않을까! 이것은 후천적 장애기 때문에 (사실 모든 장애의 약 97퍼센트는 후천적 장애고 불과 3퍼센트만 선천적 장애다) 우리는 이 현상을 '후천적 근시'라고 부른다.

여기서 문제의 핵심이 무엇인지를 보편화하기 위해 잠시만 멈춰보자. 후천적 근시는 새로운 테크놀로지의 과도한 사용으로 눈의 정상적인 발달이 손상된 결과다. 더구나 눈은 발달사적으로 보면 뇌의 일부다. 나중에 차차 알게 되겠지만 스마트폰으로 뇌 발달에 지장을 초래한 장애로는 근시만 있는 것이 아니다.

노안, 자연과학 그리고 미디어의 순기능

나이가 들면 일반적으로 모든 조직의 탄력성이 떨어진다. 비단 늘어진 눈물주머니나 축 처진 가슴, 엉덩이만 그런 것이 아니라 '이전보다 유연성이 떨어진 눈의 수정체'도 마찬가지다. 그럴 경우 가까운 것이든 먼 것이든 모두 선명하게 볼 수 있으려면 눈의 상태에 따라 하나 또는 여러 개의 안경(누진다초점 렌즈)이 필요하게 된다. 일반적으로 노안이라 불리는 이 상태는 근시나 원시와는 아무 상관 없이 탄력성의 부족으로 생긴다.

이와 관련된 인식은 지지난 세기에 아주 똑똑한 자연과학자로 이름을 날린 헬름홀츠(Hermann Von Helmholtz)로 비롯됐다. 1855년에 출간된 눈의 원근 조절에 관한 그의 저술을 보면 당시에 컴퓨터나 인터넷이 아직 없었던 것이 안타깝게 느껴진다. 헬름홀츠는 이 주제에 대해 남들이 써놓은 논문을 본 적이 없고, 나중에야 그중 한 편을 네덜란드 동료 과학자를 통해 알게 됐다는 점을 양해해달라고 두 페이지에 걸쳐 사죄의 말을 하는 것으로 책을 시작하기 때문이다. 그러면서 원근 조절을 설명한 동료 과학자에게 충분한 경의를 표해야 한다고 덧붙인다.

필자가 여기서 이를 상세히 언급한 데에는 세 가지 이유가 있다. 첫째는 의학, 둘째는 자연과학, 셋째는 노안 때문이다. 헬름홀츠는 처음엔 의학자였지만, 시간이 지나면서 차츰 자연과학자로 넘어갔다. 즉 그는 의학이 현대 응용과학으로 변해가는 과정을 이끌었고, 그 과정의 근거를 구축하는 일에 힘을 보탰다. 그러다 보니 생전에 독일 '물리학의 총리'라는 별칭을 얻었다.

오늘날엔 자연과학이든 의학이든 디지털 정보 통신 기술 없이는 할 수 있는 게 없다. 그렇다면 수십억 명의 사람들이 깨어 있는 시간의 4분의 1에서 3분의 1까지 디지털 기기를 사용하는 현실의 위험성과 부작용을 해결하기 위해선 어떻게 해야 할까? 디지털 정보 통신 기술을 모든 악의 근원으로 몰아붙이거나, 아니면 그것을 아예 없애고 예전으로 돌아가야 할까? 아니다. 그것은 가능하지도 않고 올바른 처방도 아니다. X선과 방사선은 그 위험과 부작용이 알려지고 나서도 없어진 것이 아니라 오히려 전문가들에 의해 사람들을 치료하는 중요한 수단이 됐다. 1895년 X선이 뷔르츠부르크에서 발견됐을 때 사람들은 파티장에서 이 광선을 쬐며 신나게 놀았다. 노벨상을 받은 퀴리 부인은 다른 많은 이들처럼 방사선 물질을 너무 많이 접촉한 바람에 죽었다. 이런 자연 현상을 기술적 형태로 바꾸어 오늘날 사람의 생명을 구하는 방향으로 현명하게 투입하기까지는 오랜 시간이 걸렸고, 그 과정에서 많은 사람이 희생됐다.

많은 기술적 성취, 예를 들어 자동차, 전기, 비행기, 비료 등과 관련해서 그것의 사용을 규제하고, 위험성을 최소화하기 위해 여러 법령이 제정됐다. 이는 지극히 정상적인 과정이다. 특히 그 과정에서 어린아이와 청소년을 보호하는 특별 대책이 강구될 때가 많다. 자동차에 베이비시트 비치를 의무화하고, 18세 이상에게만 운전면허증을 허용하고, 전기 콘센트에 안전 덮개를 설치하는 것이 그런 일들이다.

이미 언급했듯이 세계에서 스마트폰을 가장 많이 생산하고, 청소년의 거의 100퍼센트가 스마트폰을 갖고 있는 한국에서는 스마트폰의 나쁜 영향으로부터 청소년들을 지키기 위한 법이 세계에서 유일하게 이미 수년 전에 제정됐다. 당연하면서도 합리적인 조처지만, 안타깝게도 지금까지는 다른 나라들에서는 그런 일이 일어나지 않고 있다.

헬름홀츠가 요즘 시대에 살았더라면 현대 정보 통신 기술의 엄청난 가능성에 입을 다물지 못했을 것이다. 그 역시 노안을 겪을 만큼 오래

살았는데, 이 노안에도 디지털 미디어가 도움이 될 수 있다. 나는 프라이부르크대학교의 아흔 살이 넘은 한 생물학 교수를 아는데, 이분은 노안에도 불구하고 컴퓨터로 문서를 쉽게 읽는다. 컴퓨터에는 글자 크기를 마음대로 조정하는 기능이 있지 않은가! 그보다 훨씬 어린 사람들에게도 언젠가는 '책을 읽기엔 팔이 너무 짧은'(실제로 겪어본 사람은 이게 무슨 뜻인지 안다) 시기가 오기 마련이다. 그러면 글자 크기를 임의로 조정할 수 있는 전자책은 축복이 될 수 있다. 그렇다면 '스마트폰과 근시'라는 주제에 해당되는 연령대는 다시 한 번 강조하지만 아이들뿐이다.

근시를 대하는 우리의 자세

앞서 언급한, 스마트폰이 눈에 미치는 부정적 영향은 어린아이와 청소년의 발달 기간에만 나타난다. 성인은 해당되지 않는다. 다시 말해 스마트폰은 완전히 성장한 사람의 눈에는 더 이상 해를 끼치지 않는다. 안과학의 관점에서 보면 25세 이상의 사람은 얼마든지 스마트폰을 봐도 된다. 그래도 시력에 큰 이상이 없다. 어린아이와 청소년만 완전히 성장한 상태가 아니기에 해가 클 수밖에 없다.

이러한 인식이 상당히 중요한 만큼 어느 연령대에 스마트폰의 사용을 금지해야 하는지는 결코 사소한 문제가 아니다. 그렇기 때문에 우리는 어린아이와 청소년의 과도한 스마트폰 사용이 미치는 영향을 비판적 관점에서 바라볼 수밖에 없다. 어른들은 청소년들에게 책임이 있다! 우리가 14세 이하의 아이들에게 "스마트폰만 자꾸 들여다보더니 다 네 책임이야!"라고 말하는 것은 책임 있는 어른의 본보기가 아니다.

근시는 장기적으로 또 다른 안과 질환을 일으킬 가능성을 높인다. 수정체가 흐려져 시력이 떨어지는 백내장, 안압의 증가로 나중에 시력을 잃을 수 있는 녹내장 그리고 심각한 시력 장애와 시력 상실까지 부를 수 있는 망막의 퇴화나 박리 현상이 그런 질병들이다.

올바로 보는 습관을 가져야 한다고 말하는 것은 좋은 조언이 아니다. 올바로 보라고 하면 아이들은 곧장 가까운 곳만 바라보기 때문이다. 스마트폰과 어린 친구들의 습성을 고려하면 특별한 해결책이 필요해 보인다. 양이 독을 만든다는 점을 명심해야 한다. 사실 우리는 지금껏 너무 무절제하게 스마트폰의 사용을 허락했다. 어린 친구들에게는 스마트폰의 영향으로부터 지켜줄 필요가 있다. 단순히 근시뿐 아니라 일련의 다른 위험과 부작용 모두에 해당하는 이야기다.

전염병(에피데믹)에서 대유행병(팬데믹)으로

하나의 질병이 상당히 많은 사람들에게 나타나면 우리는 이를 전염병(epidemic, 에피데믹)이라 부른다. 이 용어는 고대 그리스의 epi(영어의 on)와 domos(민족)에서 유래했다. 그렇다면 질병이 전염병의 수준에 이르렀다는 것은 단순히 몇몇 개인에 국한되지 않고 '전체 민족'에 퍼졌다는 것을 의미한다. 옛날에 전염병의 원인은 주로 강한 전염성을 띤 병원체였다. 예를 들면 독감이나 콜레라, 다른 많은 열대병처럼 말이다. 하지만 오늘날의 선진국에서는 과체중이나 고혈압, 제2형 당뇨병처럼 전염되지 않는 문명병이 역병의 수준에 도달했고, 그 결과 심근경색이나 뇌졸중 같은 치명적인 질환이 발생하고 있다.

만일 하나의 질병이 여러 나라에서 동시에 발생하거나, 심지어 대륙을 넘어 퍼질 경우 우리는 이를 대유행병, 즉 팬데믹(pandemic)이라 부른다. 중세 유럽에서 약 2,500만 명의 목숨을 앗아간 페스트(1347~1352, 당시엔 '흑사병'이라 부르기도 했다), 5,000만 명의 희생자를 낸 스페인 독감(1918~1920), 1980년 무렵부터 지금까지 3,300만 명의 목숨을 앗아간 HIV/AIDS가 그런 예다.

최근 자료에 따르면 2050년에는 세계 인구의 절반이 근시일 것으로 추정한다.[1] 그렇게 되면 근시는 더 이상 전염병이 아니라 대유행병으로 불러야 한다. 이런 사태를 막기 위해 우리가 아무런 조치를 취하지 않는다면 이 병은 무엇보다 스마트폰에 의해 더욱 촉진될 것이다.

전염병이나 대유행병이 전 사회에 끼치는 영향은 막대하다. 싱가포르의 한 연구 결과에 따르면 매년 1인당 근시를 치료하는 데 드는 비용이 709달러라고 한다.[12] 이 금액을 2050년에 약 100억 명 정도로 예상되는 세계 인구의 절반에 곱하면 '후천적 근시'의 치료비는 무려 3조 5,000억 달러에 달한다. 그것도 한 해에 말이다! 게다가 근시 환자의 열 중 하나는 시력 상실의 위험까지 뚜렷이 높다는 점을 감안하면 막대한 추가 비용까지 예상해야 한다.[13]

이미 이 문제를 심각하게 겪고 있는 나라들이 이 상황을 저지하기 위해 많은 노력을 기울이는 것은 어쩌면 당연해 보인다. 현재 세계에서 가장 근시가 많은 나라는 중국이다. 물론 젊은 층에서 근시의 비율은 한국(90퍼센트 이상)이 중국(80퍼센트)보다 높지만, 중국 인구(2018년 기준 14억 명)가 한국(2018년 기준 5,170만 명)의 수십 배에 달하는 점을 감안하면 단순 비율로만 따질 일이 아니다. 그래서 중국에서도 근시 문제를 해결하기 위해 특별 대책을 강구하고 있다고 한다.

멀리 보는 일이 너무 적어서 생기는 근시는 원칙적으로 야외에 머무는 시간을 늘리고, 먼 곳을 자주 바라봄으로써 저지하거나, 최소한 늦출 수 있다. 하지만 이는 임상 연구와 전염병 연구가 보여주듯 말처럼 쉬운 일이 아니다.[14/15/16] 그래서 특수 안경과 콘택트렌즈가 대안으로 제시되고, 안구의 길이가 늘어나는 것을 제한하는 눈약 형태의 특정한 약물이 제공되기도 한다.[17/18]

중국에서는 심지어 전통 의학까지 동원됐다. 하지만 이 방법도 별 효과를 보지 못했다. 6~17세 아이들 409명,[19] 10~14세 아이들 190명[20]의 비정시(非正視)를 지압으로 교정하려고 했으나, 통계적으로만 유의미할 뿐 수적으로는 미미하고 의학적으로도 별로 주목받지 못하는 효과밖에 나타나지 않았다. 결국 근시에 영향을 끼치는 가장 중요한 요소는 보는 환경과 방식이다.

근시와 관련해서 분명한 것은 효과적인 대책 마련이 이제 막 시작 단계에 있다는 사실이다. 2016년의 한 연구 보고서 내용을 보자.

"지난 몇 년 사이 우리는 아이들에게서 근시의 생성과 진행을 늦출 수 있는 방법에 대해 많은 것을 알게 됐다. 하지만 아직은 알아야 할 것이 훨씬 더 많다."[18]

따라서 지금까지 우리가 알고 있는 지식도 건강을 위해 중요하지만, 우리가 앞으로 해야 하고 할 수 있는 일과 관련해서 전문가들이 추천할 만한 대책이 거의 없다는 사실은 놀랍지 않다. 하지만 이런 상황은 반드시 바뀌어야 하고, 또한 바뀌게 될 것이다.

정리해보자. 근시는 눈의 발달 시기인 아동기와 청소년기에 멀리 보는 일이 너무 적어서 생긴다. 오늘날 어린이와 청소년들은 야외보다 실내에서 보내는 시간이 훨씬 많고, 게다가 주로 디지털 미디어와 접촉하며 지낸다. 그 기기들 가운데 아이들이 가장 많이 사용하는 것이 스마트폰이다. 이 기기는 디지털 미디어들 가운데 가장 화면이 작기 때문에 눈에 가장 가까이 대고 봐야 한다. 그 결과는 분명하다. 이미 오래전에 전염병의 수준에 도달한 근시의 증가가 그것이다. 우리가 지금까지의 행태를 바꾸지 않는다면 늦어도 30년 뒤에는 이 전염병이 대유행병으로 바뀔 것이다. 지금의 추세로는 그때쯤이면 세계 인구의 절반이 근시에 걸릴 거라는 말이다. 세계에서 스마트폰을 가장 많이 생산하고 청소년들이 이 기기를 가장 많이 사용하는 한국에서는 벌써 어린 친구들의 90퍼센트 이상이 근시를 앓고 있다. 유럽도 최근 30퍼센트에 이르렀다. 지금으로선 아동기와 청소년기에 야외에서 더 많은 시간을 보내고 스마트폰과의 접촉 시간을 대폭 줄이는 것이 최선의 대책으로 보인다.

제3장

사고의
방해꾼

스마트폰을 사용하지 않아도
당신은 스마트폰을
생각하고 있다

회진을 돌다 보면 담배를 피우는 환자는 병실을 나갈 때 늘 담뱃갑을 들고 나가는 것을 볼 수 있다. 그런데 최근 눈에 띄는 현상이 하나 생겼다. 예전에는 담배만 들고 나가던 사람들이 이제는 다른 물건도 꼭 챙겨서 나간다는 것이다. 바로 스마트폰이다. 잠시도 그게 없으면 안 되는 모양이다. 사람들은 어디서든 스마트폰으로 정보를 얻고, 오락을 즐기고, 남들과 연락을 주고받는다. 스마트폰은 세상에 나온 지 10여 년밖에 안 됐지만 벌써 지구상의 인구보다 더 많이 생산됐다. 지금껏 스마트폰만큼 빠르게 지구 구석구석으로 확산된 기기는 없었다.

스마트폰은 수십억 명의 삶을 변화시킨만큼 그 결과에 주목하지 않을 수 없다. 광고에선 스마트폰이 우리의 삶을 풍요롭게 하고, 우리에게 더 많은 정보와 소통을 선사하고, 시간까지 절약해줄 거라고 약속한다. 사실 우리가 이 기기를 갖고 다니는 것도 그 때문이다. 그런데 수차례 언급됐던 스마트폰의 부정적 영향에 대해선 상대적으로 거의 이야기하지 않는다. 근시, 수면 장애, 피로감, 교육의 침해, 사고(事故) 증가, 불안, 주의력 장애, 우울증, 성병은 중독 증상과 과체중, 치매와 함께 의학계에서 지목한 스마트폰 사용의 위험과 부작용에 속한다. 얼마 전에 발표된 한 연구 보고서는 그런 부정적 영향의 스펙트럼을 한층 더 넓혔다. 스마트폰으로 인한 '사고(思考) 장애'가 그것인데, 심지어 스마트폰을 꺼두었을 때도 나타난다고 한다.[12/13] 어떻게 그럴 수 있을까? 거기엔 어떤 메커니즘이 작동하고, 그 결과는 얼마나 심각할까?

선택적 주의

중요한 자극에 재빨리 반응해 자신의 목표를 이루기 위해서는 여러 자극을 평가하고 여과하는 과정이 필요한데, 우리는 이 과정을 '선택적 주의(注意)'라고 부른다. 다시 말해 수많은 정보들 가운데 특정 정보에 주의를 기울임으로써 자신에게 필요한 정보를 선택하는 것이다. 선택적 주의가 필요한 이유는 자극을 처리하는 인간의 뇌 용량이 제한되어 있기 때문이다. 그건 운동장에서 뛰는 11명의 축구 선수 모두에게 동시에 주의를 기울여본 사람은 누구나 안다. 우리의 감각적 기억과 유동성 지능의 기능은 선택적 주의와 밀접한 관련이 있다. 두 기능에는 한계가 있다는 말이다. 우리는 뇌의 건강함과 주어진 과제의 복잡성에 따라 약 일곱 개의 숫자(± 2)를 머릿속에 넣어둘 수 있고, 운동장에서 뛰는 축구 선수 중 3, 4명에게만 동시에 주의를 기울일 수 있고, 대화는 단 하나만 할 수 있고, 책도 단 한 권만 읽을 수 있다(두 개의 대화를 동시에 진행하고 두 권의 책을 동시에 읽는 것은 사실상 불가능하다). 이처럼 어떤 특정 시점에 할 수 있는 일과 관련해서 인간의 정보 처리 능력은 상당히 제한되어 있다. 그전에는 건성으로만 듣던 사람의 입에서 자신의 이름이 나오는 순간 자동으로 주의력이 높아지는 것은 잘 알려진 사실이다.*
또한 시끄러운 파티장에서도 어머니는 자기 아이의 울음소리를 정확
히 듣는 것은 익히 알려져 있다.

일반 스마트폰의 시대에도 그와 비슷한 방식으로 자신의 스마트폰
벨소리가 사람들의 주의력을 자동으로 끈다는 사실이 확인됐다. 15명
의 피험자(여자 7명, 평균 나이 23세)를 조사한 한 연구 보고서가 이를 증명
한 바 있다.[9]

스마트폰 벨소리가 자동으로 주의력에 영향을 끼치고, 사람의 관심
을 딴 데로 돌리고, 그와 함께 인간의 정보 처리 능력을 침해한다는 사
실은 실험뿐 아니라 대학생들의 일상적인 학습 상황에서도 밝혀졌다.
대학생 71명에게(여학생 48명, 평균 나이 20세) 학습 비디오를 시청하면서
중요한 것을 필기하게 했다. 그러면서 중요한 내용에 대해 객관식 시
험도 치르게 될 거라고 예고했다. 참가자들은 무작위로 두 그룹으로
나뉘었다. 한 그룹에서는 위장한 학생이 하나 끼어 있다가 두 번의 특
정 시점에 자신의 스마트폰을 5초 정도 울리게 한 다음 스마트폰을 찾
는 척했다(벨소리 조건). 반면에 두 번째 그룹에서는 그런 인위적인 개입
이 없었다(통제 조건). 시청이 끝나자 학생들이 필기한 것을 거둔 다음
비디오의 학습 내용과 관련해서 여덟 가지 질문을 던졌는데, 그중에서
두 문항은 정확히 벨소리가 울렸던 시점에 비디오에서 방영된 내용과
관련이 있었다. 그 결과 스마트폰 벨소리가 사람들의 주의력(필기 내용)

---

* 자기 이름의 시각적 인지에 대한 연구에서도 마찬가지로 점화 효과가 있는 것으
로 확인됐다. 심지어 이 효과는 이름이 의식적으로 인지되지 않았을 때조차 발생한
다.[8]

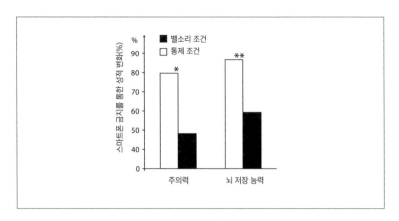

그래프 1 이 그래프는 스마트폰이 울리는 동안 주의력(필기 내용)과 뇌 저장 능력(시험)이 상당히 침해됐음을 보여준다. 여기서 한 그룹은 스마트폰이 울렸고, 다른 그룹은 울리지 않았다. 스마트폰이 울렸던 시점에 비디오에서 방영된 학습 내용과 관련해서 두 문항이 출제됐는데, 이 그래프에서는 두 문항에 대한 두 그룹의 평균치가 나타나 있다.

과 기억 능력(시험)에 어떤 영향을 끼치는지가 드러났다(그래프1).

스마트폰이 울린 시점에 제시된 학습 내용은 학생들이 평소처럼 주목하고 필기할 가능성이 상당히 낮을 뿐 아니라 기억하는 데도 큰 지장이 초래된다. 이 실험을 진행한 저자들은 상당히 일리 있는 평으로 다음의 결론으로 내놓았다.[4]

"학생들에게 벨소리 크기를 낮추거나 아예 진동으로 바꾸라고 요구하는 것도 별 효과가 없다. 방해하는 기기가 있다는 것만으로도 학생들의 학습 능력은 침해되기 때문이다. 그렇다면 벨소리 크기는 문제가 되지 않는다. … 만일 교사가 학생들에게 이런 실험 내용을 알려주면 학생들 스스로 학습 과정의 장애를 막으려고 스마트폰을 규제하는 일에 동의할지 모른다."

표 1 201명에게 다음과 같이 물었다. 당신은 어떤 상황에서 진동이나 무음으로 조정하지 않고 아예 스마트폰을 꺼두는가?[6]

활동	스마트폰을 끈다(%)
심신을 안정시켜주는 마사지를 받을 때	49
영화관에서 좋은 영화를 볼 때	44
수업, 강연, 세미나 시간 중에	34
길고 지루한 발표회 중에	29
내가 좋아하는 밴드의 콘서트 중에	27
치과 치료를 받을 때	27
영화관에서 지루한 다큐멘터리를 볼 때	26
가족과 함께 근사한 식사를 할 때	16
좋은 책을 읽을 때	14
집에서 좋은 영화를 시청할 때	13
친구들과 맛없는 음식을 먹을 때	12
비디오게임을 할 때	11
인터넷으로 동영상을 볼 때	7

그럼에도 사람들은 어리석게 아주 편안한 일을 할 때조차 스마트폰을 떼어놓지 못하는 경향을 보인다.[7] 스마트폰을 켜둠으로써 그런 일을 할 때 긍정적인 감정이 약화된다는 사실을 알고 있음에도 말이다. 예를 들어 마사지를 받을 때 사람들은 49퍼센트만 스마트폰을 꺼둔다. 영화관에서 좋은 영화를 볼 때는 44퍼센트(나쁜 영화를 볼 때는 12퍼센트), 치과 치료를 받을 때는 27퍼센트, 집에서 근사한 식사를 즐길 때는 16퍼센트만 스마트폰을 끈다(표 1).

흰 곰을 생각하지 마

스마트폰이 단순히 곁에 있는 것만으로도 일에 대한 집중력이 떨어질 수 있다. 스마트폰에 신경 쓰지 않겠다는 생각 자체가 이미 계속해서 신경을 건드리기 때문이다. 이는 어떤 일을 하면서 "지금부터 흰 곰을 생각하지 마!" 하고 요구하는 상황과 비슷하다. 당신이 지금 편지나 리포트를 쓰고 있다고 가정해보라. 그런데 당신에게 추가적인 과제가 주어진다. 중간 중간에 5분씩 흰 곰을 생각하지 말라는 요구가 그것이다. 이 과제의 핵심은 무언가를 하지 말라는 것이 처음엔 별것이 아닌 것처럼 느껴진다. 그런데 이 과제로 인해 글에 대한 당신의 집중력은 떨어진다. 추가 과제에 신경을 쓰느라 당신의 사고 능력이 흐트러졌기 때문이다. 그 과제라는 것이 어차피 하지도 않을 무언가를 명시적으로 하지 말라고 요구한 것에 불과하더라도 말이다. 이 실험을 주도한 연구자들의 말에 따르면 스마트폰과 인간의 관계도 이와 다르지 않다.

"스마트폰은 본래 해야 할 일과 신경을 쓰지 말아야 하는 일 사이에 주의력 자원을 새롭게 분배한다. 자동으로 신경이 쓰일 수밖에 없는 일에 주의력을 억제하려면 주의력 자원이 투입될 수밖에 없는데, 그렇다면 이 자원에 의존하는 본래의 일은 해를 입을 수밖에 없다. 그건 사용자가 의식적으로 스마트폰에 신경을 쓰지 않으려고 할 때도 마찬가지다. 우리는 이 가능성을 실질적인 연구에서 확인했다."[14]

그렇다면 여기서 말하고자 하는 것은 스마트폰을 사용할 경우 사람의 주의력이 분산된다는 것을 확인하는 것이 아니다. 그건 이미 오래 전부터 알려진 사실이다.[1/2/3/5/10/14] 여기서 핵심은 스마트폰이 단순히 곁에 있다는 것만으로도 부정적인 영향을 끼친다는 사실이다. 스마트폰을 지극히 당연한 삶의 일부처럼 사용하는 사람들이 많기 때문에 그것에 신경 쓰지 않으려면 지속적으로 인지 자원을 투입해야 하기 때문이다. 위의 실험을 했던 연구자들의 말을 그대로 옮겨보자.

"그런데 스마트폰의 특별한 점은 사람들의 주의력을 너무나 자주 딴 데로 돌리게 한다는 데 있다. 스마트폰은 어디든 갖고 다닐 수 있고, 사적으로 의미가 크다는 점 때문에 사용자의 주의력에 특별히 강한 영향을 끼친다."[13]

스마트폰은 사람의 관심을 분산시킨다

이 영향을 좀 더 자세히 들여다보기 위해 위의 연구자들은 스마트폰이 얼마나 가까운 곳에 있는지에 따라 실험을 했다. 520명의 실험군(여자 53.3퍼센트, 평균 나이 21세)에게는 세 가지 조건이 주어졌다. 즉 스마트폰이 책상 위처럼 눈에 확연히 보이는 곳에 있거나, 바지 주머니나 지갑처럼 근처에 있거나, 아니면 다른 공간에 있었다. 이 세 가지 조건에서 스마트폰은 거리의 차이가 있기는 하지만 어쨌든 곁에 있다고 할 수 있었고, 그로써 참가자들의 활동에 영향을 끼칠 수 있는 위치에 있었다. 마지막으로 어떤 조건이든 스마트폰은 꺼두었다. 울리지도 않고 진동 소리도 내지 않게 조정해두었다는 말이다.

이어 작업 기억*(주의력 정도)과 유동성 지능**을 각각 해당 방식으로 측정한 다음 실험군에게 스마트폰에 대한 개인적인 입장 및 자신과 스마트폰의 관계에 대해 다음과 같은 질문을 던졌다.

- 당신은 실험 중에 스마트폰을 얼마나 자주 생각했습니까?
- 당신은 스마트폰의 위치가 실험 결과에 영향을 미쳤다고 생각합니까?
- 스마트폰이 당신의 주의력과 문제 해결 능력에 얼마나 영향을 미쳤습니까? 당신은 1(전혀 영향을 끼치지 않았다)에서 7(아주 크게 영향을 끼쳤다)까지의 범위 내에서 자유롭게 체크할 수 있습니다.

실험군 520명의 자료를 분석한 결과 스마트폰과의 거리가 소지자에게 미치는 영향이 명확히 드러났다. 즉 작업 기억뿐 아니라 유동성 지능과 관련해서도 인지적 처리 용량의 사용은 눈에 띄게 차이를 보였다. 또한 스마트폰이 가까이 있을수록 작업 기억과 유동성 지능은 떨어졌다(그래프 2, 3).

그런데 흥미로운 것은 이 결과와 첫 번째 질문("당신은 실험 중에 스마트폰을 얼마나 자주 생각했습니까?") 사이에는 아무런 관련성이 없었다는 점이다. 이 질문에서 대다수 참가자들은 "전혀 생각하지 않았다"고 답했다. 그렇다면 스마트폰과의 거리가 자신에게 영향을 미칠 수 있다는 사실

---

* 감각 기관으로 입력된 정보를 능동적으로 이해하면서 각종 인지적 과정을 수립 가공하는 단기 기억-옮긴이.

** 새로운 것을 배우거나 문제를 해결할 때 필요한 지능-옮긴이.

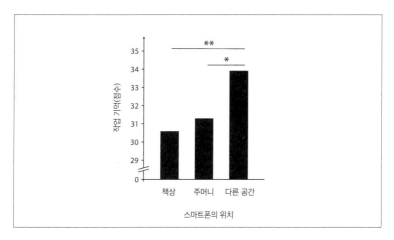

그래프 2 스마트폰이 얼마나 멀리 떨어져 있는지가 '작업 기억'에 미치는 영향[13]

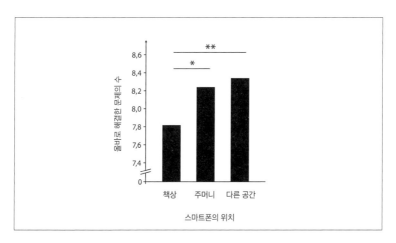

그래프 3 스마트폰이 얼마나 멀리 떨어져 있는지가 '유동성 지능'에 미치는 영향[13]

을 전혀 의식하지 않았다는 말이다. 실험을 주도한 연구자들은 이 깜짝 놀랄 만한 결과에 이렇게 평했다.

"결국 종합해보면 이 결과가 가리키는 것은 분명하다. 스마트폰은 단순한 존재하는 것만으로도 처리 가능한 인지 용량을 경감한다. 설사 스마트폰 소지자들이 과제에 집중하는 데 성공하더라도 말이다."

두 번째 실험은 대학생 296명(여학생 56.9퍼센트, 평균 나이 21세)을 대상으로 비슷한 방식으로 실시됐다. 스마트폰은 무작위로 각각 책상 위나 호주머니 안, 또는 다른 공간에 보관됐고 무작위로 끄거나 켜두었다. 이어 작업 기억(주의력 정도)에 대한 테스트가 실시됐다. 두 번째 실험은 집중력 유지 능력을 알아보기 위한 Go/No Go 테스트였다.

실험 결과에 대한 분석은 실험 1과 마찬가지로 스마트폰과의 거리에 따라 작업 기억(즉 실험 1과 동일한 결과)이 명확하게 영향을 받았다는 사실을 보여줬다. 다만 집중력 유지에는 큰 영향을 끼치지 않았다.

이 실험에서는 13개 항목으로 나누어 스마트폰의 의존성을 확인하는 질문지가 제공됐다. 스마트폰 의존성(예를 들어 "나는 스마트폰이 없으면 살아가는 데 지장이 있다")과 정서적인 스마트폰 애착(예를 들어 "나는 스마트폰을 사용할 때면 행복한 감정을 느낀다")이라는 두 가지 요소를 담은 질문지였다. 통계적 분석을 통해 스마트폰 의존성은 스마트폰의 거리가 미치는 영향과 직접적 관련성이 있는 것으로 드러났다. 즉, 질문지에서 표준 편차가 평균치 이하로 드러난 사람은 스마트폰의 거리에 따라 작업 기억이 영향을 받지 않았다. 반면에 평균치거나 표준 편차가 평균치 이상인 사람은 둘 사이의 관련성을 뚜렷이 보여줬다. 결국 스마트폰에 대한 의존성이 클수록 스마트폰과의 거리로 인한 영향도 더 컸다.

이 연구 결과를 필자가 너무 과장 해석하고 있는 것이 아닌가 하는 의심에서 벗어나기 위해 연구자들의 결론 부분을 직접 인용하겠다.

"스마트폰의 확산은 사용자와 테크놀로지의 관계에서 근본적인 변화를 불러왔다. 인류사를 통틀어 대부분의 혁신은 사용자의 삶에서 특정한 공간만 차지했다. 그러니까 혁신적 기능이 적용되는 장소로 제한됐다는 말이다. 그런데 스마트폰은 이 경계를 훌쩍 뛰어넘어버렸을 뿐 아니라 사용자의 일상적인 동반자로서 정보와 오락, 타인과의 접속 면에서 유례없는 가능성을 제공했다. 또한 수십억 사용자들의 삶에서 없어서는 안 될 도구로 자리 잡았고, 그와 함께 좋은 쪽으로건 나쁜 쪽으로건 사용자의 안녕을 좌우할 엄청난 잠재력이 있다. 마지막으로 이 연구 보고서는 스마트폰이 우리의 일상으로 들어오면서 생길 수 있는 막대한 잠재적 부작용을 확인하는 것으로 끝맺겠다. 스마트폰으로 야기된 정신적 수행 능력의 저하가 바로 그것이다."[13]

정리해보자. 스마트폰은 단순히 곁에 있는 것만으로도 인지 능력을 침해한다. 정신병리학에서 '사고 장애'라 부르는 현상이다. 스마트폰에 의존적일수록 장애는 더 커진다. '이 물건'을 그냥 꺼두거나 화면을 바닥으로 뒤집어놓는 것도 별 도움이 안 된다. 아예 다른 방에 갖다 놓는 것이 좋다. 그것도 자발적으로 해야 한다. 그렇지 않으면 불안이 생겨난다.[2/11] 집중해서 할 일이 있거나, 타인과 편안하게 대화를 나누고 싶은 사람이라면 스마트폰과 공간적으로 떨어지는 시간을 스스로 만들어내야 한다.[15] 어린 학생이건 최고 경영자건 할 것 없이!

제4장

부모의
스마트폰 사용법

악순환의 부전자전

매일 어디서나 쉽게 볼 수 있는 장면이 있다. 아이들은 모래놀이를 하거나, 미끄럼틀을 타거나, 음식을 먹거나, 아니면 유모차에 가만히 앉아 있고, 엄마나 아빠는 스마트폰을 들여다보는 장면이다. 부모와 아이는 공간적으론 무척 가까이 있지만 정서적으로는 멀리 떨어져 있다. 이런 장면을 보면서 어떤 이들은 체념한 표정으로 이렇게 말할지 모른다.

"요즘 세대가 그렇죠. 어쩔 수 없잖아요. 시대가 변했는걸."

그럼에도 체념한 표정을 짓는 건 이런 장면을 볼 때마다 뭔가 잘못 돌아가고 있다는 느낌을 떨칠 수 없기 때문이다. 부모는 멍하니 있고, 아이들은 부모의 주의력을 요구한다. 그게 부모에게는 스트레스라 더더욱 다른 데로 정신을 판다. 그럴 경우 아이들이 심하게 칭얼거리면서 사태가 점점 급박하게 돌아가는 경우도 드물지 않다. 아니면 아이들도 이제 완전히 관심을 끊고, 부모랑 따로 노는 일이 벌어진다.

이런 일이 가족에게 의미하는 바는 무엇일까? 그에 따른 결과가 있을까? 있다면 어떤 결과일까? 그런 일은 얼마나 자주 일어날까? 아빠와 엄마에게 똑같이 일어날까? 또한 장기적으로는 아이들에게 어떤 영향을 끼칠까?

이제는 지극히 평범한 일상이 돼버린 이런 상황은 몇 년 전부터 과학적 연구 대상이 됐다. 이 현상을 정확히 분석하지 않고 방치하면 방금 언급한 체념이 그저 과학적 진보를 좋아하지 않는 노인들, 즉 옛날이 모든 면에서 나았다고 외치며 영원히 어제를 사는 사람들의 불평 정도로 치부될 위험이 있기 때문이다. 이런 현상이 부모뿐 아니라 아이들의 일상이 됐다면 우리 모두 그에 대해 진지하게 고민해야 한다.

본보기로서의 부모

아이들은 부모가 하는 대로 따라한다. 미디어 소비와 관련해서도 마찬가지다. 꽤 오래전부터 알려진 사실이지만 부모의 미디어 소비 행태는 아이들에게 전이된다. 부모가 TV를 많이 보면 아이들도 많이 본다. 이는 새롭게 추가된 디지털 미디어, 그러니까 컴퓨터, 태블릿 PC, 비디오, 게임기, 스마트폰에도 똑같이 해당된다. 가족은 재미있는 사진이나 동영상 또는 할아버지나 이모의 최근 소식을 스마트폰으로 함께 본다. 8~18세 아이들의 부모 1,786명을 대상으로 실시한 미국의 한 조사에 따르면 이들은 매일 평균 9시간 22분을 미디어와 함께 시간을 보낸다. 그중 1시간 39분은 업무, 나머지 7시간 43분은 여가와 관련된 활동이다(표1).

조사 결과를 좀 더 자세히 들여다보자. 부모의 51퍼센트는 매일 8시간 넘게 미디어로 시간을 보낸다고 답했다. 반면 미디어 시간이 매일 4시간 이하는 19퍼센트에 불과했다. 또한 거의 모든 부모가 '어제'도 미

표 1 디지털 기기의 종류 및 목적과 관련한 미디어 사용 시간[12]

종류 및 목적	평균	교육 수준			수입 수준		
		하	중	상	하	중	상
시청(TV, DVD, 비디오)	3시간 17분	4시간 5분	3시간 13분	2시간 24분	4시간 15분	3시간 14분	2시간 42분
게임(PC, 비디오, 게임기, 스마트폰, 태블릿 PC)	1시간 30분	1시간 56분	1시간 31분	1시간	1시간 53분	1시간 36분	1시간 4분
소셜 미디어	1시간 6분	1시간 15분	1시간 1분	1시간	1시간 15분	1시간 6분	1시간
웹 브라우저	51분	47분	55분	52분	46분	49분	56분
전자책	15분	16분	14분	14분	16분	14분	14분
기타(PC, 태블릿 PC, 스마트폰)	44분	45분	48분	40분	50분	42분	45분
여가	7시간 43분	9시간 3분	7시간 41분	6시간 10분	9시간 15분	7시간 42분	6시간 41분
업무	1시간 39분	1시간 6분	1시간 57분	2시간 3분	1시간 5분	1시간 31분	2시간 13분
총계	**9시간 22분**	**10시간 10분**	**9시간 38분**	**8시간 13분**	**10시간 21분**	**9시간 13분**	**8시간 54분**

디어를 사용했다고 답했다. 그렇다면 '미디어 없이 하루'를 보내는 사람은 거의 없다는 말이다. 91퍼센트의 비율로 가장 빈번하게 접촉한 미디어 기기는 TV, DVD, 비디오 같은 수동적 기기였고(질문 문항: "당신은 어제 어떤 미디어에 접속했습니까?"), 가장 적은 빈도수는 19퍼센트의 전자책 읽기였다.[12] 이러한 극단적인 미디어 사용에도 불구하고(9시간 22분, 즉 깨어 있는 시간의 절반이 넘는다) 부모의 78퍼센트(엄마 81퍼센트, 아빠 74퍼센트)는 미디어 이용과 관련해서 자신들이 아이들에게 좋은 모범이 될 거라고 생각하고 있었다. 동시에 부모의 37퍼센트는 아이들의 미디어 사

용 시간과 관련해서 매일 타협을 하면서 갈등을 빚는다고 했다.

또한 부모의 35퍼센트만 스마트폰이나 태블릿 PC 같은 새로운 테크놀로지가 부모의 삶을 좀 더 수월하게 해줄 거라고 말했다. 8세까지의 아이를 둔 부모 2,326명을 상대로 실시한 다른 미국 조사에서도 29퍼센트만 스마트폰과 태블릿 PC가 부모 노릇을 한결 쉽게 해줄 거라고 믿었다.[34] 이 두 자료들을 토대로 다음과 같은 결론을 끄집어낼 수 있다.

- 부모들은 자신이 미디어를 얼마나 사용하고 있는지 깨닫지 못한다.
- 미디어 사용과 관련해서 자신이 아이들에게 어떤 모델이 되고 있는지도 깨닫지 못한다.
- 본인들도 미디어에 시달리고 있다.

표 1이 보여주는 것은 또 있다. 교육 수준이 높은 부모일수록 디지털 미디어로 보내는 시간은 줄어든다. 고소득층일수록 디지털 미디어로 여가를 보내는 시간은 줄고, 업무와 관련된 시간은 늘어난다. 이러한 흐름은 일률적이고, 개별 집단들 사이의 차이는 뚜렷하다.

이 연구에서는[12] 조사 대상이었던 부모의 자녀도 함께 조사했다. 외동일 경우 디지털 기기를 갖고 있는 비율은 대체로 높았다. 10대의 80퍼센트가 소셜 미디어 계정을 갖고 있었지만, 자녀들이 거기서 무엇을 하는지 아는 부모는 40퍼센트에 그쳤다. 반면에 아이들이 TV로 무엇을 보고, 어떤 영화를 보는지 아는 부모는 80퍼센트가 넘었다. 그렇다면 부모는 한층 더 위험한 미디어에 대해서는 절반 정도밖에 알고 있지 않았다. 그럼에도 부모의 56퍼센트는 디지털 미디어의 중독성을 걱정하고 있었고, 그 때문에 부모의 77퍼센트가 아이들의 미디어 사용을 어떤 식으로든 통제해야 한다고 생각하고 있었다. 하지만 부모의 절반가량은 디지털 미디어가 아이들에게 (긍정적으로든 부정적으로든) 영향을 끼친다는 걸 믿지 않았고, 나머지 절반은 주로 긍정적인 효과만 강조하는 부모와 부정적인 측면만 부각하는 부모로 나뉘었다. 그뿐만 아니라 스마트폰이 아이들의 건강과 교육에 미치는 여러 가지 위험과 부작용에 대해 전혀 모르는 부모는 75퍼센트에 달했다.

부모 – 스마트폰 – 아이

이런 설문은 부모들이 자신과 자녀들에 대해 갖고 있는 이미지를 조사하기 위해 무척 유익하지만, 현실에서도 실제로 그런지 확인하는 것이 매우 중요하다. 이와 관련해 부모의 스마트폰 사용이 자녀들에게 미치는 영향을 조사한 연구 보고서들이 지난 3~5년 사이 여럿 발표됐다. 2013년에 이미 미국에서는《거대한 단절: 디지털 시대에 가족 관계와 어린 시절을 보호하는 방법(The big disconnect: Protecting childhood and family relationships in the digital age)》이라는 책이 출간됐는데, 여기서는 아이들이 디지털 미디어의 사용을 통해 어떻게 부모의 관심과 애착을 잃어버리고 그로 인해 피해를 보는지가 에피소드 형태이기는 하지만 매우 인상적으로 묘사되어 있다.

그로부터 1년 뒤 유럽에서는 미디어 소비가 아이들에게 미치는 영향에 대해 주목할 만한 연구 보고서가 발표됐다.[8] IDEFICS (Identification and prevention of Dietary- and lifestyle-induced health EFfects In Children and infantS, 어린이와 유아의 식습관과 라이프 스타일로 인한 건강 효과 및 예방)에서 발표한 이 보고서에서는 유럽 8개국(벨기에, 독일, 에스토니아, 이탈리아, 스페인, 스웨덴, 헝가리, 키프로스)의 2~6세 아이들 3,604명을 대상으로 미디어 소비를 조사했다(TV, 컴퓨터, 비디오 게임). 이 조사에서는 여섯 가지 행복 지표가 설정됐는데, 동년배와의 문제, 자기감정과의 문제, 정서적 안정, 자신감, 가족 간의 문제, 사회적 편입이 그것이다. 아이들은 코호트 분석*을 통해 2년 뒤 재차 조사를 받았는데 TV나 컴퓨터 앞에 앉아 있는 시간이 1시간씩 늘어날 때마다 '정서적 문제'와 '가족 간의 문제'에 바람직하지 않은 결과가 나타날 확률은 1.2~2배까지 높아졌다.

식사 대신 스마트폰

이와 관련해서 이미 2014년에도 전문 잡지 〈페디애트릭스(Pediatrics)〉에 보스턴 지방의 15개 패스트푸드점에서 점심이나 저녁 식사를 하는 가족들을 관찰한 연구 보고서가 실렸다.[23] 총 쉰다섯 번의 식사 장면 가운데 마흔 번은 부모들이 스마트폰을 사용했다. 이에 대해 연구자들은 이렇게 언급했다.[25]

"부모와 자녀가 함께하는 자리에서 스마트폰과 관련한 심각한 문제는 보호자들의 스마트폰 사용 정도에 있었다."

———— * 코호트(cohort)는 특정 기간에 태어나거나 결혼한 사람들처럼 통계상 공통점을 가진 집단을 가리키는데, 이런 동종 집단의 시간적 변화 양상을 분석·예측하는 연구가 코호트 분석이다-옮긴이.

총 열여섯 번의 경우에서는 어른들이 전체 식사 시간 동안 거의 스마트폰만 들여다볼 뿐 아이들에게는 제대로 눈길 한 번 주지 않았다. 통화를 하느라 그런 것이 아니라 그저 스마트폰에다 무언가를 입력하거나 화면을 획획 넘기느라 그런 것이었다. 연구자들의 말을 좀 더 들어보자.

"많은 부모들이 식사 시간 내내 스마트폰을 사용했고, 스마트폰을 들여다보면서 먹고 말했다. 무언가 다른 일을 해야 할 때만 잠시 내려놓았다. 이런 행태는 부모 가운데 한쪽만 있든 둘 다 있든 마찬가지였고, 부모의 연령대나 성별과도 상관이 없었다. 스마트폰을 통한 주의력 훼손의 정도가 가장 심각했던 것은 통화를 할 때가 아니라 스마트폰에 손가락으로 무언가를 입력하거나 화면을 넘길 때였다. 이때 보호자의 시선은 항상 그 기기에 쏠려 있었기 때문이다."[25]

이런 상황에서 아이들은 부모의 관심을 끌려고 소리를 지르고 고집을 피우기 시작한다. 그러면 부모는 야단을 치거나 잠시 벌을 주고, 때로는 좀 더 심각한 상황으로 치닫기도 한다. 그런데 관찰한 바로는 부모의 목소리가 점점 높아지기는 하지만 태도에는 큰 변화가 없다. 오히려 자신의 잘못을 깨닫거나 아이에게 시선을 맞추지 않고 계속 스마트폰만 바라보며 기계적으로 몇 마디 훈계를 한다. 부모의 이런 행동에 전혀 신경을 쓰지 않는 아이도 더러 있었다. 이는 깊이 숙고해볼 문제다. 부모의 이런 행동이 장기적으로 아이들에게 어떤 영향을 끼칠지는 아무도 모르기 때문이다.

여기서 중요한 것은 스마트폰에 정신이 팔린 부모와 그런 부모의 관심이 필요한 아이들 사이에서 벌어지는 상황이 반복적으로 관찰되는 가족의 행동 양태라는 사실이었다. 가족의 식사 시간은 원래 가족 구성원들끼리 함께 시간을 보내고 소통하는 데 목적이 있다.[28] 스마트 폰이 가정 내에서 그런 식사 시간의 의미와 목적을 파괴하고 있는 것은 분명한 사실이다. 그렇다 보니 앞서 언급한 설문 조사[12]에 따르면 집에서 함께 밥을 먹을 때 부모가 아이들에게 스마트폰 사용을 허용하는 경우는 단 6퍼센트밖에 되지 않는다. 최근 발표된 한 연구에 따르면 2~12세 아이 450명이 딸린 300가족의 식사 장면을 관찰했는데, 식사 중에 디지털 기기(특히 스마트폰, 가끔 태블릿 PC와 게임기)를 사용한 아이들은 40퍼센트, 어른들은 70퍼센트에 이르렀다고 한다.[10]

실험실에서의 식사

소아과 의사 제니 라데스키가 이끄는 연구팀은 참여 관찰 방법을 동원해 패스트푸드점에서 부모와 자녀의 특이한 행동 유형을 실험실에서의 연구를 이어갔다.[23] 여기서는 음성 녹화와 영상 녹화가 실시됐는데, 이 자료를 바탕으로 특정한 기준하에 양적 평가가 이루어졌다.

　미국에서는 1965년부터 가난한 가정의 아이들을 후원할 목적으로 헤드 스타트(Head Start) 프로그램을 법정부적으로 실시했다. 이 프로그램의 테두리 안에서 수많은 연구가 진행됐는데, 그중 하나가 225명의 엄마들이 6세 자녀들과 함께 심리학 실험실에서 식사하는 장면을 지속적으로 관찰한 영상이었다(〈structured eating task〉, 촬영 기간: 2011년 6월~2013년 5월). 그런데 연구자들은 처음엔 이 영상을 단순히 방해받지 않는 조용한 환경에서 엄마와 자녀의 관계를 평가할 목적으로 촬영했다.

그런데 그 과정에서 눈에 띄는 것이 있었다. 엄마들이 식사 중에 휴대용 디지털 기기(스마트폰, 태블릿 PC)를 사용하는 장면이 드물지 않게 잡힌 것이다. 이를 계기로 연구자들은 엄마들의 디지털 기기 사용이 아이들에게 어떤 영향을 끼치는지 조사하기로 방향을 틀었다.

연구자들은 엄마와 아이에게 영상 촬영에 필요한 특정 행동을 유발할 목적으로 네 가지 음식을 준비했다. 이 음식들은 익숙함과 달콤한 면에서 차이를 보였다. 두 가지 야채와 녹색 콩은 익숙한 것, 아티초크는 익숙하지 않은 것, 두 가지 디저트 가운데 컵케이크는 익숙한 것, 할와*는 익숙하지 않은 것이었다. 엄마와 아이는 한 테이블에 앉아 다음과 같은 지시를 받았다.

"여러분이 식사할 준비가 되면 첫 번째 음식 2인분을 갖다 드릴 겁니다. 여러분은 그걸 먹을 수도 있고, 먹지 않을 수도 있습니다. 그건 아이들도 마찬가지입니다. 음식은 총 네 가지입니다. 그걸 모두 맛본 다음 맛이 어땠는지 저에게 말씀해주세요. 음식을 보고 맛볼 마음이 없다고 하셔도 상관없습니다. 이해하셨습니까?"

엄마와 아이에게 음식이 제공됐고, 그때마다 음식에 대한 설명이 곁들여졌다. 그런 다음 엄마에게 본인이나 아이가 이 음식을 먹어본 적이 있는지 물어본 뒤 한 가지를 덧붙였다.

"원하시면 맛보십시오. 몇 분 뒤에 다시 올 테니 그때 여러분의 의견을 말씀해주세요."[23]

---

* 연구자들에게도 낯선 이 음식은 '인도, 이란, 파키스탄, 중앙아시아가 원산지'인 달달한 간식 겸 후식이다.

여기서는 엄마들의 디지털 미디어 사용이 어떤 결과로 나타나는지 정확히 알아보기 위해 그들의 행동을 분석하기로 했다. 행동 분석을 위한 프로그램에서는 엄마의 행동을 구두 격려("한입 먹어봐")와 비구두 격려(엄마가 아이에게 한입을 떠먹여주는 것), 구두 만류("이 음식 비주얼이 별로네")와 비구두 만류(엄마가 아이 앞의 접시를 옆으로 밀어놓는 것)로 구분했다. 그리고 여기에는 다음의 네 가지 변형된 변수가 나왔다.

- 구두적 상호 작용의 정도(격려 또는 만류)
- 비구두적 상호 작용의 정도(격려 또는 만류)
- (구두 및 비구두적) 격려의 정도
- (구두 및 비구두적) 만류의 정도

프로그램을 통한 분석에 따르면 식사 중에 스마트폰을 사용하는 엄마들의 경우 아이들과의 구두 상호 작용은 눈에 띄게 적게 나타났다. 특히 가장 익숙하지 않은 음식인 할와를 먹을 때가 두드러졌다. 엄마들은 아이들에게 음식을 먹어보라고 격려하는 경우가 드물었는데, 여기서도 할와 음식을 먹을 때가 특히 더 그랬다. 그런데 엄마들의 스마트폰 사용 여부가 아이들에게 음식을 만류하는 행위의 빈도수에는 영향을 끼치지 않았다. 다만 엄마와 아이의 구두 상호 작용은 20퍼센트, 비구두 상호 작용은 39퍼센트가 줄었다. 이 관련성은 익숙하지 않은 음식이 제공됐을 때 더 뚜렷했다. 그러니까 익숙한 음식이 제공됐을 때에 비해 구두 상호 작용은 26퍼센트, 비구두 상호 작용은 48퍼센트 더 적게 나타났다. 특히 가장 익숙하지 않은 음식인 할와를 먹을 때 구

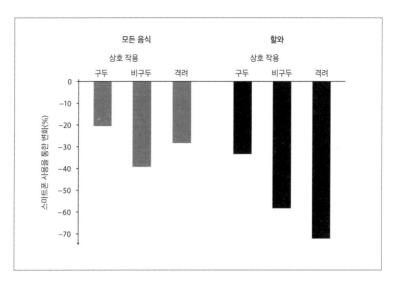

그래프 1 모든 음식을 먹을 때 그리고 가장 익숙하지 않은 음식인 할와를 먹을 때 엄마와 아이의 상호 작용 및 아이에 대한 엄마의 격려가 감소하는 것을 백분율로 표시했다.[23]

두 상호 작용은 33퍼센트, 비구두 상호 작용은 58퍼센트가 줄어들었다(그래프 1).

음식을 먹어보라는 격려에서도 비슷한 결과가 나왔다(그래프 1). 식사 중에 엄마가 스마트폰을 사용할 경우 격려의 횟수는 28퍼센트(모든음식에 대해), 할와나 아티초크처럼 익숙하지 않은 음식을 먹을 때는 35퍼센트, 특히 할와를 먹을 때는 72퍼센트가 감소했다. 이런 분석에 의거해 연구자들은 특별한 의미가 있는 소견을 내놓았다. 휴대용 디지털 기기의 사용은 특히 아이에게 새로운 경험을 제공해줄 필요가 있을 때 엄마의 참여도(상호 작용의 정도 및 격려의 횟수)를 떨어뜨린다는 것이다. 새로운 경험은 배움으로 이끈다. 그 과정에 부모의 격려와 후원이 필요하다. 그것이 익숙하지 않은 음식이든 낯선 경험이든 간에 말이다. 새로운 경험과 그에 따른 학습 과정이 부모의 스마트폰 사용으로 훼손된다면 아이의 발달에 부정적인 결과로 나타날 수밖에 없다.

다른 한 연구에서는 엄마-아이 195쌍을 상대로 엄마가 식사 중에 스마트폰을 집거나 집지 않게 하는 요인이 무엇인지 조사했다. 이와 관련해서 엄마들에게 자녀에 대한 생각을 체계적으로 물었다. 그 결과 아이를 '다루기 힘든 존재'로 생각하는 것이 식사 중 스마트폰 사용과 연결되어 있음이 드러났다. 연구자들의 말을 직접 들어보자.

"특히 우리는 식사 중 휴대용 디지털 기기의 적극적인 사용과 아이를 다루기 힘든 존재로 여기는 부모의 인식 사이에 상관관계가 있음을 발견했다."[26]

부모의 스마트폰 사용에 관한 또 다른 연구들에서는 다음의 세 가지 조건에서 '흥분과 피로감'[24]이 빈번하게 나타나는 것을 확인할 수 있었다.

- 부모는 스마트폰으로 일과 자녀를 가능한 한 동시에 처리하려고 한다.
- 스마트폰은 감정적 긴장을 야기하고, 부모는 스마트폰 사용으로 그 긴장을 풀려고 한다.
- 부모는 스마트폰을 너무 자주 사용하는 자녀들과의 관계에서 상당한 스트레스를 받는다.

스마트폰은 가족 간의 관계를 훼손한다

부모는 한편으론 아이들을 따끔하게 야단치지만 다른 한편으론 아이들과 평화롭게 잘 지내고 싶어 한다. 얼마 전 학술지 〈소아과학 리서치 (Pediatric Research)〉에 발표된 한 연구는 부모와 자녀 183쌍을 5년 동안 조사하면서 부모와 자녀의 행동 방식과 관련한 복잡한 인과 관계를 훌륭하게 설명했다.[14] 부모들은 2014년부터 2016년까지 총 네 번의 시점 (기준 시점, 1개월 뒤, 3개월 뒤, 6개월 뒤)에 표준화된 질문을 받았다.

"당신은 다음 기기들로 인해 자녀와의 대화 및 활동과 관련해서 보통 하루에 몇 번 정도 방해를 받나요?"

여기서 디지털 기기란 휴대폰 또는 스마트폰, TV, 컴퓨터, 태블릿 PC, 아이팟(iPod), 게임기를 가리키는데, 부모들은 이 여섯 가지 기기들에 대해 각각 7단계, 즉 0(전혀 방해받지 않는다)에서 7(스무 번 이상)까지 답할 수 있다. 아이들의 문제 행동은 외향적인 것(과잉 행동, 좌절 극복 능력의 감소, 공격성, 폭발적 분노)과 내향적인 것(쉽게 울고, 쉽게 삐치고, 쉽게 상처받는 행동)으로 나뉘는데, 지난 두 달 간 아빠나 엄마로 인해 생겨난 문제 행동들을 '아동 행동 체크리스트'로 측정됐다. 그 밖에 부모의 스트레스는 27개 항목으로 이루어진 '부모 양육 스트레스 검사'로, 부부 간의 유대는 35개 항목으로 된 '공동 육아 관계 검사'로, 부모의 우울증은 20개 항목의 '우울증 역학 조사'로 측정했다.

전체적으로 보면, 디지털 기기를 통해 부모와 자녀 사이의 소통이 중단되는 일은 거의 매일 발생했다. 네 번의 측정 시점에 걸쳐 아빠들을 매일 방해하는 기기의 수는 평균 1.43개였고, 엄마는 1.65개였다. 일상적으로 방해받는 일이 없다고 대답한 엄마는 4.9퍼센트, 아빠는 9.6퍼센트에 불과했다. 반면에 엄마의 55.5퍼센트와 아빠의 43퍼센트는 두개 이상의 기기를 통해 방해를 받는다고 대답했다. 이때 소득이나 연령, 교육 수준, 또는 인종은 아무런 영향을 끼치지 않았다. 엄마든 아빠든 이런 방해가 많을수록 아이의 문제 행동은 외향적으로나 내향적으로나 둘 다 뚜렷이 증가했고, 부모의 스트레스도 한층 높아졌다. 또한 디지털 기기를 통한 방해는 부부 간 유대(공동 육아)의 질도 현저히 떨어뜨렸다. 특히 엄마의 경우에는 우울증도 한층 증가하는 것으로 나타났다.

반복된 조사를 통해 이전 시점에 측정된 변수들이 나중 시점의 변수들에 끼치는 영향을 확인할 수 있었는데, 그 결과는 다음과 같다. 연구 시작 시점에 부모의 디지털 기기 사용으로 아이와의 관계에 장애가 있는 것으로 확인된 경우 이는 나중 시점에 아이들의 문제 행동으로 이어졌다. 또한 시작 시점에서 확인된 아이들의 문제 행동은 나중의 모든 시점에서 부모들의 높은 스트레스로 이어졌다. 특히 그것이 외향적 문제 행동일 경우 부모의 스트레스는 한층 더 뚜렷했고, 내향적 행동의 경우엔 상대적으로 영향이 적었다. 그런데 부모의 스트레스 지수가 높으면 나중 시점에서 디지털 기기로 인한 방해는 더 많아졌다. 다시 말해 부모가 아이들로 인해 스트레스를 많이 받을수록 아이들에게서 관심을 돌려 스마트폰을 집어 드는 일이 많아진다는 얘기다. 게다가 내향적 행동이 전체적으로는 그 영향이 적어 보인다고 하더라도 내향적 문제 행동의 증상들 가운데 단 하나, 그러니까 아이의 사회적 고립만 놓고 보더라도 그 영향은 뚜렷했다. 즉 연구 시작 시점에 방해가 많이 확인될수록 나중에 아이의 사회적 고립은 더 심해지고, 이는 다시 부모에게 더 많은 스트레스를 주고, 이후엔 이게 다시 부모에게 디지털 기기로 인한 방해의 증가로 이어졌다.

전체적으로 이 연구는 디지털 미디어가 부모와 자녀의 관계를 여러 형태로 뚜렷이 훼손하고 있음을 보여준다. 다시 말해 디지털 미디어는 아이들에게 문제 행동을 유발하고, 이는 다시 부모에게 스트레스를 일으켜 디지털 미디어를 통한 방해를 더욱 촉진한다는 것이다. 아이와 함께 있는 동안 부모의 스마트폰 사용과 아이의 문제 행동 사이의 이런 악순환은 경험을 통해 처음으로 명확하게 확인됐다. 이 연구 보고서 저자들의 해석을 독자들에게 소개하고 싶다.

"유혹적인 디자인을 포함해 디지털 테크놀로지의 비상한 기능에 매달리는 사람은 평소에 자제력이 떨어지거나 가정생활에서 문제를 겪는 부모들이다. 가정 문제를 제대로 해결하지 못하는 부모는 예전보다 더 자주 디지털 테크놀로지에 예속됨으로써 자녀와의 관계를 더욱 악화시킨다."[15]

정리하자면 이렇다. 디지털 미디어의 이용은 엄마들의 우울증을 격화시키고,[13] 부부 싸움을 유발하고, 어려움을 함께 극복해나가는 데 문제를 일으키고, 관계의 만족도를 떨어뜨리고, 배우자 사이의 유대감을 약화시킨다.[16] 뿐만 아니라 부모의 미디어 사용이 아이들의 문제 행동을 더 많이 유발한다는 사실을 확인해줬다.[15]

아이들과 디지털 미디어 사이의 악순환

이로써 걱정들이 사실로 드러났다. 특히 어린이와 청소년이 직접 소비하는 디지털 미디어의 엄청난 양까지 포함해서 말이다. 최근에 발표된 두 편의 독일 연구 보고서가 보여주듯 디지털 미디어의 소비는 아이들의 발달에 부정적인 영향을 끼치는 것으로 밝혀졌다. BLIKK('학습 행동, 대처, 지적 능력, 소통'의 약자) 연구는 독일 소아 청소년과 79개의 병원에서 어린이와 청소년 5,573명을 대상으로(부모도 포함되어 있다) 발달 상태 검사를 실시했는데,[1/5] 핵심적인 것을 정리하면 다음과 같다.

- 어린이집과 유치원에 갈 나이의 아이들은 70퍼센트가 하루에 30분 넘게 부모의 스마트폰을 사용한다.
- 아이들의 집중적인 미디어 사용과 발달 장애 사이에는 관련성이 있다. 발달 장애의 양상은 연령에 따라 다르게 나타나는데, 정리하면 다음과 같다.
- 아이에게 젖을 먹일 때(생후 4주에서 12개월, 총 1,828명) 스마트폰을 보는 엄마들은 수유 자체에 어려움을 겪고, 아이들은 안정된 상태로 잠들지 못한다.
- 2~5세 아동(2,060명)의 스마트폰 사용은 집중력 장애와 언어 발달 장애를 수반한다.
- 8~14세 아이들(1,685명)의 스마트폰 사용은 집중력 장애와 과체중을 초래한다.
- 13~14세 청소년(535명)은 스마트폰과 인터넷 사용을 자율적으로 규제하는 데 어려움을 겪는다.
- 2~6세 미취학 아동 537명을 1년 동안 조사한 라이프치히 아동연구앰뷸런스 라이프 차일드(LIFE Child)의 연구도 비슷한 결과를 내

놓았다.[21]

- 미취학 아동들의 스마트폰 사용은 2011년에서 2016년 사이에 뚜렷이 증가했다.
- 저소득 계층의 아이들이 스마트폰을 훨씬 더 많이 사용한다.
- 2~6세 아이들은 첫 조사 시점에 컴퓨터와 인터넷을 더 많이 사용할수록 1년 뒤 디지털 미디어를 사용하지 않은 아이들에 비해 친구가 적고, 친구와의 교제에도 더 큰 문제를 보였다.
- 스마트폰으로 많은 시간을 보내는 아이들은 1년 뒤 과잉 행동과 수면 장애가 더 빈번하게 나타났다.
- 이런 아이들은 학업 성적도 부진했는데, 특히 수학 과목이 그랬다.
- 첫 조사 시점에 또래와의 교제 측면에서 문제를 드러낸 아이들은 1년 뒤 컴퓨터와 인터넷, 스마트폰을 사용하는 시간이 더 길었다.

이로써 아이들의 미디어 사용과 관련해서도 부모들과 동일한 악순환이 발견됐다. 즉 사회적 관계에서 어려움을 많이 겪을수록 미디어 소비는 늘어나고, 이는 다시 사회적 관계의 어려움으로 이어졌다.

아이들의 성장과 발달에 필요한 것

다행히 아이들이 건강하게 성장하기 위해선 무엇이 필요하고, 무엇이 필요하지 않은지에 대한 과학적 인식은 꽤 오래전부터 알려져왔다.[9] 일단 아이는 어른들(주로 부모다)이나 다른 아이들과 직접적인 접촉이 많아야 한다. 또한 타인과 대화를 나눌 수 있는 수많은 단어가 필요하고,[29] 그 밖에 노래 부르기, 그림 그리기, 축구하기, 나무 타기, 친구들과 놀기, 특정한 역할 놀이('엄마 아빠 놀이', '엄마와 아기 놀이', '도둑과 경찰 놀이', '카우보이와 인디언 놀이', '선생과 학생 놀이', '장사꾼과 손님 놀이') 같은 자기만의 자잘한 '프로젝트'가 필요하다. 그 과정에서 아이들은 단순히 노래하고, 그림 그리고, 축구하고, 나무 타는 것만 배우는 것이 아니라 구두 신호와 비구두 신호로 이루어진 감정과 생각을 읽어내는 법을 배우고,[32] 그와 함께 공감과 사회적 행동을 내면화한다.[27] 이때 특히 중요한 한 가지는 무언가를 자기 것으로 만드는 법을 배운다는 것이다. 즉 자신의 생각(노래, 그림, 행동, 이야기 등)을 현실로 옮기는 법을 배운다. 예전에는 이것을 '의지력'이라고 불렀고, 오늘날에는 '강한 멘탈', 또는 과학계에서는 '실행 기능'이라 부른다. 일반적으로 알려진 바에 따르면 이런 힘이나 기능의 발달은 아이들을 좀 더 건강하고 행복한 인간으로 만들어주고, 장차 높은 소득과 긴 수명으로도 이어질 수 있다고 한다.[19]

TV가 나오면서 이전과 확연히 달라진 것이 있다. TV 화면이 돌아가는 동안 어른들은 말을 적게 하고(객관적 조사에 따르면 말하는 단어의 수가 줄었다),[3] 아이들에게 관심을 덜 보이고,[11] 아이들과 교류의 질이 떨어졌다.[17]

이런 상황은 스마트폰의 출현으로 한층 심화됐다. 스마트폰을 항상 갖고 다니는 탓에 마땅히 해야 할 역할과[33] 이웃에 대한 관심을 돌리게 만든다.[18] 사용하지 않고 그냥 주변에 놓아두기만 해도 마찬가지다.[30] 양이 독을 만든다! 이 유명한 말이 아이들의 발달에 미치는 디지털 미디어의 영향에도 해당된다면 현재 우리는 스마트폰을 무책임할 정도로 너무 과도하게 사용하고 있다. 부모와의 대화가 줄어든다면, 아이들이 부모에게 관심을 받지 못하고 친구들과 놀 기회가 적어진다면 아이들은 잠재력을 키우지 못한다. 디지털 미디어는 아이들의 발달을 해친다. 디지털 미디어는 아이들의 관심을 분산시키고, 주체적으로 행동해야 할 때 반응만 하도록 만들기 때문이다. 다시 말해 아이들은 이제 자신의 생각을 행동으로 옮기지 못한다. 아이들이 너무 일찍부터 디지털 미디어와 너무 많은 시간을 보내면(오늘날엔 하루에 보통 6~9시간이다) 발달장애가 생긴다는 것은 많은 연구로 입증됐다.

정리해보자. 디지털 미디어는 아이들 스스로 너무 과도하게 사용할 때만 발달을 저해하는 것이 아니라 부모가 자신의 역할을 제대로 해야 할 상황에서 오히려 디지털 미디어를 사용할 때도 아이들의 발달을 해친다. 미국 부모들은 하루에 평균 디지털 미디어를 9시간 22분 사용한다. 그중 가장 비중이 높은 것은 단연 스마트폰이다. 그것도 주로 여가 시간에 스마트폰을 사용하기에 아이들의 추가 피해는 불을 보듯 뻔하다.

제 5 장

자연의
상실

최근에 꽃을
본 적 있나요?

캐나다 작가 마거릿 애트우드(Margaret Atwood)는 2017년 독일에서 많은 사람들의 입에 오르내렸다. 6월 13일 프랑크푸르트 도서전의 일환으로 수여하는 독일출판협회 평화상을 받았기 때문이다. 게다가 같은 해 10월에는 프라하의 프란츠 카프카 협회에서 주는 국제적인 문학상까지 받았다.

자연에 관한 단어들이 점점 사라지고 있다

애트우드는 소설과 시, 에세이만 쓴 것이 아니라 2015년 초에는 영국의 다른 작가 27명과 함께 옥스퍼드대학교 출판부에 항의 서한까지 썼다. 이 출판사는 7세 이상 아동들을 위한 《옥스퍼드 어린이 영어 사전》을 또 한 차례 개정했는데, 이전의 2007년도 개정판에서도 그랬듯이 이번에도 '옛' 단어들을 빼고 새 단어들을 집어넣었다. 그런데 문제는 자연 및 시골 생활과 관련이 있는 수십 개의 단어가 이런 폭력적인 개정 작업의 희생양이 됐다는 것이다. 예를 들면 '블랙베리(blackberry)',

'도토리(acorn)', '미나리아재비(buttercup)', '콜리플라워(cauliflower)', '클로버(clover)' 같은 단어가 빠지고, 대신 '블로그(Blog)', '채팅방(Chatroom)', '브로드밴드(broadband)', '아날로그(analogue)', '블랙베리(BlackBerry, 동일한 이름의 제조사에서 만드는 스마트폰 이름)' 같은 단어들이 새로 들어갔다. 작가들이 옥스퍼드대학교 출판부에 보낸 서신 내용을 직접 들어보자.

"우리는 사전 속에 새로운 단어를 추가하고 그에 마땅한 자리를 마련하는 것이 필요하다는 것을 이해합니다. 그리고 새로 추가된 단어들 하나하나의 선택을 두고 왈가불가할 생각도 없습니다. 다만 걱정스러운 건 새로 추가된 많은 단어들이 오늘날 골방에서 일어나는 외로운 어린 시절과 연결되어 있다는 것입니다."[8]

작가들은 또한 "자신들의 관심사가 오늘날의 어린 친구들에게 기성세대의 장밋빛 추억을 심으려는 낭만적 소망에 있는 것이 아니다"라고 강조하면서 영국의 자연환경국민신탁(The National Nature Trust)의 한 연구 보고서를 참고 자료로 내밀었다. 2012년에 발표된 이 보고서는 영국 아동들이 자연과 얼마나 멀어졌으며, 자연에 대해 얼마나 모르는지를 보여주면서 1970년대 이후 아이들의 행동반경, 즉 아이들이 부모의 통제 없이 자유롭게 돌아다닐 수 있는 주변 환경의 범위가 90퍼센트 정도 줄어들었다는 점을 역설했다.

1971년에는 7~8세 아이들의 80퍼센트가 걸어서 학교를 갔다. 그것도 혼자 아니면 친구들과 함께. 그런데 불과 20년 뒤 풍경은 완전히 바뀌었다. 그 연령대의 아이들 가운데 걸어서 학교에 가는 아이는 10퍼센트밖에 되지 않았다. 그것도 거의 부모와 함께였다.[11] 한 세대 전만 해도 아이들의 50퍼센트 가까이가 규칙적으로 자연에서 놀았다면 오늘날엔 그 비율이 10퍼센트밖에 안 된다.

"아이들 셋 중 하나는 까치가 무엇인지 모르고, 절반은 꿀벌과 말벌을 구별하지 못합니다. 하지만 열 중 아홉은 달렉*을 압니다."[11]

이는 2002년에 8세 이상 아이들을 관찰한 결과와도 맞아떨어진다. 당시 아이들은 동물과 식물을 합친 것보다 판타지 속의 포켓몬스터 이름을 더 많이 알고 있었다.[13]

문학에서 사라지고 있는 자연

옥스퍼드에 편지를 보낸 작가들은 모든 문화의 보편적 측면을 확실히 이해하고 있다.

"다들 인정하듯이 옥스퍼드 사전은 문화적 지도력과 권위가 있습니다. 그런 만큼 우리는 《옥스퍼드 어린이 영어 사전》이 이를 무겁게 받아들여야 하고, 단순히 세상의 유행만 좇는 것이 아니라 아이들의 세계 이해에 도움을 주어야 한다고 생각합니다."[8]

이 작가들의 의식에 뿌리를 이루는 것은 자연 생활의 긍정적인 작용에 대한 인식이다.[14]** 아이들의 자연 결핍 장애는 세상에 소개된 지벌써 10년이 넘었다.[10] 그에 대한 논의는 지금까지 되풀이되고 있고,[3]

---

* 영국의 공상 과학 드라마 〈닥터후(Doctor Who)〉에 나오는 외계인인데, 달렉의 가장 큰 적은 바로 인간이다.

** 자연 생활이 주의력 장애를 겪는 아이들과 주의력 기능에 미치는 긍정적 영향은 4/5/6/7/12 이미 과학적으로 분명하게 증명됐다.

그와 관련한 경험적인 연구도 진행 중이다.[15]

"탁 트인 자연에서의 놀이와 자연과의 유대에 담긴 긍정적 영향에 대해 그리고 자연으로부터의 멀어짐이 야기하는 위험성에 대해 지금 껏 알려진 바에 따라 우리는 이번에 단어들을 누락시킨 것을 경솔하고 충격적인 일로 받아들이고 있습니다."

애트우드와 동료 작가들이 옥스퍼드대학교 출판부에 보낸 내용이 다.[8] 그러나 출판사는 미동도 보이지 않았다. 오늘날 미디어에 대한 일반적인 입장이 그러하듯* 이 출판사도 문화를 인간의 현실적 흐름으로만 이해할 뿐 인간이 해야 할 당위로는 이해하지 않았다. 따라서 '미나리아재비' 같은 꽃 이름을 아이들이 실제로 쓰지 않는다는 사실만 고려해야 한다는 것이 출판사의 입장이었다. 만일 자연과 우리의 관계가 아이와 어른의 개인적 영역뿐 아니라[12] 문화적·사회적 차원에서도 점점 약화되고 있음을 보여준 연구들이 존재하지 않는다면 그럴 수도 있다. 그러나 현실은 그렇지 않다.

이와 관련해서 영국과 미국의 과학자들은 '문화적 발자국'을 조사했다. 인간이 책과 잡지에 남긴 '공식적인' 글뿐 아니라 광고 같은 것에도 남긴 흔적들이다.[9] 이 연구의 기저에 깔린 생각은 간단하다.

——— * 이는 메르켈(Angela Merkel) 총리가 게임스닷컴(Games.com) 개막식에서 했던 말만 떠올려봐도 알 수 있다. 메르켈은 프리드리히 실러(Friedrich Schiller)의《인간의 미적 교육에 관한 편지》에 나오는 한 대목을 인용했다. "인간은 오직 놀 때만 오롯이 인간이다." 그러나 실러가 말한 놀이가 과연 '총을 난사하고', '자동차로 사람을 무차별적으로 치는 것'을 의미했을까? 그럴 리 없다! 그럼에도 게임 산업 육성을 외치는 목소리는 도처에서 들려온다. 충분히 돈을 벌고 있지 않기라도 하는 것처럼 말이다. 게임업계의 매출은 이미 나머지 소프트웨어 업체들을 다 합친 것보다 많다.

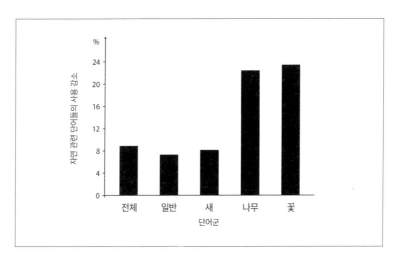

그래프 1 　자연 관련 단어들의 상대적 빈도수 감소. 지난 세기 전반기(1900~1949)와 후반기(1950~2000) 사이엔 빈도수의 차이가 확연했다.[9]

"자연과 관련된 개념들은 문화 생산자의 정신 속에 저장되어 여러 가지 사고 형태로 가공된다. 이 정신적 가공은 자연 관련 개념들이 과거에 얼마나 자주 사용됐느냐에 달려 있기 때문에 … 자연과의 반복된 접촉은 자연 관련 개념들의 더 높은 가공 능력으로 이어지고, 그 개념들이 문화적 생산물 속에 나타날 개연성은 더 커지지 않을까?"[9]

이런 이유로 문화적 생산물 속에 자연과의 관련이 나타나는 빈도수를 측정하기 위해 연구자들은 일단 네 가지 범주의 186개 단어로 이루어진 일종의 자연 사전을 만들었다.

- 자연과 관련된 일반적인 단어들(예를 들어 해변, 나뭇잎, 산, 비, 바람, 파도 등 총 60개)

- 새 이름(오리, 되새, 플라밍고, 매, 딱따구리, 참새 등 총 34개)
- 나무 이름(자작나무, 너도밤나무, 떡갈나무, 단풍나무, 버드나무, 미루나무 등 총 37개)
- 꽃 이름(미나리아재비, 해바라기, 과꽃, 튤립, 장미, 데이지꽃 등 총 57개)

자연 관련 단어의 대조군으로 인간이 주변에 만들어놓은 생산물을 지칭하는 단어들이 선택됐다. 도로, 벽돌, 가구, 부엌, 계단, 창문 등 총 40개다. 아울러 1900년부터 2000년까지 매년 영어권 문헌들(주로 소설)에 실린 자연 관련 단어들의 빈도수를 백분율 형태로 조사했다. 그 결과 전(全) 기간에 걸쳐 자연 관련 단어들의 사용과 연도 사이에 뚜렷한 마이너스 상관관계가 확인됐다. 즉 100년 동안 자연 관련 단어들은 점점 적게 사용됐고, 특히 꽃의 경우가 가장 두드러졌다(그래프 1).

반면에 인공적인 생산물을 가리키는 대조군 단어들은 플러스 상관관계로 뚜렷한 증가세를 보였다.

자연 결핍은 음악과 영화에서도 나타난다

그들의 두 번째 연구는 1950년부터 2011년까지 노래 가사를 대상으로 실시됐다. 우선 각 연도별로 100곡의 히트 가요(총 6,200곡)를 선정했고, 그중에서 5,924개 가사에 대한 평가가 이루어졌다. 연구자들은 연도별로 위에서 언급한 자연 관련 단어 186개와 40개 대조 단어들의 빈도수를 조사했다. 여기서도 전 기간에 걸쳐 자연 관련 단어들의 감소세가 뚜렷했고, 특히 이번에도 그런 경향은 꽃이 나무나 새보다 더 두드러졌다. 그런 경향의 강도는 전체적으로 음악이 문학보다 더 확연했다. 연구자들의 말을 직접 들어보자.[9]

"자연 관련 단어들의 비율이 1950년대엔 1.07퍼센트에서 2000년대엔 0.4퍼센트로 줄었다. 그러니까 63퍼센트가 감소한 것이다. 이는 1950년대 인기 가요의 가사에 담겨 있던 자연 관련 단어 세 개 중에서 50년 뒤에 살아남은 건 겨우 하나밖에 안 된다는 것이다."

세 번째 연구에서는 1930년부터 2014년까지 오스트레일리아, 영국, 아일랜드, 캐나다, 뉴질랜드, 미국에서 상영된 총 27만 4,011편의 영화(모두 영어권 영화들이다)가 조사 대상이었고, 이것들의 시나리오는 약 1,600만 단어들로 이루어져 있었다. 여기서도 조사 기간에 걸쳐 자연 관련 단어들의 뚜렷한 감소세를 다시 확인할 수 있었다. 전체적으로 보면 다양한 문화 생산물과 문화적 장르를 뛰어넘어 지난 세기 중반부터 문화 속에서 자연이 감소하고 있는 것으로 드러났다.

도시화와 미디어화

그들은 문학 작품의 연구에서 논의한 바 있는 이 결과의 두 가지 원인에 대해 좀 더 자세히 파고든다. 영어권에서 가장 거대한 집단인 동시에 세계의 문화적 흐름에 결정적 영향을 끼치는 미국에서 증가하는 도시화와 미디어화가 그것이다. 저자들은 1840년부터 1960년 사이에 도시화가 특별한 비약 없이 꾸준히 상승해왔기에 도시화를 결과의 원인으로 지목하는 것을 거부한다. 그러나 미디어화의 상황은 다르다. 저자들은 미디어화와 관련해서 '실내 공간의 증가와 가상 세계 속의 여가 가능성'[9]에 대해 언급한다.

1950년대엔 TV가, 1970년대엔 비디오게임이, 1990년대 중반부터는 인터넷이 여가 공간으로서 자연을 대체했다. 그 때문에 문화 생산자와 소비자에게 자연의 의미는 감소할 수밖에 없었다. 저자들은 두 가지 이유에서 이러한 상황을 걱정스럽게 바라본다.[1]

"문화 영역에서 자연 관련 단어가 사라지는 현상은 자연에 대한 실제적인 거리감을 반영하고, 인간의 건강과 행복에 대한 잠재적 이익 감소 및 환경 친화적 입장과 행동 방식의 촉진을 위한 가능성의 상실을 가리킨다."

다시 말해 앞서 설명했듯이 자연 생활이 우리의 건강에 미치는 긍정적인 영향이 미디어화로 인해 점점 줄고 있다는 것이다. 저자들은 두 번째 이유로 현실적 유행으로서의 문화와 우리를 규정하는 요소로서의 문화 사이에 존재하는 악순환을 언급한다.

"문화 생산물은 단순히 현재의 주도적인 문화 트렌드만 반영하는 것이 아니라 트렌드를 만들기도 한다. 책과 노래, 영화는 세계에 대한 인간의 관점을 발전시키고 유지하고 강화하는 것을 돕는 사회화의 선봉장이다. 자연에 대한 문화적 관심의 감소는 자연이 우리의 정신적 담론에서 충분히 관심을 받을 만하다는 메시지의 약화를 의미한다. 또한 호기심을 일깨우고, 자연의 가치를 인정하는 법을 배우고, 자연에 경외심을 보낼 기회의 상실을 의미하기도 한다. 결국 자연과의 육체적 접촉의 상실은 문화 생산물을 통한 자연과의 접촉 상실로 이어지고, 그것은 다시 자연에 대한 관심과 애정의 감소로 이어지는 악순환을 불러일으킬 수 있다."[9]

정리해보자. 문화적 발자국을 연구한 저자들과 마찬가지로 필자도 우리 모두가 이 결과를 분명히 가슴에 새겼으면 하고 바란다. 자연 활동이 우리에게 끼치는 영향과 관련해서 말이다. 그래야만 문화의 장기적 변화에 대한 우리의 인식이 제자리로 돌아갈 희망이 생기기 때문이다. 저자들의 말을 들어보자.[9]

"우리는 현재의 트렌드를 정확히 아는 것이 문화 창작자들에게 이 트렌드로부터 방향을 돌리도록 고무하고, 그럴 힘을 줄 거라고 희망한다."

제6장

교육 Ver 0.0

누구를 위한
업데이트인가?

다음을 상상해보라.

1. 독일의 소방청장이 불을 끌 때 화염 촉진제를 추천한다.
2. 독일의 외과의사들은 지금껏 모든 환자를 죽게 만들 수도 있는 새로운 수술법을 추천한다. 실제 수술할 때 올바른 지침만 만들어 놓으면 문제가 되지 않는다는 것이다. 새로운 테크놀로지의 도입을 망설여서는 안 된다.
3. 독일 자동차업계에서는 세 살 때부터 운전면허증을 취득하게 하자고 주장한다. 앞으로 등장할 미래의 이동용 테크놀로지에 일찍부터 대비하자는 것이다. 세계 자동차업계의 선두주자인 독일이 다른 나라에 뒤질 수 없으니 말이다.
4. 독일 사회민주당이 빈부 격차를 더욱 늘리자고 제안한다.
5. 독일 포도주 맥주 양조 협회는 맥주와 포도주의 나라에 걸맞게 자라나는 세대들에게 유치원과 초등학교 때부터 알코올 적응 훈련을 시켜야 한다고 주장한다. 하루에 소주 반 잔으로 시작해서

말이다. 독일은 양조 기술 측면에서 선진 노하우를 잃어서는 안 된다. 현재 독일 학교에서의 소주 소비에서 유럽의 평균을 한참 밑돈다.

독자 여러분은 정말 이런 일이 가능하다고 생각하는가? 그렇지 않다고 생각한다면 계속 읽어보기 바란다. 독일의 현실이 바로 그러하기 때문이다! 소방서, 외과의사, 자동차업계, 양조업체가 아닌, 우리 모두에게 가장 소중하고 중요한 자산인 우리 아이들에게 말이다.

상기하라! 디지털 정보 통신의 부작용

우리는 의학, 심리학, 발달심리학, 발달신경생물학, 인지신경학 분야의 수많은 과학적 연구를 통해 아이들에게 무엇이 좋고 무엇이 나쁜지를 알고 있다. 어린 친구들에게는 또래와의 교류를 비롯해 자상하고 이해심 넘치는 어른 및 자연과의 접촉이 필요하다. 반면에 디지털 기기와의 접촉은 여가 시간에든, 유치원에서든, 학교 같은 교육 시설에서든 필요하지 않다.

우리가 지금까지 알고 있는 바에 따르면 디지털 정보 통신 기술을 무방비 상태로 사용하면 아이들의 육체적, 감정적, 정신적, 사회적 발달에 유해하고, 아이들의 건강에 해를 끼치는 것으로 입증됐다.[21/23] 그 위험성과 부작용은 정말 중요하기에 여기서 다시 한 번 나열해보겠다. 운동 부족, 잘못된 자세, 근시, 과체중, 고혈압, 당뇨병, 수면 장애, 피로감 그리고 성행위와 도로 교통에서의 위험한 행동이 그것이다. 또한 이런 육체적 문제들 외에 주의력 장애, 불안, 우울증(자해나 자살 생각을 포함해서), 스트레스, 중독(컴퓨터, 인터넷, 게임, 스마트폰), 알코올과 담배에 대한 의존성 증가 그리고 학업 성적의 저하도 관찰된다. 그뿐만이 아니다. 디지털 정보 통신 기술은 공격성을 높이고, 부모와 친구들에 대한 공감능력을 떨어뜨린다. 특히 스마트폰은 교육에 대한 침해는 물론이고 독자적인 의지 형성과 공감능력, 공동생활의 토대를 훼손한다. 디지털 정보 통신 기술의 이러한 위험성과 부작용은 그것을 사용하는 사람이 어릴수록 더욱 뚜렷하다. 물론 현재까지 우리가 알고 있는 바에 따르면 새로운 디지털 미디어의 사용으로 해를 입는다고 말할 수 없는 계층도 존재한다. 바로 고령의 은퇴자들이다.[3]

디지털 정보 통신 기술은 교육을 해친다

위에 언급한 부작용 외에 덧붙여야 할 것이 있다. 일각에서는 디지털 미디어가 교육 영역에서 긍정적인 작용을 한다고 주장하지만, 이는 결코 증명된 사실이 아니다. 오히려 현실은 정반대다. 일련의 연구들이 증명하듯 여가 시간에 디지털 미디어로 더 많은 시간을 보낼수록 학교 성적은 점점 떨어진다. 벌써 10년도 더 전에 뮌헨의 경제학자들은 국제학업성취도평가(PISA) 자료 분석을 통해 자기 방에 컴퓨터를 가진 15세 아이들이 그렇지 않은 또래 아이들에 비해 성적이 나쁜 것을 확인했다.[6] 또한 미국 학자들은 과학적 실험을 통해 게임기가 학생들의 성적을 떨어뜨리는 것을 증명했다.[20/28]

이에 대한 가장 단순한 이유는 시간 손실이다. 다시 말해 일주일에

40시간씩 게임을 하는 아이들은(미국 아이들의 평균 시간이다) 그 시간 동안 다른 무언가를 못하게 된다. 예를 들면 무언가 의미 있는 것을 배우지 못한다는 뜻이다. 비디오게임이 아이들의 주의력이나 사고를 개선한다는 반대편 주장도 과학적 검증으로 배척됐다.[27]

교육 시설에서 디지털 미디어가 끼치는 영향도 여가 시간에 끼치는 영향과 다르지 않다. 반복적으로 제기된 주장들과는 상반되게 디지털 미디어를 수업 시간에 활용하면 오히려 학습 효과가 떨어지는 것으로 나타났기 때문이다. 여기서도 연구 결과는 놀랄 정도로 확연했다. 종합하자면 교육 시설에서 디지털 미디어를 활용할 경우 다음의 부정적인 영향을 추가해야 할 듯하다.

- 수업 시간에 디지털 정보 통신 기술을 사용하면 학생들의 주의력은 분산되고, 그로 인해 학습 효과는 낮아진다. 연구에 따르면 약 10~15퍼센트가 떨어진다고 한다.[17/19] 여러 가지 일을 동시에 하는 사람은 대개 주의력 장애를 겪는다.[13]
- 인터넷 검색기는 원칙적으로 검색하는 사람이 찾는 내용에 대해 많이 알고 있을 때만 정보 획득에 도움이 된다. 그에 비해 찾는 내용에 대해 별로 아는 것이 없거나 전혀 모를 때는 체계적인 교재, 즉 교과서가 훨씬 낫다. 예를 들어 온라인 대중 공개강좌(MOOC)를 듣다가 중도에 포기하는 비율의 국가 간 차이는 그 나라의 평균적 교육 수준에 달려 있는 것으로 확인됐다. 그러니까 '교육 수준이 좀 더 높은' 서구 선진국에서는 중단 비율이 약 92퍼센트에 그쳤다면 '교육 수준이 낮은' 저개발국에서는 약 98퍼센트에 달

했다.[9]

- 디지털 미디어로 정보를 받아들이게 되면 기억 효과는 반감된다. 수박 겉핥기식으로 받아들이고 지나갈 가능성이 크기 때문이다. 기억에 가장 좋은 방법은 자기만의 생각으로 정보를 깊이 가공하는 것이다.[18] 비슷한 맥락에서 박물관을 관람할 때도 아이들이 카메라나 스마트폰을 들고 돌아다니는 것보다 그냥 박물관 안의 물건을 눈으로 구경하는 편이 훨씬 많은 것을 기억할 수 있다.
- 전자책 교재도 종이책에 비해 학습 효과가 떨어진다.[5/23] 실리콘밸리의 대학생들은 85퍼센트 정도가 종이책을 즐겨 본다. 그래야 머릿속에 남는 것이 많기 때문이라고 한다.[10/23]
- 마찬가지로 수업 시간에 자판을 두드리는 것보다 필기를 하는 것이 기억에는 한결 좋다. 그것은 미국의 프린스턴대학교와 실리콘밸리의 두 학자가 다섯 가지 실험을 통해 보여준 바 있다.[11]

'각자 자기 단말기를 가져와'

앞서 말한 것들을 구체적으로 보여주기 위해 또 다른 연구 보고서를 살펴보겠다. 2016년 가을 독일 교육학자 루돌프 캄메를(Rudolf Kammerl)과 그 연구팀[8]은 학생들이 학교에 가져온 디지털 기기가 수업에 미치는 영향에 대해 발표했다. '각자 자기 단말기를 가져와(Bring Your Own Device, BYOD)'라는 별칭으로 알려진 이 디지털화 수업 방식은 누구나 쉽게 생각해낼 수 있는 것이다. 학교의 디지털화를 위해 이보다 간단하고, 기발하고, 비용이 들지 않는 방법은 없을 테니 말이다. 공적 예산을 한 푼도 들이지 않고 학생들에게 각자의 디지털 기기를 가져오라고만 하면 된다. 그 뒤에 일어난 일을 조사한 것이 이 보고서다.

보고서에 따르면 디지털 미디어를 다루는 법을 학교에서 습득한 학생들의 비율은 갈수록 줄어들고 있었다.[8] 2003년 OECD 평균은 21퍼센트인데 반해 독일은 10퍼센트였다. 게다가 그 비율은 2009년엔 8퍼센트, 2016년엔 4퍼센트로 급감했다.

"초중고생, 대학생, 심지어 교사들까지 개인용 디지털 기기로 수업 내용과는 거리가 먼 일들, 즉 문자 메시지나 게임을 하는 것이 자주 확인됐다. 만일 학생들이 수업 시간에 공부를 하면서 동시에 수업 내용과 거리가 먼 일들을 스마트폰이나 태블릿 PC, 노트북으로 하게 되면 학습에 지장이 생기는 것은 불가피하다. 자기 규율, 동기 부여, 인터넷 의존성, 학습 계획, 학업 기피 같은 요소들의 통제 면에서도 학업에 중요하지 않은 일들을 노트북으로 자주 하게 되면 성적이 나빠진다는 것은 경험적으로 증명됐다."[8]

통제 집단은 실험 집단과 비교해서 주의력 분산이 적었다. 즉 디지털 기기를 가져오지 않은 학생들의 주의력이 더 높게 나타난 것이다. 그에 상응해서 모든 피험자들이 개인의 디지털 기기 사용을 장점으로 인식하지는 않았다. 학생들에게 물어보면 자신의 미디어 능력이 '높다'고 생각하는 비율이 87퍼센트에 달했다. 하지만 이는 안타깝게도 학생들의 실제적인 능력과는 아무 상관이 없었다. '자기 평가와 실제 능력치 사이에는 아무 관련성이 없었기' 때문이다. 프로젝트 참가자들이 통제 집단보다 정보 능력이 더 클 거라는 가설은 이 조사에서 증명되지 않았다.[8]

학생들의 미디어 이용 방식도 깜짝 놀랄 정도로 단순했다.

"상반된 두 가지 정보가 있을 때 학생들은 대개 많이 아는 사람들에게 물어보거나, 다른 출처의 검색을 통해 하나를 선택하려고 했다. 이때 전문 서적을 참조하는 일은 드물었다. 대신 그냥 좀 더 이해하기 쉬운 출처를 이용한다고 대답한 비율은 뚜렷이 높았고, 어떤 출처에 의심을 갖거나 반박하는 일은 아주 드물었다. … 게다가 학생들은 출처의 신빙성과는 무관하게 대체로 많이 알려진 통상적인 출처를 선호하는 경향을 보였다."

사실 사람은 편한 것을 좇기 마련이다. 교실의 디지털화에 찬성하는 사람이라면 이 연구의 다음 인식을 심사숙고해보기 바란다.

"정보 능력과 관련해서 좀 더 능력이 있는 학생들은 위키피디아를 사용하는 대신 도서관을 훨씬 더 자주 이용했다."[8]

디지털 인프라와 학업 성취도의 관련성을 조사한 OECD 연구 보고서에서 OECD-PISA 프로그램의 팀장 안드레아스 슐라이허는 디지털 인프라와 학업 성취도 사이에 어떤 관련성도 발견되지 않았다고 밝혔다.

"이 연구 결과에 따르면 … 교육 분야에 디지털 정보 통신 기술을 많이 투자한 나라들에서 학생들의 학업 성취도가 읽기와 수학, 자연과학 과목에서 뚜렷이 개선된 흔적은 확인되지 않았다."[12]

심지어 수학 과목에서는 오히려 부정적인 관련성까지 뚜렷이 발견됐다. 오스트레일리아의 한 신문은 이 보고서를 인용하면서 다음과 같이 평했다.

"우리는 테크놀로지가 우리의 학교에 득보다 해가 된다는 것을 현

실로 받아들여야 한다."²

최근에 미시간대학교의 학자들이 그와 관련된 연구 보고서를 출간했는데, 제목은 "연결과 배제"였다. 컴퓨터를 사용하는 강좌에 참여한 학생 84명의 인터넷 전체 사용 내역을 기록하고 평가한 연구였다. 그 밖에 17~18세 학생들이 수업 시간에 디지털 미디어를 이용한 실태를 조사하기도 했다.¹⁵

대학생들은 15차례의 강좌 내내 특별히 마련된 프록시 서버에 사용자 이름과 비밀번호로 접속한 뒤 자신들의 컴퓨터를 수업 시간에 사용했다. 강좌가 끝난 뒤 학생들에게 수업 시간 동안 컴퓨터 사용과 관련한 질문을 던졌다. 강좌와 관련된 내용과 관련이 없는 내용으로 나누어 조사했고, 관련이 없는 내용일 경우에는 각각의 해당 인터넷 주소에 접속한 횟수와 유형을 다음의 일곱 가지 범주로 나누었다.

- 소셜 미디어(페이스북, 트위터)
- 이메일
- 채팅
- 온라인 쇼핑(아마존, 이베이)
- 스포츠와 뉴스
- 동영상(유튜브, 넷플릭스)
- 비디오게임

그 밖에 학생들에게 이 강좌에 참여하게 된 동기를 비롯해 수업과 상관없는 미디어 사용 시간에 대한 본인의 추정 시간을 조사했고,* 아울러 프록시 서버에 기록이 남아 있지 않은 스마트폰 사용에 관해서도 조사했다. 특정한 사용 내역을 포함해서 말이다.** 학업 성취도 측정을 위해서 기말고사도 치렀다.

　노트북을 지참하는 수업을 옹호하는 사람들은 이 연구 결과를 명심해야 한다. 수업과 관련 있는 컴퓨터 사용 시간과 학업 성취도 사이에는 어떤 관련성도 없다는 것이 밝혀졌기 때문이다. 다만 하나의 추세가 있다고 한다면 강좌에 관심이 높았던 학생일수록 수업과 관계없는 일로 노트북을 사용한 횟수는 한층 적게 나타났다. 이렇게 '빈둥거린' 시간의 범위는 110분 강좌 당 평균 37분(33.6퍼센트)으로 상당히 큰 부분을 차지했다. 이 시간이 길수록 강좌에 참여한 학생들의 성적은 더 나빴다. 빈도수에 따라 분류하자면 학생들은 소셜 미디어에 가장 많이 접속했고, 이메일, 쇼핑, 동영상, 채팅, 뉴스, 컴퓨터 게임이 차례로 뒤따랐다. 여기서 소셜 미디어와 동영상 시청은 학업 성취도 면에서 가장 뚜렷하게 부정적인 작용을 한 것으로 확인됐다. 쇼핑도 상대적으로 뚜렷한 추세를 보였다. 수업과 관련이 없는 총 일곱 가지 활동 중에서 나머지 네 개도 마찬가지로 학업 성취도와 부정적인 상관관계를 나타냈다. 그런데 학생들의 자기 평가에 따르면, 성적이 좋건 나쁘건 상관없이 학생들은 자신들의 노트북 사용이 학업에 어떤 영향도 끼치지 않는다고 생각하고 있었다. 보고서 저자들은 다음 말로 연구 결과에 대

---

*　예: "당신은 수업 시간에 노트북으로 소셜 미디어에 접속해서 보내는 시간이 평균 얼마나 됩니까?"[15/7]

**　예: "당신은 수업 시간에 스마트폰이나 태블릿 PC로 평균 얼마나 자주 온라인 쇼핑을 합니까?"[15]

한 토론을 끝맺는다.

"수업과 관련 없는 인터넷 사용에 뚜렷한 단점이 존재할 뿐 아니라 수업과 관련 있는 웹사이트의 인터넷 서핑에도 특별한 장점이 보이지 않는다면 노트북이 수업 활동에 전혀 필요가 없음에도 학생들에게 그 것을 갖고 오라고 장려하는 교육 당국의 정책에는 의문이 제기될 수밖에 없다."[15]

학교 내 스마트폰 사용

2018년 7월말 프랑스 의회는 스마트폰을 비롯해 다른 비슷한 기기들 (태블릿 PC)을 학교에서 전면 금지하는 법안을 통과시켰다. 이후 독일에 서도 이 문제를 두고 치열한 논쟁이 벌어졌다. 그와 관련하여 이미 오 래전에 팩트가 밝혀졌음에도 말이다. 마크롱 대통령과 직업이 교사인 그의 부인은 그 내용에 충분히 공감했을 것이다.

바이에른 교사연맹 회장 지모네 플라이슈만은 한 거대 독일 주간 지에 기고문을 보내 금지 조치에 반대하는 근거를 다음과 같이 나열 했다.[*]

1. 아이들에게 스마트폰은 생활의 일부다. 따라서 가능한 한 일찍

* S. Fleischmann (2018): "스마트폰은 그냥 우리의 일부다(Handys gehören einfach dazu!)" 〈슈피겔(Der Spiegel)〉 온라인판, 31.7.2018 (http://www.spiegel. de/lebenundlernen/schule/frankreich-verbietet-handys-an-schulen-ist-das-sinnvoll-a-1221043-druck.html).

그것을 다루는 법을 배우게 하는 편이 오히려 좋다.

2. 스마트폰을 가져오지 못하게 하더라도 머릿속에서까지 그것을 지울 수는 없다.

3. 미래 사회가 디지털로 움직일 거라는 사실은 이미 바꿀 수 없는 대세다.

4. 물론 학교를 보호 구역으로 선포할 수는 있다. … 하지만 그런 보호 구역에서 자란 아이들은 훗날 국제적인 경쟁에서 뒤처질 것이다.

5. 아이들이 학교에서 스마트폰을 다루고 통제하는 법을 배우지 못한다면 어디서 배우겠는가?

6. 물론 학교에는 규칙이 필요하다. 그렇다면 스마트폰 사용과 관련한 규칙을 만들면 된다.

7. 미디어 교육은 크게 보고 결정해야 한다. 그런 측면에서 보자면 국가에서 모든 학생들에게 수업용 스마트폰을 지급하는 것이 옳다.

이러한 논거는 처음엔 상당히 설득력 있게 들린다. 하지만 좀 더 자세히 들여다보면 본질이 빠져 있다.

첫째, 수백만 명의 독일 아이들에게 이미 생활의 일부가 됐다고 해서 모든 것이 아이들에게 좋은 것은 아니다. 아침에 일어나자마자 TV를 트는 것, 등굣길의 나쁜 공기, 노후화된 학교 시설(화이트보드를 살 돈은 있어도 화장실을 수리하거나 교실을 리모델링하는 데는 투자하지 않는다), 건강하지 않은 학교 급식, 아동용 방송의 폭력성, 도처에서 볼 수 있는 음주, 운동장 구석의 마약 흡입, 줄어든 자연 활동, 디지털 미디어로 보내는 시간의 과도한 증가, 그로 인해 매일 충분하지 않은 수면 상태는 결코 아이들에게 좋은 일상이 아니다. 아이들에게 이러한 일상 세계를 더 잘 헤쳐나가는 법을 가르치기보다는 오히려 좀 더 나은 환경을 만들어주는 편이 낫다!

둘째, 제3장에서 우리는 스마트폰에도 해당되는 원칙을 확인한 바 있다. 즉 눈에서 멀어지면 마음에서도 멀어진다는 것이다. 스마트폰을 옆방에 두는 것이 책상 위에 두는 것보다 덜 해롭다. 이는 곧 학교에 스마트폰을 가져오지 못하게 한다고 해서 그에 대한 생각까지 지울 수는 없을 거라는 말이 사실이 아님을 뜻한다. 오히려 현실은 정반대이고, 이는 실험으로 증명됐다.

셋째, 이는 사람들이 자주 들먹이는 회피용 논거다. 디지털 세상의 위험성에 대해 말하면 사람들은 흔히 이렇게 대답한다.

"어차피 세상은 디지털로 돌아가고 있어. 이제 그만해!"

이런 대답은 대개 더 이상 할 말이 없거나 적당한 논거가 떠오르지 않을 때 나온다. 다른 예도 많다.

"석면은 어차피 집집마다 다 있어. 이제 그만해!"

"납은 흰색 페인트와 벤진 속에도 있어. 이제 그만해!"

"술은 옛날부터 있었어. 이제 그만해!"

석면과 납, 알코올의 문제점을 지적할 때 자주 돌아오는 대답이다. 그러나 이런 식의 근거 아닌 근거를 대는 사이 아이들은 석면과 납, 알코올로 건강을 해치고, 중독에 빠지고, 그 파장으로 고통을 겪는다. 그런데 납, 석면, 흡연, 술의 유해성은 스마트폰이 건강에 미치는 유해성에 비하면 훨씬 적다. 그럼에도 사람들은 벽에서 납관을 제거하거나, 아니면 아예 그런 벽을 허물어버린다. "약간의 납과 석면은 해롭지 않을 거야"라고 말하는 사람은 없다. 마찬가지로 유치원과 초등학교 때부터 아이들에게 알코올 섭취 능력을 단련시키자는 제안에 동의하는 사람도 없다. 알코올은 사람을 중독에 빠뜨리고 뇌 발달을 손상시키기 때문이다. 그건 스마트폰도 마찬가지다.

넷째, 아이들에게는 보호 공간이 필요하다. 그 때문에 아이들이 아동 청소년 유해 업소에 출입하거나 범죄율이 높은 지역에 들어가는 것을 금지한다. 그러나 아이들은 스마트폰으로 그런 공간에 얼마든지 접속할 수 있다. 게다가 스마트폰은 학습 과정을 침해한다. 그렇다면 학습 공간에서 아이들을 보호하는 일이 절실하다. 국제적인 경쟁력은 제대로 된 교육과 교양에서 나온다.

다섯째, 독일의 한 방대한 연구(BYOD 참조)에 따르면 아이들 25명 중 하나는 학교에서 디지털 기술을 다루는 법을 배운다고 한다. 그런데 나머지 24명은 학교에서 배우지 않아도 디지털을 다룰 줄 안다. 그렇다면 아이들에게 그것을 가르쳐야 한다는 논거는 허약하기 짝이 없다. 그러다 보니 이제는 다른 반론이 나온다. 아이들 스스로 디지털 기기의 사용을 줄이도록 학교에서 가르쳐야 한다는 것이다. 옳은 말이다. 하지만 그러려면 가장 좋은 방법이 무엇일까? 학교에서만큼은 아예 스마트폰과의 접촉을 끊어버리는 것이다. 왜 그래야 하냐고? 스마트폰은 중독을 일으키는 물건이기 때문이다. 술이나 마약을 줄이려면 어떻게 해야 하는가? 소비를 하지 않는 것이 최선이다. 어떤 식의 중독 치유 프로그램도 소비의 축소를 '훈련시키지'는 않는다. 그 역시 소비고, 유해하기 때문이다.

여섯째, 아이들은 아직 전두엽이 온전히 발달하지 않은 상태다. 그렇기 때문에 스스로 알아서 통제하고 자제하는 데 문제가 있다. 우리가 이를 이해하지 못하고 아이들을 마치 작은 어른처럼 대한다면 그건 아이들에게 너무 과도한 요구나 다름없다.

일곱째, 아이들에게 스마트폰이 주어지면 대학생을 비롯해 모든 학생의 성적이 떨어진다. 이는 실제로 아이폰을 지급하고 1년 뒤 학교 현장에서의 변화를 조사함으로써 확인됐다. 학생들은 주의력이 분산되고 성적과 학업 성취도가 떨어졌다.[*]

2015년에 벌써 런던의 경제학자들은 학교에서의 스마트폰 금지를 연구한 보고서를 출간했다. 2002년부터 2012년 사이에 스마트폰 금지 정책을 실시한 런던의 90개 학교가 대상이었다. 연구자들은 13만 명이 넘는 학생들의 성적을 입수했는데, 스마트폰이 금지되기 5년 전부터 금지된 후 5년의 시기에 걸친 조사였다. 이어 모든 학교와 학생들의 평균 성적이 산출됐다. 이때 스마트폰 금지가 시작된 날을 '0'으로 잡았다. 어떤 결과가 나왔을까? 스마트폰 금지 1년 뒤에 벌써 학생들의 성취도는 눈에 띄게 좋아졌다(제1장 그래프 1 참고). 심지어 이런 추세는 그 뒤로도 계속 이어졌다. 특히 중요한 것은 스마트폰 금지 전에 성적이 나빴던 학생일수록 성적이 두드러지게 좋아졌다는 사실이다. 달리 말해서 상위 20퍼센트 학생들은 스마트폰 금지 이후에도 성적이 좋아지지 않았지만, 하위 20퍼센트는 월등하게 좋아진 것으로 나타났다(제1장 그래프 2 참고).

---

[*] R. Fryer(2013): "정보와 학업 성취: 휴대폰 실험으로 얻은 증거(Information and student achievement: Evidence from a cellular phone experiment)" NBER Working Paper 19 113. National Bureau of Economic Research, 1050 Massachusetts Avenue, Cambridge, MA 02 138 (http://www.nber.org/papers/w19113).

정리해보자. 학교에서 스마트폰을 지급하면 학생들의 성적은 떨어지고, 스마트폰을 금지하면 성적은 올라간다. 이 결과는 학교에서 컴퓨터가 끼치는 영향에 대해 우리가 이미 알고 있는 것과 일치한다. 학교에서 컴퓨터를 사용하게 하면 성적이 좋아지는 학생은 아무도 없을 뿐 아니라 하위권 학생들은 오히려 성적이 한층 더 나빠진다.

디지털 중독

교육 기관에서 디지털 미디어의 사용에 관한 토론에서 이제껏 디지털 미디어의 중독 잠재력이 언급된 적은 거의 없다. 오늘날엔 인터넷으로 많은 사람이 컴퓨터 게임을 즐기기 때문에 컴퓨터 게임 중독은 '인터넷-컴퓨터 게임 중독'이라는 이름으로 정신병리학적 진단 시스템에 포함되어 있다. 이런 진단을 내리려면 충족시켜야 할 공식 기준들이 있다.[30] 이 기준들을 실제 진단에 적용하면 연령대와 국가별로 컴퓨터 게임 중독은 1퍼센트에서 15퍼센트에 이른다.

컴퓨터 게임은 주의력을 개선하지 않는다. 오히려 컴퓨터 게임으로 주의력 장애를 얻게 될 가능성이 훨씬 높다.[21/29] 컴퓨터 게임으로 습득된 '능력'은 실제 현실의 일상적 행동에 별 도움이 안 된다. 오히려 그 반대다. 과학적 연구에 따르면 충동성의 증가, 결정력 및 실행력의 손상이 컴퓨터 게임의 결과로 증명됐다.[31] 이런 현상은 게임을 많이 하는 사람에게서 나타나는 보상 시스템의 부실한 작동이 그 원인일 수 있다. 게임을 하지 않는 사람에게는 충분히 보상 시스템을 작동시킬 수 있는 적은 양의 돈[32/33]도 게임을 많이 하는 사람에게는 전혀 보상 시스템을 활성화하는 동력이 되지 못한다. 이들의 보상 시스템은 액수가 아주 클 경우에만 작동하고,[34] 이게 바로 중독 발달의 전형적인 양상이다.

인터넷, 소셜 미디어, 스마트폰의 중독 작용은 이미 전 세계적으로 문제가 되고 있다. 이런 관점에서 보자면, 아이들을 보호할 예방책으로 자주 권장되는 디지털 미디어와의 빠른 접촉은 별로 현명하지 않고, 심지어 위험해 보이기까지 한다. 반성 능력과 비판 능력을 써먹을 수 있으려면 웬만큼 발달해야 한다. 유치원 단계에선 이 능력이 아직 형성돼 있지 않다는 것은 명약관화하다. 그럼에도 일부에서 유치원 단계부터 미디어 교육을 요구하고, 이와 관련해서 비판 능력의 촉진을 언급한 것은 아이들에 대한 무지만 드러낸 것일 뿐이다. 그렇다면 분명하게 다음과 같이 말할 수 있다. 어린 나이의 아이들을 디지털 미디어에 빨리 접촉시키는 것은 비판력을 촉진하는 것이 아니라 오히려 중독성 물질에 일찍 노출시키는 것이나 다름없다. 그로써 욕구의 성급한 충족 같은 부정적 성향이 강화되고, 의존성도 커진다. 그런 만큼 디지털 미디어와의 접촉을 줄여주는 것만이 중독 예방의 가장 중요한 조처로 꼽힌다. 게다가 그게 가능하다면 청소년기에 들어설 무렵에 디지털 미디어를 스스로 통제하는 능력을 길러줄 수도 있을 것이다. 그런데 많은 사람들이 그 방법의 효과를 이야기하지만(미디어 통제 능력의 촉진을 통한 중독 예방법), 사실 오늘날까지도 경험적 자료로 증명된 것이 없다.[35] 게다가 소셜 미디어가 언제든 중독 행동을 촉진시킬 수 있다는 점을 감안하면 문제적 역할 모델로부터 영향을 받을 위험은 항상 존재한다.[11]

말이 나온 김에 덧붙이자면 컴퓨터 게임 중독의 위험성은 물질 중독보다 두세 배는 더 높다. 그런 위험성은 물질적 중독 및 비물질적 중독의 발달에 유전적 요인이 작용하기 때문이기도 하지만, 특히 컴퓨터 게임과 동영상 게임의 경우엔 담배 및 알코올과 쉽게 연결되기 때문이기도 하다.[4]

공감과 의지 형성

디지털 미디어가 아이들의 발달에 미치는 부정적 영향은 건강과 교육 측면 말고도 두 가지 영역이 더 있다. 사회적으로 중요한 공감과 의지 형성이 그것이다.

공감은 걸음마나 말하기처럼 사람들에게서 배운다. 수많은 개별적 경험으로 습득한다는 말이다. 사회적 행동은 남들과의 접촉을 통해 배운다. 특히 또래와의 교류로 가장 많이 배우고, 가끔 어른들의 가르침이나 감독을 통해 배우기도 한다. 다만 디지털 미디어로는 공감능력을 배울 수 없다. 수년 전에 발표된 연구도 마찬가지 결과를 보여준다. 매일 디지털 미디어를 많이 소비하는 아이일수록 어른과 친구들에 대한 공감능력이 떨어진다는 것이다.[16]

제4장에서 언급한 것처럼 의지 형성도 습득되는 요소다. 얼핏 보기에 이 말은 모순적으로 들릴 수 있다. 의지란 무언가를 이루고자 하는 '욕망'인데 이것을 어떻게 배운다는 말일까? 록 음악가이자 작가인 우도 린덴베르크(Udo Lindenberg)는 말한다. 우리는 걸음마와 말하기처럼 수많은 시도와 되풀이되는 새로운 경험을 통해 무언가를 '자기 것으로

만드는 법'을 배운다고. 우리는 반복해서 무언가를 하려고 하고, 이어 그것을 실제로 함으로써 욕망, 즉 자신이 무엇을 원하는지 배운다. 아이들은 노래를 부르고, 탑을 쌓고, 나무에 기어오르고, 그림을 그리고, 친구들과 축구를 한다. 이 모든 경우에 아이들은 일단 무엇을 하겠다는 생각을 품고, 이어 그 생각을 행동에 옮긴다. 그런 다음 자신이 이룬 것에 자부심을 느낀다.

방금 언급한 사례들에서 아이들은 노래와 탑 쌓기, 나무 타기, 그림 그리기, 축구하기만 배우는 것이 아니다. 자신의 의지에 따라 이런저런 것을 실행함으로써 그때마다 자신이 가진 생각을 이 세상에서 실현할 수 있음을 배운다. 스마트폰은 이런 의지 형성의 과정을 여러 가지 방식으로 방해한다. 스마트폰에 집착하게 되면 일단 자신의 생각을 형성할 시간이 없다. 매일 200번 넘게 스마트폰을 들여다보느라 바쁠 뿐 아니라 무엇을 할지 말해주는 것도 스마트폰이기 때문이다. 그러다 어떤 생각이 들어 실행에 옮기려고 해도 스마트폰이 방해하고 주의력을 분산시킨다. 나는 스마트폰만큼 의지 형성에 지장을 주는 것이 없다고 생각한다. 2015년도 청소년의 말로 '스몸비', 즉 스마트폰 좀비(여기서 좀비는 의지 없는 인간을 가리킨다)가 선정된 것도 결코 우연이 아니다.[26] 그렇다면 청소년들은 스마트폰이 자신들의 의지 형성을 훼손하고 있음을 알고 있다. 반면 아이들의 교육을 책임지는 어른들은 어떠한가?

정리해보자. 디지털 미디어, 특히 그중에서도 스마트폰은 아이들의 건강과 교육을 해치고, 의지 형성과 공감능력의 발달을 방해한다.

교육과 의지 형성, 공감은 우리 사회를 떠받치는 세 개의 기둥이다

(여기서 건강은 따로 언급할 필요가 없을 정도로 너무 자명해서 굳이 거론하지 않았다). 교육이 없다면 우리는 어떻게 스스로 사고하고 판단하는 법을 배울까? 의지 형성이 없다면 우리는 어떻게 투표하러 갈 수 있을까? 공감이 없다면 어떻게 사회적 연대가 가능할까? 우리는 유치원과 학교의 디지털화가 교육을 더욱 위험에 빠뜨린다는 사실을 안다.

이 장의 서두에서 여러분이 상상했던 것으로 돌아가보자.

1. 2016년 독일 주정부 문화부장관 회의체 회장인 클라우디아 보게단 브레멘 교육위원회 상원의원은 수업 시간에 스마트폰을 더욱 적극 활용해야 한다고 누구보다 강력하게 주장했다. 그런 조처가 아이들의 학습에 막대한 지장을 초래한다는 것은 이미 많은 정보와 자료로 명명백백하게 밝혀졌는데도 말이다. 이런 주장은 소방청장이 일선 소방대원들에게 화재 발생 시에 기름을 부어 끄라고 권장하는 것과 다르지 않다.

2. 전직 독일연방과학기술부 장관 요한나 반카도 마찬가지로 2016년 가을 학교 디지털화 사업의 일환으로 50억 유로 투자 프로젝트를 주장하면서 세간의 주목을 받았다. 그는 헌법상 자신의 담당 영역도 아닌 학교에 독일 디지털 협정을 제안하면서 50억 유로를 들여 모든 교실에 인터넷과 무선 랜을 연결하고, 학습 소프트웨어용 학교 클라우드를 설치하자고 주장했다. 전제 조건은 주정부 교육 기관들의 기존 정책 수정이었다. 그는 정책 기조를 바꾼 주정부 교육 기관들에 일단 예산 50억 유로를 배정하고, 그런 다음 그 돈으로 구입한 기기와 설비를 수업에 어떻게 활용할 것인지 생각

하자고 했다. 이미 세상에는 디지털화가 학습을 방해한다는 인식이 차고 넘치는데도 말이다. 의학계에서는 생각조차 할 수 없는 일이 현재 교육계에서는 현실이 되고 있다.

독일정보통신업협회 비트콤(BITKOM)의 베른하르트 로레더 회장은 학교 현장이 '마침내 디지털 세계로 진입하게 된 것'을 열광적으로 환영했다. 학교를 전면적으로 디지털화하기에는 지금만큼 적기가 없다는 것이다.¹ 아이들의 교육과 건강을 대가로 이윤을 얻으려는 상술로 읽힌다. IT업계의 로비는 담배업계나 식품업계의 로비와 다르지 않아 보인다. 담배업계의 로비로 약 50년에 걸쳐 독일에서만 매년 14만 명이 죽고, 아이들을 겨냥한 건강하지 않은 식품 광고로 장기적으로 매년 150억 유로의 치료 비용과 함께 1만~1만 2,000명의 사망자가 발생하는 것처럼 IT업계의 로비로 막대한 피해가 속출한다. 게다가 담배와 식품업체가 거대 IT업체(세계에서 제일 부자다)에 비해 자금력이 훨씬 떨어지는 것을 고려하면 IT를 통해 사회 전체가 입는 피해 규모는 한층 더 클 것이다. 이 책에서 언급한 건강상의 피해만 따지더라도 말이다.

3. 여러 교육 단체와 노동조합에서는 수년 전부터 초등학교에서 인터넷 면허증 발급 제도를 실시하자고 주장한다. 이는 초등학생에게 운전 면허증 취득을 허락하자는 것만큼이나 바보 같은 생각이다. 인터넷과 스마트폰은 아동 청소년 유해 지역이나 범죄율이 높은 지역으로의 통로가 되고 있다. 범죄성이 농후한 도박업소로의 접근은 말할 것도 없다. 운전 면허증은 빨라야 17세부터나 취득이 가능하다. 도로 교통에 능동적으로 참여하려면 최소한의 비판

력과 자기 통제력, 도덕적 의식이 전제돼야 하기 때문이다. 인터넷 면허증도 그와 다르지 않다.

4. 일부 정치인들은 디지털 미디어가 교육 정의의 실현에 적합한 수단이라고 반박할 때가 많다. 특히 성적이 나쁜 학생들에게 디지털 기기를 지급하는 것은 교육 정의의 실현에 맞다는 것이다. 비트콤 홈페이지에 나오는 내용과 비슷하다. 그러나 이런 생각은 이데올로기에 뿌리를 둔 희망사항일 뿐이다. 학교의 디지털화를 통해 교육 정의를 이룰 수 없다는 것은 이미 과학적으로 증명됐다. 현실은 그 반대다. 상이한 사회적 환경에 그 원인이 있는 교육 수준의 격차는 디지털화로 점점 벌어진다. 그럼에도 교육 당국은 디지털 미디어의 투입으로 균등한 교육 기회가 더욱 약화된다는 말에는 귀 기울이려 하지 않는다.

5. 교육 책임자, 미디어 대표자, IT 부문 대표자들은 벌써 수년 전부터 줄기차게 디지털 교육을 되도록 일찍 실시하는 것이 얼마나 중요한지 강조하고 있다. 그들에게는 이렇게 단호하게 받아쳐야 한다. 디지털 미디어는 중독을 낳고 교육을 해친다고. 나는 독일이 세계의 디지털화 순위에서 중간이나 그 이하라는 사실을 신문에서 읽을 때마다 독일은 그래도 아직 희망이 있다고 생각한다. 교육 당국자와 미디어교육학 교수의 상당수가 어떻게든 미래 세대의 전면적인 우민화에 목을 매고 있는 현실에도 불구하고 말이다.

다른 나라에서는 급격한 교육의 디지털화를 어떻게 대처하고 있는지 알아보는 것도 흥미롭겠다. 앞서 언급했듯이 프랑스에서는 학교에서의 스마트폰 사용을 금지했다. 바이에른주에서도 금지하기는 했지만, 시종일관 엄격하게 시행하는 프랑스와는 달리 바이에른 당국자들은 호시탐탐 이 조치를 '완화할' 기회를 엿보고 있다. 다른 예로 오스트레일리아와 한국을 살펴보자.

오스트레일리아는 2008년, 그러니까 국제학업성취도평가(PISA) 순위 하락 후 약 24억 달러를 학교에서 쓸 노트북 구비에 투자했다. 2016년부터는 또다시 그만 한 돈이 투입되고 있다. 이후 학생들은 학교에서 노트북으로 할 수 있는 모든 것을 했다. 그러나 학업에는 도움이 되지 않았다.[2]

한국은 세계에서 디지털 인프라가 최상으로 구축되어 있고, 스마트폰을 가장 많이 생산하는 나라다. 한국의 과학기술정보통신부 추산에 따르면 10~19세 아이들 중에서 스마트폰 중독자는 30퍼센트가 넘는다고 한다. 그래서 2015년 5월부터 세계 최초로 19세 이하의 스마트폰 사용을 제한하고 통제하는 법이 만들어졌다. 또한 포르노와 폭력물 접속을 차단하고, 아이들의 스마트폰 사용 시간을 관리하고, '자살', '임신', '따돌림' 같은 특정 단어가 스마트폰에 입력되자마자 부모에게 알려주는 소프트웨어도 사용되고 있다. 그뿐 아니다. 스마트폰 일일 사용 시간(한국 아이들의 하루 스마트폰 사용 시간은 평균 5.4시간이다)이 일정 한도를 넘어서면 부모에게 통보되기도 한다.

정리해보자. 지금이 디지털 중독을 감당할 만한 수준으로 통제할 적기다. 이건 미래 세대의 건강과 교육이 걸린 중대한 문제다. 우리는 이런 현실을 결코 외면해서는 안 되고, 두고 보고만 있어도 안 된다. 그렇지 않으면 우리의 미래 세대를 애플과 구글, 마이크로소프트, 페이스 북, 아마존 같은 기업들의 이익에 내맡기는 꼴이 된다. 이는 무책임한 짓이다. 세상의 어떤 이익도 우리의 가장 큰 자산인 아이들보다 중요할 수는 없기 때문이다!

제7장

소통되지 않는
우울

#소통
#맞팔
#팔로우

아이들은 스마트폰을 사랑하고, 매일 수백 번씩 사용한다. 그 와중에 자신이 무언가를 놓치고 있는 것 같은 불안(고립공포감)이나 휴대폰이 손에 없거나 눈에 보이지 않으면 불안해하는 증상(노모포비아)을 앓는다. 또한 스마트폰 때문에 주의력은 분산되고, 장기적으로 자주 사용할 경우 환각지(幻覺肢)*나 주의력 장애, 우울증을 겪을 가능성은 높아진다. 그뿐 아니다. 스마트폰은 책상 위에 그냥 놓아두는 것만으로도 이지적 능력과 사고력이 떨어진다(제3장 참고).

이 결과는 일단 놀랍다. 두 가지 이유에서 그렇다. 첫째, 스마트(smart)라는 말은 똑똑하다는 뜻인데, 결과는 전혀 그렇지 않다. 둘째, 우리가 가장 많이 사용하는 스마트폰 응용 프로그램인 소셜 미디어가 본래의 기능에서 벗어나고 있다. 인간은 사회적인 동물이기에, 다시 말해 삶의 만족감과 행복을 사회적 교류를 통해 얻을 때가 많기에 스마트폰 사용은 당연히 삶의 질을 높이고, 부정적 감정을 줄여주는 쪽으

———— * 사지가 절단됐는데도 마치 있는 것처럼 느끼는 현상-옮긴이.

로 나아가야 한다. 하지만 현실은 그렇지 않다. 스마트폰은 우리를 똑똑하게 해주지도, 행복하게 해주지도 않는다. 오히려 학교 성적이 떨어지고, 소셜 미디어를 통해 삶의 만족도와 행복감이 줄고, 불안과 우울 같은 부정적 감정이 심해진다.[39/60] 심지어 요즘은 페이스북 우울증이니 스마트폰 우울증이니 하는 말까지 공공연히 나온다.

스마트폰의 사용이 일부에서 주장하는 것처럼[28] 오히려 우울증을 완화하거나, 아니면 최소한 우울증의 생성과는 아무 관련이 없다고 하는 것은[15] 앞서 언급한 소견들을 고려하면 의문스러워 보인다. 어쨌든 스마트폰은 오늘날 젊은 사람들에게는 스마트폰 없는 삶을 생각할 수 없을 만큼 삶을 편리하게 해주는 놀라운 기능을 갖고 있다. 그런 만큼 독일에서는 95퍼센트 이상의 청소년[57]이 스마트폰을 갖고 있다. 게다가 조사 시점과 나라별로 다르기는 하지만 아이들은 하루 45분(영국, 2017년 기준)에서 5시간 30분(한국, 2016년 기준) 동안 스마트폰을 사용한다. 미국의 경우에는 약 4시간이고,[16] 독일은 3시간 이상이다.* 이런 상황에서 스마트폰 없는 삶은 많은 사람에겐 상상할 수 없다! 그런데 문제는 우리의 삶이 스마트폰 때문에 가끔 지옥이 된다는 것이다. 집단 따돌림, 무분별한 익명의 공격성, 신뢰 파괴, 정보 도둑질, 페이스북 이혼 그리고 방금 언급한 스마트폰 우울증에 관한 보고서들이 보여주는

---

* 2017년에는 믿을 만한 수치가 발표되지 않았다. 이와 관련한 연구들은 오히려 사태를 무마하는 쪽으로 흐르고('아이들은 책도 즐겨 읽는다' 등), 세부 묘사와 해석의 도가니 속에서 중요한 수치를 숨길 때가 많다. 그러나 숨길 수 없는 명백한 사실이 존재한다. 1. 2015년에 벌써 아이들의 온라인 체류 시간은 약 4시간으로 확인됐다. 2. 대부분의 온라인 활동은 스마트폰을 통해 이루어진다. 3. 두 경향은 몇 해 전부터 계속 상승 중이다.

것들 말이다. 그렇다면 실제 상황은 어떨까?

스마트폰과 우울증

2017년 12월 15일 미국 트럼프 행정부의 보건복지부에서 2018년도 연구 신청서에 '명확한 증거가 있다'거나 '과학적 근거가 있다'거나 하는 표현을 못 쓰게 한 뒤로[7/25/51] 지극히 겸손한 지식인들조차 진실과 관련해서 소심함은 이성적 행동에 별 도움이 안 된다는 사실을 분명히 깨달았다. 오히려 우리는 전체 문화가 믿을 만한 명확한 근거를 바탕으로 돌아가고 있다는 사실에 자부심을 느껴야 한다. 그렇지 않으면 우리는 비행기를 타지 않고, 마취 상태로 수술을 받지 않고, 자동차 내비게이션을 믿지 않고, 진통제도 별 의심 없이 복용하지 않을 것이기 때문이다.

그렇다면 스마트폰과 우울증의 관련성 문제는 어떨까? 우선 의학 전문 서적들을 들여다보면 몇 년 전부터 스마트폰 사용과 우울증 발병의 관련성을 두고 많은 토론이 이루어지고 있음을 알 수 있다(그래프 1). 그런데 상황은 녹록지 않다. 특히 지난 2년 사이 적지 않은 논문들이 스마트폰 우울증 자체를 연구한 것이 아니라 스마트폰을 우울증 진단과 치료에 활용하는 문제를 다루고 있기 때문이다. 이것을 어떻게 봐야 할까? 스마트폰은 우울증의 원인일까, 우울증의 치료제일까? 혹시 악을 더 큰 악으로 몰아내려는 시도일까?

이 문제는 결코 학술적 관심에 국한되지 않는다. 이유는 두 가지다. 첫째, 우울증은 현대에서 무척 자주 발생하는 질병이고, 앞으로도 많은

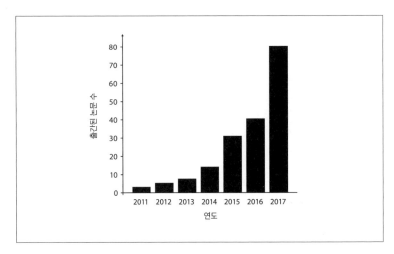

그래프 1 의학 정보은행 펍메드(PubMed)에서 검색어 '스마트폰'과 '우울증'을 입력해서 두 단어가 동시에 들어간 출간물의 종수 현황. 2011년에는 세 건에 불과하던 것이 2017년에는 80건으로 대폭 증가했다.

사람들에게 나타날 가능성이 높아지고 있다. 독일의 사례를 보자. 독일에서는 해마다 500만 명이 (단극성) 우울증 진단을 받는다. 스마트폰이 우울증에 걸릴 위험을 10퍼센트 정도 높인다면 독일에서만 우울증 환자 50만 명이 새로 늘어나는 셈이다. 이는 단순 추정이 아니라 그런 추세를 보여주는 명확한 사실이 존재한다.

- 13세 때 매일 3시간 넘게 페이스북을 한 여자아이는 18세가 되면 우울증에 걸릴 가능성이 일반 아이들에 비해 배로 늘어난다. 1,000명에 가까운 청소년을 조사한 영국의 한 보고서가 확인한 내용이다.[37] 영국에서는 여자 청소년의 11퍼센트가 매일 3시간 또는 그 이상을 페이스북에 머문다는 점을 감안하면 이 연구 결

과는 심각하게 받아들여야 한다.

- 미국에서는 2007년에서 2015년 사이에 여자 청소년과 젊은 여성의 자살률이 두 배로 늘어났다. 그러니까 인구 10만 명 당 2.4명에서 5.1명으로 풀쩍 뛴 것이다. 미국 질병관리본부의 연구가 보여주는 결과다.⁴ 진 트웽이(Jean Twenge) 연구팀의 분석에 따르면⁵⁶ 이런 추세는 스마트폰과 소셜 미디어의 급격한 사용 증가와 관련이 있을 가능성이 매우 높아 보인다.

두 번째 이유는 이렇다. 소셜 미디어 페이스북은 최근에 유럽 외부에서 새로운 서비스를 도입했다. 알고리즘으로 사용자의 게시글이나 친구들의 댓글에서 자살 충동을 암시하는 내용을 자동으로 인식해서 컴퓨터의 자가 학습 기술인 '머신 러닝(machine learning)'을 이용해 사용자의 다른 정보들과 연결시키는 서비스다. 이런 식으로 자료가 모이면 페이스북 컴퓨터에는 자살 충동과 관련 있는 행동 방식의 '유형'이 만들어지고, 개별 사용자의 계정에 그런 유형이 발견되면 사용자 화면에 다음과 같은 글귀가 뜬다. "당신에겐 지금 도움이 필요합니다."* 페이스북은 이런 시스템의 도입으로 자살 충동을 조기에 확인하고, 심각한 경우엔 친구나 심리학자의 즉각적인 개입을 통해 당사자에게 도움을 주고자 한다.

이에 대한 동인은 페이스북으로 자살 과정이 실시간 영상으로 공개

---

* 이 시스템은 2017년 3월 대중에 공개됐는데, 현장에 실제로 적용된 것도 이 시점일 듯하다. 하지만 페이스북이 이 '서비스'를 시행하기 전에 일단 그 기능의 실효성부터 점검하는 편이 훨씬 더 나았을 거라는 생각이 든다.

됐다는 사실이 언론에 대대적으로 보도됐기 때문이다. 예를 들어 1년 전 미국에서는 열두 살 소녀가 스스로 목숨을 끊는 장면을 라이브로 페이스북에 올렸다. 한 달 뒤에는 열네 살 소녀가 이것을 똑같이 따라 했고, 2017년에는 딸이 자신의 허락 없이 약혼했다는 이유로 터키의 54세 가장이 카메라가 돌아가는 상태에서 총으로 자결했다.[13/41]

페이스북의 자살 충동 인식 기능

페이스북은 2017년 가을까지 이 알고리즘을 충분히 실험했고, 자신들의 발표에 따르면 자사의 특수 대응팀이 자살 충동자로 인식한 사용자와 접촉하거나, 심지어 그들을 직접 찾아가기까지 했다고 한다. 게다가 자살 충동 인식 기능은 사용자가 임의로 차단할 수 없다. 다시 말해 모든 사용자가 그 감시망에서 벗어날 수 없다는 말이다.

"페이스북이 이렇게까지 하는 데는 사용자 보호의 명분뿐 아니라 당연히 자사의 깨끗한 이미지를 부각하려는 의도도 있다."

2017년 11월 28일 독일 공영방송 ARD 뉴스의 주석이다.[41] 어떤 기업이 반복해서 자살 실행과 관련되면 이미지에 타격을 받을 수밖에 없기 때문이다.

이러한 발전 양상은 긍정적으로 평가할 수 있다. 예를 들어 독일자살예방협회 회장 야콥 헨셀은 이렇게 말한다.

"페이스북이 어차피 사용자의 게시글을 광고와 시장 조사의 목적으로 분석한다면 정보를 위기에 빠진 사람들에게 도움이 되는 쪽으로 이용하는 것도 나쁘지 않다."[13]

하지만 다른 한편으로 이 '서비스'는 페이스북이 우리의 사생활 속으로 한층 더 깊이 파고들려는 트로이 목마로 볼 수도 있다. 이런 의심은 페이스북 창업자 마크 저커버그의 말로 더욱 짙어진다. 그는 유럽에선 훨씬 엄격한 사생활 보호법 때문에 현재 이 서비스를 실시하지 못하고 있지만, 만일 유럽이 사생활 보호의 높은 기준을 완화한다면 여기서도 당연히 이 시스템을 가동하고 싶다는 뜻을 슬쩍 내비친 것이다. 솔직히 까놓고 얘기하자. 저커버그에게 중요한 건 바로 돈벌이다!

보건 의료 분야의 서부 개척 시대

우울증과 관련해서 개발된 많은 앱도 상황이 다르지 않다. 예를 들면 우울증을 자가 진단할 수 있는 '우울증 테스트', 긍정적인 사고에 도움을 주는 '보다 긍정적으로 생각하라!'와 '낙관주의', 또는 우울증 치료용으로 개발된 '하루 5분 만에 당신의 뇌를 재부팅하는 가장 쉽고 효과적인 방법' 같은 앱들이다.* 이것들은 대부분 '무료'로 제공되지만, 우리는 분명히 안다. 우리가 돈이 아닌 다른 형태의 화폐, 즉 개인 정보를 그 대가로 지불하고 있음을.** 우리의 스마트폰에서 실행되는 이 프로그램이 정말 우리의 디지털 구명줄일까? 아니면 모두를 위한 주머니 속

———— * 이 예들은 2016년 〈네이처〉에 실린 특집 기사 "주머니 속의 정신의학. 포화 상태인 모바일 정신 건강 앱"에서 차용했다.[2]
** "만일 당신이 아무 대가도 지불하지 않으면 당신은 고객이 아니라 이미 판매된 상품이다." 누가 언제 이 말을 처음 했는지는 불명확하지만, 공짜로 이용하는 디지털 테크놀로지와 우리의 관계를 이만큼 간명하게 설명해주는 말은 없을 듯하다.

심리 치료사일까?* 심지어 세계보건기구(WHO)조차 몇 년 전까지는 그렇게 믿었던 듯하다. 2013년부터 2020년까지 WHO 활동 계획에 '예를 들면 건강 관련 디지털 테크놀로지로 자가 치료를 지원하겠다'라고 밝히고 있으니 말이다.[2]

어쨌든 이런 기술에 공적 자금이 투입되어 허비되는 일이 없으려면 일단 그런 앱들이 정말 도움이 되는지 진지하게 따질 필요가 있다. 자살 예방을 위한 앱은 120개가 넘는다. 하지만 스마트폰에 기반을 둔 자살 예방 프로그램을 총체적으로 연구한 세 편의 논문이 보여주듯이[9/32/59] 이 앱들은 지금껏 과학적으로 검증된 바가 없다. 다시 말해 주머니 속의 휴대용 조력자를 자처하는 이 프로그램들의 효용성과 부작용에 대해선 실질적으로 알려진 것이 없고, 그 때문에 방금 언급한 세 논문의 저자들은 이 앱들의 사용을 추천하지 않는다. 최근에 출간된 스마트폰 테크놀로지와 우울증에 관한 논문[18]도 동일한 결과를 내놓고 있다.

앞서 언급한 〈네이처〉 특집 기사에서는 디지털 경제가 과학적 연구로 근거가 마련되는 속도보다 훨씬 빠르게 움직이고 있음을 보여준다.[2] 미국 정신의학학회 산하의 '스마트폰 앱 평가 대책반' 팀장은 현재의 상황이 보건 의료 분야의 서부 시대극 같다고 말한다.[2]

서부 시대극 같은 이런 상황은 제1장과 제6장에서 본 것처럼 교육학의 영역에서도 확인된다. 교육 장사치들은 어떤 과학적 배경도 없이, 그러니까 경험적으로 증명하고 근거를 댈 자료도 없이 무턱대고 '디지털 학습'을 과대 선전한다. 그를 통해 정작 아이들의 교육과 건강은 형

──── * 이 인용문도 앞에서 언급한 〈네이처〉의 특집 기사에서 따왔다.[2]

편없이 망가지는데도 말이다. 이를 믿지 못하겠다면 '세계에서 가장 큰 교육 박람회'라고 하는 DIDACTA를 방문해보기 바란다.* 여기서는 아이들이 어떻게 배우는지가 핵심이 아니라 불안에 떠는 부모와 교사들에게 약간 통속적인 '에듀테인먼트(Edutainment)'를 장착한 미래의 디지털 쓰레기들을 어떻게 팔아먹을지가 관심 사항이다. 교육 분야에서 잘 알려져 있는 디지털 중독이 만일 본격적으로 의학 영역에 편입되는 순간 그것은 단순한 고통을 넘어 참담한 현실이 될 것이다.

전염병이 건강으로 포장되어 팔리다

전 세계적으로 38억 명으로 불어난 스마트폰 사용자의 건강 손상 규모는 이미 너무 일상적인 일이 되어 우리가 병으로 인식하지 못할 정도다. 이미 여러 번 강조했듯이 스마트폰은 많은 측면에서 우리를 병들게 한다. 과체중[29], 나쁜 자세[44], 사고, 수면 장애[47], 근시[48], 중독[45] 같은 증상들인데, 여기서 중독은 단순히 스마트폰에만 국한되지 않고, 알코올과 니코틴 같은 물질에 대한 중독까지 포함한다(표 1). 이런 증상 말고도 개별 요소들의 상호 작용도 추가돼야 한다. 예를 들어 수면 장애로 인한 당뇨병 전(前) 단계는 과체중을 더욱 촉진한다. 또한 우울증에 걸리면 제2형 당뇨병이 나타날 가능성은 한층 높아지고, 그 반대도 마찬가지다.[38] 세 번째 예를 들자면 인터넷 소비는 고혈압 발병과 연관이 있고, 이는 다시 비만의 혈액 순환 위험을 증가시킨다. 게다가 서두에서

---
* http://www.messe-stuttgart.de/didacta/

표1 스마트폰의 위험과 부작용

육체적 차원	정신 심리적 차원	사회적 차원
운동 부족	불안(고립공포감, 노모포비아)	교육의 저하
비만	따돌림	상호 신뢰 감소
나쁜 자세	주의력 장애(ADHD)	의지 형성 능력의 저하
당뇨병(운동 부족, 비만, 수면 장애에서 비롯됨)	치매	자연 활동의 감소
근육 과다 긴장	자살 충동을 포함한 우울증	익명성의 증가
근시	공감능력 상실	사회적 연대의 감소
수면 장애	삶의 만족도 저하	사회적 고립과 외로움의 증가
위험 행동: 사고	중독: 알코올 중독과 마약 중독	시민 건강의 위협
위험 행동: 성병	중독: 스마트폰 중독과 온라인 게임 중독	민주주의의 위협

언급한 정신 심리적 영역에서의 장애 및 학습 장애, 학교생활 문제도 추가돼야 하고,[46] 그 영향으로 교육의 저하가 나타나고, 또 그 영향으로 노년기 치매의 가능성은 한층 높아진다.*

오늘날 디지털 정보 통신 기술이 매우 현대적인 건강 보조기로 팔리는 것은 당뇨병 환자의 저혈당 상태에서 설탕이 효과가 크다는 이유로 마치 의학계에서 설탕을 새로운 기적의 치료약인 양 광고하는 것과 비슷하다. 이 대목에서 다시 파라켈수스의 말이 떠오른다. "양이 독

———— * 치매를 뜻하는 라틴어 'Demens'는 'de(아래로)'와 'mens(정신)'의 합성어인데 일반적으로 정신적인 추락을 의미한다. 그런데 모든 추락에 통용되는 원칙이 있다. 높이 올라간 만큼 바닥으로 떨어지는 시간도 길어진다는 것이다. 그렇다면 어린 시절에 교육 수준을 최대한 올려놓는 것이 노년기 치매의 강력한 예방책이다.[35]

을 만든다." 우리는 스마트폰과 관련해서 미래 세대에게 정말 절망적일 정도로 과도한 양을 허용하고 있고, 그로써 아이들을 수많은 위험과 부작용에 그대로 노출시키고 있음을 깨달아야 한다(표 1). 그렇다면 왜 이런 일이 벌어질까? 세상에서 가장 돈 많은 기업들이 더 부자가 되려고 전방위적으로 로비를 벌이기 때문이다. 미래 세대의 심신 건강과 교육 같은 건 그들에겐 아무래도 상관없다. 수십억 유로가 걸린 일이 아닌가! 이는 제약 산업도 마찬가지다. 하지만 제약업계에선 이 과정이 매우 엄격하게 규정되어 있다. 새로운 치료 방법이 출시되려면 일단 효과가 증명돼야 하는 것은 물론이고 부작용의 명확한 규명과 함께 그것이 다른 방법들에 비해 경미하다는 판정까지 받아야 한다.

이런 관점에서 스마트폰의 효과와 부작용을 살펴보면 그 결과는 아주 분명하다. 건강을 해칠 위험과 부작용에 대한 과학적 증거는 명확한 반면에 그 효과는 불충분하다는 것이다. 효과에 대한 근거라고 해봤자 앱 생산자들이 돈을 대고 실시하는, 지금까지 재인용된 적이 없는 자잘한 연구들밖에 없다. 스마트폰과 건강에 관한 일반적인 주제를 비롯해 우울증과 스마트폰 앱이라는 특정 주제에 대한 리뷰와 분석도 똑같은 것을 말해준다.

이 앱들이 처음 나왔을 때의 열광은 곧 냉정한 각성의 분위기로 바뀌었다. 처음에는 세계보건기구와 영국의 국민의료보험(NHS) 공단까지 그런 열광적인 분위기에 동참했다. 그러나 '좀 더 안전하고 믿을 만한' 앱 목록이 발표된 뒤로는 우울증과 불안의 치료에 도움이 된다는 열네 가지 앱 가운데 단 네 개만 어느 정도 명확하게 그 효과가 입증됐다. 이에 근거해서 연구자들은 다음과 같은 결론을 내렸다.

"이 앱들이 해보다 득이 많다는 것을 보증하기 위해선, 국민의료보험이 추천한 앱들 가운데 증명력이 부족한 방법으로 검증했거나 그 검증이 효과에 대한 충분한 근거가 되지 못하는 앱들은 목록에서 제외할 필요가 있다."[34]

이런 일은 영국의 국민의료보험뿐 아니라 지구적인 차원의 세계보건기구 안에서도 일어났다. 누구나 아는 공공기관이 추천하면 거의 아무런 의심 없이 받아들이는 사람이 많기 때문이다. 게다가 증명되지 않은 앱들은 특히 쉽게 상처받고 자기 운명에 주도적으로 개입하지 못하는 사람들에게 근거 없는 희망을 줄 때가 많다. 불안에 떠는 사회적 취약 계층 말이다.

"의료 효과가 입증되지 않은 앱을 구매하고 사용하는 것은 단순히 돈 낭비에 그치는 것이 아니라 가장 궁핍하고, 효과적인 치료에 접근하기 어려운 사람들에게 오히려 불안을 증폭시키는 결과로 나타날 수 있다."

이 연구 저자들이 쓴 내용인데,[33] 이것을 계기로 결국 세계보건기구도 그전에 자신들이 추천한 앱을 철회했다.

교육 당국을 향해서는 이런 질문이 나올 수밖에 없다. 당국은 지금껏 과학적으로 입증된 새로운 사실들에 의거해서 자신이 잘못 내린 결정을 인정한 적이 있는가? 의료인들은 이 질문에 당당하게 대답할 수 있지만 교육자들은 그렇지 않다. 다시 한 번 강조하자면, 의학 분야에서 새로운 치료 방법이 도입되려면 항상 그전에 테스트를 하고, 지금까지의 다른 방법들보다 더 낫다는 판정을 받아야 한다. 그렇지 않으면 그 방법은 결코 도입되지 않는다. 반면에 교육 영역은 어떠한가? 교육계에서는 일단 시행부터 한 뒤 무슨 문제가 있는지 살펴본다. 그러다 보니 어떤 정책이 현실적으로 별 도움이 안 되거나 심지어 해를 끼치는 결과로 나타날 때가 많다. 예를 들어 초등학교 1학년에게 집합론을 가르치고, 포켓용 계산기와 받아쓰기를 도입하고, 대학 전까지의 교육 과정을 13년에서 12년으로 줄이고, 학교에 노트북과 화이트보드, 태블릿 PC, 무선 랜을 설치하고, 스마트폰을 허용하는 영역에서 말이다.

건강 앱

1,500개가 넘는 관련 앱이 있는 것으로 알려진 우울증 말고도 진단 및 치료용 스마트폰 앱이 설치된 질병은 무척 많다. 예를 들어 당뇨병 앱은 무려 1,700개가 넘는다.[35] 그런데 당뇨병은 병태생리학을 통해 우울증보다 훨씬 체계적으로 많은 것이 알려져 있음에도, 분명하게 해석될 수 있는 종속 변수가 확실하게 존재함에도(예를 들어 당화혈색소) 여러 개의 앱을 무작위 대조 시험한 결과 뚜렷한 효과가 없는 것으로 드러났다.[20/58] 사실 우울증은 본질적으로 한층 더 복잡해서 그렇다는 변명이라도 할 수 있지만, 당뇨병 앱은 그렇지 않은데도 우울증 앱의 상황보다 나은 것이 없다. 수없이 널려 있는 우울증 진단과 치료용 스마트폰 앱은 사용자들에게 많은 것을 약속하지만, 지금껏 그 약속을 지키기는커녕 위험과 부작용만 드러내고 있다. 거기에 스마트폰 자체의 위험과 부작용까지 추가된다.

　　신경정신학 영역에서 이러한 인식은 무척 중요하다. 특히 정신적으로 병든 사람들은 신뢰 형성과 상실의 측면에서 이런 앱들에 높은 취약성(외부 상황에 대한 반응 민감성)을 드러낸다. 이 대목에서 분명히 지적

할 것이 있다. 건강 앱의 고객 정보 보안성을 조사한 연구에서 확인한 깜짝 놀랄 만한 결과다. 상당수의 건강 앱은 사용자의 개인 정보를 서비스업체 서버에 암호화하지 않은 채 그대로 전송한다. 그런데도 이 사실을 사용자에게 알리거나, 최소한 암호화의 사실과 범위를 통보하지 않는 경우가 많다.[17/21/23/24] 2만 4,405개(!)의 스마트폰 건강 앱을 조사한 한 연구는 이중 95퍼센트 이상에서 개인 정보 보호와 관련해 보안상의 허점을 드러냈다고 보고했다.[10]

마지막으로 익히 알려져 있듯이 스마트폰 사용이 우리의 감정에 곧장 부정적인 영향을 끼친다는 사실도 기억해야 한다(표 2). 예를 들어 최근에 295명의 미국 대학생(여학생 57.1퍼센트, 평균 나이 20세)을 조사한 연구에 따르면 스마트폰 사용은 불안(고립공포감)과 상당히 높은 상관성을 보여줄 뿐 아니라 부정적인 감정과도 관련성이 높은 것으로 나타났다. 특히 여자가 전체적으로 남자보다 영향이 더 컸다. 대부분의 여자가 남자에 비해 사회성이 더 강해 소셜 미디어를 더 많이 이용하고, 남들과 자신을 비교하는 경향이 짙어 페이스북과 같은 매체의 부정적인 영향에 쉽게 노출되기 때문이다. 중동에서 쿠웨이트 다음으로 1인당 스마트폰 소유 비율이 높은 레바논의 한 연구팀은 평균 21세의 대학생 688명을 대상으로(남자 53퍼센트) 스마트폰 사용과 우울증, 스마트폰 중독의 관련성을 추적했다.[36] 조사는 2014년 가을과 2015년 초에 이루어졌는데, 조사 대상에는 스마트폰 사용의 규모뿐 아니라 불안, 우울증, 성격, 스마트폰 중독, 다른 많은 변수들까지 포함되어 있었다. 스마트폰을 시작한 평균 나이는 15세였고, 과도하게 사용하는 비율(주중에 매일 5, 6시간 이상)은 피조사자의 49퍼센트에 달했다. 또한 대학생의 4분의 1(26.5퍼센트)에서 불안 증세가 나타났고, 5분의 1(21.8퍼센트)에서 우울증이 확인됐다. 스마트폰을 많이 사용할수록 불안과 우울증, 수면 장애, 스마트폰 중독*이 나타날 확률은 더 높았다. 공격성, 경쟁심, 분노, 냉소, 불신이 강한 A유형의 피조사자들은 여유, 감정 이완, 참을성의 특징을 가진 B유형의 피조사자들에 비해 스마트폰 사용과 더 깊은 관련성을 보였다. 그 밖에 좀 더 어린 나이에 스마트폰을 시작하고, 시간 때우기용으로 스마트폰을 자주 사용하고, 가족과의 직접적인 교류가 없을수록 스마트폰 사용 시간도 길었다. 스웨덴,[52] 터키,[1/11] 한국[26/27/43], 중국[5/19]의 연구들도 비슷한 결과를 보여줬다.

이 책에서 벌써 여러 번 언급한 미국 심리학자 진 트웽이는 미국 젊은이들의 특성을 꽤 오랫동안 연구했다. 자살 통계 분석 및 50만 명이 넘는 젊은이들의 코호트 조사를 통해 이 책 서두에서 지적한 걱정스러운 상황의 흔적을 찾아냈다. 그러니까 2007년부터 2015년까지 7년 사이에 15~19세 미국 여자 청소년들의 자살률이 두 배로 껑충 뛴 것이다. 남자 청소년들도 자살률이 상승하기는 했지만, 두 배까지는 아니고 3분의 1이 채 되지 않았다(31퍼센트).** 중학교 3학년에서 고등학교 3학

---

* 스마트폰 우울증과 스마트폰 중독의 상관성은 아직 말끔하게 해명되지 않았다. 한편으론 스마트폰을 많이 사용하면 스마트폰 중독과 우울증의 발생 가능성이 한층 높아지고, 실제로 스마트폰 중독 환자를 조사한 결과 우울증 비율이 상당히 높은 것으로 나타났다. 하지만 다른 한편으론 환자가 아닌 일반 대학생 448명을 조사한 한국의 한 연구 보고서에 따르면 스마트폰 중독과 건강한 사람의 우울증은 상관관계가 별로 없는 것으로 관찰됐다.[6] 그러나 이 연구에는 방법론적 오류가 개입됐을 수 있다. 이러한 편파적 방법은 행동 통제에 대한 스마트폰 연구에서 자주 나타나곤 한다.
** CDC Twenge Psych Si 2018.

표 2 스마트폰 사용과 우울증에 관한 연구

연구자, 연도	나라	조사 인원수	결과
아케르 외, 2017[1]	터키	대학생 495명	스마트폰 중독은 불안, 수면 장애, 우울증을 부른다.
첸 외, 2017[5]	중국	대학생 1,441명 (여자 51.7%, 평균 나이 19.7세)	대학생 30퍼센트가 스마트폰 중독이다. 남자의 경우 중독은 게임 앱 사용, 불안, 수면 장애와 연결되고, 여자는 소셜 미디어 사용, 불안, 수면 장애, 우울증과 연결된다.
최 외, 2015[6]	한국	대학생 448명	스마트폰 중독과 건강한 사람의 우울증 사이에는 상관관계가 별로 없는 것으로 나타났다.
데미르키 외, 2015[11]	터키	대학생 319명 (여자 203명, 평균 나이 20.5세)	스마트폰을 자주 사용하는 사람(127명)은 적게 사용하는 사람(121명)에 비해 우울증과 불안, 수면 장애, 스마트폰 중독의 비율이 높았다.
가오 외, 2017[19]	중국	대학생 722명 (여자 71.1%, 평균 나이 20. 5세)	스마트폰 사용과 우울증 및 신경증의 뚜렷한 상관성
김 외, 2017[26]	한국	대학생 200명	스마트폰 중독과 우울증의 분명한 상관성
김 HJ 외, 2017[27]	한국	대학생 608명	스마트폰 사용과 우울증의 뚜렷한 상관성
마타르, 야로우크, 2017[36]	레바논	대학생 688명 (여자 47%, 평균 나이 20.6세)	스마트폰의 잦은 사용은 불안, 우울증, 수면 장애, 스마트폰 중독을 부추긴다.
손 외, 2017[43]	한국	학생 416명	따돌림과 우울증은 자살 충동 및 스마트폰 중독과 뚜렷한 상관관계를 보인다. 특히 자살 충동은 2.4배 높다.
토메 외, 2012[52]	스웨덴	19~25세 사이의 1,127명과 20~25세 사이의 4,163명	스마트폰으로 지속적으로 연락하고 저녁에 스마트폰을 많이 사용하면 수면 장애와 우울증으로 이어질 가능성이 높다. 특히 여자들에게서.
볼니비츠 외, 2017[60]	미국	대학생 295명 (여자 57.1%, 평균 나이 20세)	스마트폰 사용과 부정적 감정의 상관관계는 매우 높은 것으로 나타났다.

년까지 청소년 50만 6,820명을 상대로 실시한 이 코호트 분석은 정신과 의사들이 자살 충동이라고 부르는 것, 즉 스스로에게 위해를 가하려는 성향과 스마트폰 및 소셜 미디어 사용 사이의 상관성을 집중 조사했다. 자살 충동에 대한 신호는 설문 조사로 알아보았는데, 앞의 세 가지 질문은 각각 "예" 또는 "아니요"로 답하게 했다.

1. "당신은 지난 12개월 사이에 최소한 2주 동안 매일 또는 거의 매일 평소에 네가 하던 일을 모두 때려치우고 싶을 정도로 절망하고 낙담한 적이 있습니까?"
2. "당신은 지난 12개월 사이 스스로 목숨을 끊겠다는 생각을 진지하게 해본 적이 있습니까?"
3. "당신은 지난 12개월 사이 자살할 계획을 세워본 적이 있습니까?"
4. "당신은 지난 12개월 사이 자살 시도를 실제로 몇 번이나 해봤습니까?"

네 번째 질문에 대해 아이들은 "전혀 없다"(이것은 "아니요"로 코딩된다)에서부터 "한 번", "두세 번", "네댓 번", 또는 "여섯 번 이상"(이것들은 "예"로 코딩된다)으로 답할 수 있었다.

이렇게 해서 "예"로 답한 질문들의 수가 조사됐다. 정신의학 연구에 따르면 끝 모를 슬픔과 낙담, 절망 같은 우울병 증상, 자살에 대한 생각, 자살 실행에 대한 구체적 계획, 이전의 자살 시도 경험이 다함께 자살 위험을 높인다고 한다. 그렇다면 자살 충동을 보여주는 이런 신호 가운데

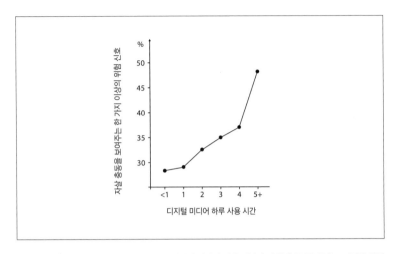

%

50

45

40

35

30

<1   1   2   3   4   5+

디지털 미디어 하루 사용 시간

(y-axis label) 자살 충동을 보여주는 한 가지 이상의 위험 신호

그래프 2　15~18세 청소년에게서 나타나는 디지털 미디어 사용 시간과 자살 충동, 즉 실제로 자살할 위험 사이의 상관관계(트웽이 연구 보고서, 2018)

단 하나라도 나타났다면 실제 자살로 이어질 개연성은 한층 높아진다.

　이 연구에서는 추가로 디지털 미디어의 하루 사용 시간도 조사했다. 이를 통해 디지털 미디어의 사용과 자살 충동의 관련성을 살펴볼 수 있었는데, 둘 사이에 명확한 상관성이 있는 것으로 드러났다(그래프 2). 날마다 3시간 이상 디지털 미디어를 사용하는 청소년은 매일 2시간 이하로 사용하는 청소년에 비해 자살 충동과 관련한 네 가지 질문 중에서 최소한 한 가지에 "예"라고 답한 경우가 34퍼센트 정도 더 많았다. 여기서 청소년들이 월등하게 자주 사용하는 디지털 미디어는 스마트폰이고, 가장 자주 들락거리는 것이 소셜 미디어라는 사실은 굳이 언급할 필요가 없다. 그렇다면 문제는 스마트폰과 페이스북, 왓츠앱이다.

　반면 스크린 화면과 상관없는 다른 활동들은 디지털 미디어와 뚜렷한 대조를 이룬다. 이 활동들의 영향은 긍정적으로 나타났다. 즉, 자살 충동이 현저히 줄어든 것이다. 이런 활동으로는 운동, 숙제하기, 독서, 활자로 인쇄된 것 읽기, 교회 가기(미국 청소년들은 독일 청소년들보다 교회에 훨씬 자주 간다) 그리고 무엇보다 타인과의 직접적인 접촉 및 실질적인 사회적 교류를 꼽을 수 있다.

정리해보자. 스마트폰이 우리에게 행복을 가져다줄 거라는 세간의 주장과는 달리 이 연구 결과들은 정반대 상황을 보여준다. 스마트폰은 삶의 질을 떨어뜨리고, 우리를 불행에 빠뜨리고, 지속적으로 우울하게 만들고, 심지어 스스로 목숨을 끊을 위험을 높인다. 이는 미국의 최신 과학적 연구 결과로서 귀담아 들을 필요가 있다. 게다가 현대에 들어 우울증은 가장 흔한 질병이 됐고, 젊은 친구들에게도 그 발병 가능성이 뚜렷이 증가하고 있다는 사실은 이미 잘 알려져 있다.

이러한 사실들을 잊어선 안 된다. 특히 스마트폰과 무수히 늘어난 건강 앱을 우울증에 대한 대응책으로 활용한 시도들이 지금껏 무참히 실패한 것을 생각하면 말이다. 이런 상황을 고려하면 페이스북 대표가 자사의 선진적인 서비스로 사용자들의 자살을 막겠다며 EU의 정보보호기본법 완화를 요구하는 것은 정말 뻔뻔한 소리가 아닐 수 없다. 그건 앞서 제6장에서 들었던 예와 마찬가지로 휘발유로 불을 끄라고 추천하는 격이다. 우리는 그것을 허용해선 안 된다. 그들의 어떤 논리에도 흔들려선 안 된다.

제8장

나 혼자 산다

스마트폰과
함께라면

나는 '메가트렌드'라는 말을 좋아하지 않는다. 과장된 표현과 신조어에 일단 의심부터 보내는 체질이기 때문이다. 그런데 현대적 존재 방식의 급격한 변화를 보여주는 '싱글'이라는 말은 메가트렌드에 딱 맞는 듯하다. 독신, 또는 개별자로 나아가는 경향은 삶의 모든 영역에 해당하기 때문이다. 예를 들어 요즘은 식품도 점점 작은 포장 용기에 담아 팔린다. 혼자 요리하고 음식을 먹는 사람이 늘었기 때문이다. 가구도 점점 작아지고 있다(그래프 1). 앞으로는 집도 싱글용으로 점점 작게 지을 것이다. 그뿐만 아니라 자동차를 사더라도 기름 먹는 하마인 큰 차가 필요한지, 아니면 아담하고 맵시 있는 2인용 소형차가 맞는지 고민하는 사람들이 늘고 있다. 물론 그렇다고 해서 이 고민이 실제 행동으로 옮겨지는 사례는 아직 많아 보이지 않는다. 어쨌든 이런 트렌드는 식품, 자동차, 건설 산업에만 국한되는 것이 아니라 이미 오래전에 정신의학의 영역에까지 들어왔다. 이처럼 부동산, 자동차, 식품, 정신의학 할 것 없이 삶의 많은 영역에 해당한다면 '싱글'이라는 말은 메가트렌드라고 불러도 무방하지 않을까? 이보다 나은 표현이 있을까?

독일에서의 싱글

일단 몇 가지 사실부터 확인하고 가자. 독일에서 싱글 트렌드는 제법 오래전부터 꿋꿋이 이어져오고 있다. 2015년 전체 가구 수는 4,100만이 채 안 되는데, 그중에서 싱글 가구는 1,700만 정도다(그래프 1). 독일에서는 인구의 약 50퍼센트가 여전히 전통적인 가족 형태, 즉 한 자녀 이상의 부부 형태를 갖추고 있지만, 그 비율은 예전에 비해 한결 줄었고, 그것도 수십 년 전부터 계속 감소 추세다. 가구 수는 인구수보다 훨씬 빠르게 증가하고, 그에 발맞춰 가구당 인원도 점점 줄고 있다.

다른 사실도 살펴보자. 독일 입법부와 사회 정책 역시 결혼하지 않거나 결혼하더라도 쉽게 이혼할 수 있는 추세를 거들고 있다. 1950년에만 해도 열 쌍 중 한 쌍이 이혼했다면 지금은 세 쌍 중 한 쌍이 이혼한다. 자녀가 있어도 쉽게 헤어질 수 있어서 자녀들은 부모 중 한쪽하고만 성장해 이른 나이에 '싱글로서의 존재 방식'에 길든다. 게다가 가정마다 자녀 수도 어차피 많지 않다. 하나만 있는 집이 많은데, 여성 1인당 평균 1.5명의 아이를 낳는 셈이다.

지난 수십 년 동안 이어져온 결혼과 가정의 규모 감소 말고도 싱글로 늙어가는 현상도 이런 트렌드에 한몫을 한다. 노인 수는 갈수록 점점 많아지고 있다. 그런데 남자가 여자보다 평균 6년 정도 먼저 죽고, 결혼할 때는 여자보다 한두 살 많기에 노인 중에는 혼자 사는 여자가 많다. 2차 세계대전 뒤에도 이런 현상이 있었다(그때는 그녀들을 '전쟁 과부'라고 불렀다). 그런데 관련 문헌에 자주 등장하는 '노년의 여성화' 트렌드는 전쟁이 끝난 지 70년이 지난 오늘에 이르러 오히려 심화되고 있다.

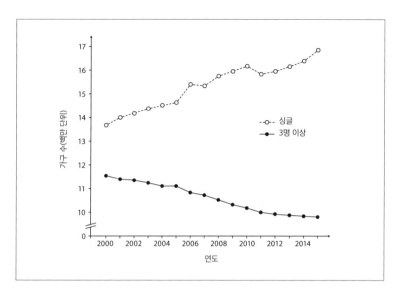

그래프 1　2000년에서 2015년까지 1인 가구의 증가와 3인 이상 가구의 감소는 독일에서 싱글화의 추세를 인상적으로 보여준다. 이 시기 2인 가구 수는 2000년 기준 1,272만 가구에서 2015년 기준 1,396만 가구로 늘었다. 현재 독일의 평균 가구 구성원은 두 명이다.[8]

〈시니어를 위한 사회 계획 매뉴얼〉에는 이렇게 언급됐다.

"요즘 60대 노인에서 여성 비율은 60퍼센트를 넘고, 고령화가 진행될수록 그 추세는 점점 심화된다."[14]

하지만 아직은 대부분 기혼인 2인 가구가 지금의 노년층에서 50퍼센트로 가장 많은 가구 형태를 차지하고 있다. 이 매뉴얼의 말을 좀 더 들어보자.

"나이 들어 점점 혼자 사는 사람이 늘고 있다. 이는 전국적으로 65세 이상 인구의 약 40퍼센트에 해당하는데, 특히 대도시에서 그 비율이 훨씬 높다. 그중 85퍼센트가 여성이다. 그에 대한 한 가지 이유는 남성

나 혼자 산다

의 높은 사망률을 꼽을 수 있다. 그런데 원래 독신이건, 아니면 이혼했거나 별거 중이건 간에 점점 나이 들어가는 싱글도 노년의 싱글화 추세에 영향을 끼친다. 그중에서도 남성이 평균치를 상회한다.”

그러니까 어차피 별로 많이 남지 않은 남자들이 개별화 및 고립과 관련해서 여성들을 뒤따라가고 있는 것이다.

도시화와 싱글

다른 두 가지 거대 트렌드도 싱글 추세를 재촉한다. 도시화, 즉 도시에 살려는 경향과 디지털화, 즉 디지털 미디어로 더 많은 시간을 보내는 경향이 그것이다. 도시화의 증가는 특히 개발도상국에서 출산율의 급격한 하락을 부른다. 예를 들어 에티오피아의 아디스아바바나 베트남의 많은 도시들에서 출산율은 여성 1인당 1.4명으로 평균치 이하다. 심지어 선진국 독일의 출산율(1.5명)보다 낮다. 이란 수도 테헤란의 여성들은 그보다도 아이를 덜 낳는다. 여성 1인당 출산율이 1.3명에 불과하다.

나이 든 사람들에게 왜 싱글로 사느냐고 물으면 남녀별로 답이 다르다. 예를 들어 남자의 28.7퍼센트는 싱글의 주원인으로 “너무 낯가림이 심하고, 아는 사람이 별로 없다”라고 답한 반면 여자 중에서 이렇게 답한 사람은 16.1퍼센트에 지나지 않는다. 여자들이 가장 많이 지목한 원인(30.2퍼센트)은 “배우자에 대한 기대치가 너무 높았다”인데, 남자 중에서 이렇게 답한 사람은 25.5퍼센트다. 또한 여자들은 남자보다(5.9퍼센트) 두 배 가깝게(9.7퍼센트) 스스로 나이가 너무 많다고 여기고, 남자보다(5.9퍼센트) 두 배 넘게(12.4퍼센트) 자신이 남들에게 곁을 주지 않는다고 생각한다. 반면에 독립성과 관련해서 "아직 독립성을 포기하고 싶지 않다"고 답한 남자는 27.7퍼센트, 여자는 26.6퍼센트, 사랑의 실패와 관련해서 "사랑이 불행했다"고 답한 남자는 10.7퍼센트, 여자는 10.4퍼센트, 직업의 의미와 관련해서 "지금의 나에게는 직업이 더 중요하다"고 답한 남자는 15.4퍼센트, 여자는 15.6퍼센트로 남녀 차이가 거의 없는 것으로 나타났다.⁹ 그리고 통계에 따르면 절반 정도의 사람들이 싱글의 삶을 스스로 선택한 것으로 보인다.

언급한 이런 사실들에 기초해서 싱글화의 추세가 주로 나이 든 사람들의 문제라고 생각하면 오산이다. 이 트렌드는 오히려 젊은이들에게서 훨씬 두드러진다. 이건 무엇보다 우리의 전체 삶을 빨아들이는 디지털화의 급격한 증가라는 두 번째 트렌드와 관련이 있다. 디지털화의 영향을 많이 받는 계층은 주로 젊은이들이다. 그러니까 디지털화는 세간의 주장처럼 사람들을 연결시키는 것이 아니라 오히려 불만과 우울증, 외로움을 증폭시킨다. 특히 앞장에서 설명했듯이 소셜 미디어에서 말이다.

디지털 미디어는 젊은이들을 외롭게 만든다

2017년 초 〈미국 예방의학 저널(American Journal of Preventive Midicine)〉에 한 연구 보고서가 실렸다. 19~32세 사이의 성인 1,787명을 표본으로 삼은 이 연구에서는 외로운 감정과 소셜 미디어 사용의 관련성을 조사했다.¹⁶ 저자들은 우선 페이스북에서부터 트위터, 구글플러스,

유튜브, 링크드인(LinkdeIn), 인스타그램, 핀터레스트(Pinterest), 텀블러(Tumblr), 바인(Vine), 스냅챗, 레딧(Reddit)까지 총 열한 개 소셜 미디어의 사용 시간 및 접속 횟수를 측정했다. 거기다 외로운 감정의 강도를 네 가지 질문으로 나누어 조사했다. 참가자들은 자신이 느낀 외로움의 강도에 따라 세 집단으로 분류됐다. "전혀 외롭지 않다"는 42퍼센트, "웬만큼 외롭다"는 31퍼센트, "매우 외롭다"는 27퍼센트로 나타났다. 모든 참가자의 하루 평균 소셜 미디어 사용 시간은 61분이었고, 해당 웹사이트 방문 횟수는 일주일에 평균 30회였다. 3.2퍼센트에 해당하는 58명만 소셜 미디어를 전혀 사용하지 않았다. 이 두 가지 요소, 즉 외로운 감정과 소셜 미디어의 사용을 분석한 결과 뚜렷한 상관관계가 나타났다. 즉 소셜 미디어를 하루 2시간 이상 사용한 사람은 30분 이하로 사용한 사람들에 비해 외로움을 느낄 가능성이 두 배나 컸다. 사용 시간뿐 아니라 해당 웹사이트에 접속한 횟수도 동일한 결과를 보여줬다. 소셜 미디어를 매주 58회 이상 방문한 사람은 9회 이하 방문하는 사람들에 비해 외로움을 느낄 가능성이 세 배 더 높았다. 참가자들의 소득, 교육 수준, 연령, 성별을 자료 분석에 포함시켜도 결과는 마찬가지였다. 소셜 미디어 사용과 외로운 감정 사이에는 통계적으로 의미 있는 명확한 상관관계가 있었다.

그런데 이런 결과를 보면서 어쩌면 이렇게 주장하는 사람도 있을지 모른다. 실은 우울하고 외롭고 불행한 사람들이 페이스북 같은 소셜 미디어를 더 자주 사용하는 게 아니냐고 말이다. 다시 말해 앞서의 관련성은 페이스북에서 불행과 외로움, 우울함의 방향으로 영향을 주는 것이 아니라 그 반대라는 것이다. 그러나 그건 사실이 아니다. 이 관련성의 방향에 의심을 품지 않아도 될 만큼 종단 연구와 심지어 실험 자료까지 충분히 나와 있어서 얼마나 다행인지 모른다.

20세 청년 82명에 대한 종단 연구에서 페이스북 사용과 주관적 행복의 관련성을 조사했다.[1] 연구자들은 2주 동안 우연한 시간에 매일 다섯 번씩 피험자들과 문자 메시지로 접촉해서 그때그때 주관적 행복감과 삶의 만족도를 확인했다. 게다가 마지막 문자 메시지 접촉 이후 페이스북을 얼마나 자주 이용했는지도 물었다. 그 결과 페이스북 사용이 이후의 주관적 행복감에 곧장 부정적인 영향을 끼친 것으로 드러났다. 반대 방향으로의 영향, 즉 행복감이 떨어져서 페이스북을 더 많이 사용하는 경우는 없었다. 질문지를 통해 추가로 조사한 또 다른 복잡한 자료 분석도 사용자의 행복감 상실이 다른 요인들에 뿌리가 있는 것이 아니라 페이스북 및 인터넷 사용에 있다는 것을 전체적으로 매우 뚜렷이 보여줬다.

이 관련성의 방향과 그로 인한 인과성은 1,095명의 자발적 피험자를 대상으로 실시한 무작위 대조 실험을 통해서도 입증됐다. 연구자들은 무작위 배정 방식으로 피험자들을 나눈 뒤 피험자 절반에게는 일주일 동안 페이스북 사용을 완전히 금지시켰다.[11] 덴마크에서 실시된 이 연구 참가자들은 여자가 86퍼센트였고, 평균 나이는 34세였으며, 평균 350명의 페이스북 친구가 있었고, 평소 하루에 1시간 정도 페이스북을 이용했다. 페이스북 금지 그룹의 참가자들은 실험 과제 수행에서 문제점을 노출했다. 13퍼센트가 금지 규정에도 불구하고 페이스북을 사용했다고 보고한 것이다. 대부분 '도저히 참지 못해서' 들어갔다고 했다. 어쨌든 전체적으로 이 연구는 페이스북을 일주일 동안 사용하지 않은 사람들에게서 삶의 만족도가 의미 있는 수준으로 증가한 것을 보여줬다. 게다가 정서적 상태도 뚜렷이 개선됐는데, 그런 효과는 그전에 페이스북을 더 많이 사용한 사람들에게서 더 크게 나타났다. 이 결과에 대한 연구자들의 해석은 아주 분명했다.

"매일 수백만 명이 페이스북에서 시간을 보낸다. 이제 우리는 과거의 어느 때보다 서로 긴밀하게 연결된 것이 분명하지만 이러한 새로운 연결이 우리의 행복에 도움이 될까? 본 연구에 따르면 대답은 '아니요'다. 이유는 이렇다. 첫째, 이 연구에 따르면 페이스북을 떠나는 것이 인지적·정서적 안녕에 득이 된다는 것이 인과적으로 증명됐다. 둘째, 이러한 안녕은 페이스북 사용 시간과 상관관계가 있음이 밝혀졌고, 그전에 페이스북을 많이 사용한 사람일수록 페이스북을 그만두면 효과가 가장 큰 것으로 나타났다. … 결론적으로 페이스북에 빠진 사람은 자신의 안녕을 위해 페이스북 사용을 줄여야 한다. 물론 페이스북에서 벗어나는 것은 쉽지 않다. 그렇다면 자신의 계정을 아예 삭제하는 것도 고민해봐야 한다."[11]

'우리' 대신 '나'

사회적 교류가 뇌 발달에 미치는 영향에 관한 자료들을 보면 이 둘에 직접적인 인과성이 있음을 알 수 있다. 설명하면 이렇다. 현실 속의 사회적 접촉은 사회적 정보를 처리하는 뇌 영역의 발달을 촉진한다('사회적 뇌'라고 불리는 뇌 영역이다). 이는 동물 실험뿐 아니라 인간을 상대로 한 연구에서도 밝혀졌다.[5] 싱글 트렌드 속에는 신경정신학 영역과 관련된 심리적 결과가 담겨 있다. 작가를 비롯해 많은 문화 비평가들은 싱글화가 '나'의 강조 및 '우리'의 상실과 함께 나타난다고 지적했는데, 이런 생각은 다양한 방식의 경험적 토대로 더욱 보강됐다. 40년 전 베이비 부머가 아직 어릴 때 이 세대는 '나 세대'라고 불렀다. 이는 '2차 세계대전 뒤의 예기치 않은 발전 상황, 그러니까 지극히 평범한 수백만 명의 사람이 이제 오직 자신을 위해 누리게 된 사치스런 생활'의 결과였다. 미국 작가 톰 울프(Tom Wolfe)가 1976년에 쓴 글이다. 이런 흐름은 미국의 유명한 카피라이터 셜리 폴리코프(Shirley Polykoff)의 모토와도 일치한다.

"내게 오직 하나의 삶만 주어져 있다면 나는 금발의 여인으로 살고 싶다."

이 세대의 자식들은 특별했다. 예전의 어떤 세대보다 부모들이 사진과 영상을 많이 찍어줬을 뿐 아니라 비위를 맞추고 어떤 일이건 오냐오냐 받아줬다. 역사상 유례가 없는, 아이들을 향한 이런 세뇌 과정에 지대한 역할을 한 것은 미국 아이들이 1960년대부터 보고 자란 TV 프로그램 〈로저 씨의 이웃(Mr. Roger's Neighborhood)〉이었다. 1963년부터 2001년까지 총 905회 방영된 30분짜리 이 프로그램은 2~5세 아이들을 겨냥한 특별 방송이었다. 항상 다정하게 미소 짓는 프레드 로저 목사는 방송이 끝날 때마다 아이들에게 '너는 특별한 존재'라는 기독교식 세례의 내용을 심어줬다. 그는 문을 나가려다가 말고 어린 시청자들에게 돌아서서 이렇게 말했다.

"너는 날마다 특별한 날을 만들 수 있어. 그 방법은 너도 알아. 그냥 너 자신이면 돼. 이 세상에 너 같은 아이는 단 하나뿐이야. 그게 바로 너야. 사람들이 너를 좋아하는 것도 네가 바로 너이기 때문이야."

이로써 그렇지 않아도 자의식이 강하던 베이비붐 세대는 자식들에게 과도할 만큼 강한 자기중심적 사고를 주입했다. 이 자기중심성은 한편으론 공동체, 이웃 사랑, 사회적 연대 같은 다른 기독교적 가치들로 완화될 수 없었고, 다른 한편으론 능률과 동기 부여의 토대가 돼주지도 못했다. 이런 배경에다 디지털 정보 통신 기술의 급속한 발달까지 더해져 밀레니얼 세대가 생겨난 것은 결코 놀랍지 않다. 이 세대는 'Me 세대'[12] 또는 'Look at Me 세대'[3/4]로 불리기도 했고, 지금도 그렇게 불리고 있다.* 미국 시사평론가 크리스토퍼 올릿(Christopher Orlet)은 2007년 이 세대에 대해 이렇게 비판적으로 언급했다.

"나 자신은 밀레니얼 세대가 아니었다. 이 세대는 과도한 자존감과 자기 광고의 테크놀로지와 함께 성장했는데, 이 두 요소가 서로 맞물려 나르시시즘의 거대한 태풍을 일으켰다."[4]

올릿에 따르면 2007년에는 대학생의 3분의 2가 자기 예찬 면에서 평균치 이상을 보여줬다고 한다. 25년 전에 비하면 무려 30퍼센트가

─── * 베이비부머는 1940년대 중반부터 1960년대 중반까지 태어난 사람을, 밀레니얼 세대는 1980년대 초부터 2000년대 초까지 태어난 사람을 가리키는데, 이 두 세대 사이에는 X세대가 끼어 있다. 이 세대는 수적으로 다른 세대에 비해 비중이 떨어진다. 피임약의 발달로 인한 출산율의 급감 시기와 맞아떨어지기 때문이다. 이들은 '열쇠 세대'라 불리기도 한다. 여성들이 가족 생계를 위해 왕성하게 사회적 진출을 하던 시기라 학교를 마치고 돌아오면 아무도 없는 집을 혼자 열쇠로 따고 들어가야 했기 때문이다. 이전 세대보다 이혼율이 높고 경제적 어려움을 겪은 이 세대의 또 다른 명칭은 이들의 TV 시청 습관에 따라 붙여진 'MTV 세대'였다. 밀레니얼 세대는 X세대에 비해 수적으로 다시 중요성을 띠게 됐다. 1980년대와 1990년대는 출산율이 다시 눈에 띄게 높아졌기 때문이다.

늘어난 수치다. 밀레니얼 세대는 확신에 넘치고, 자의식이 강하고, 덮어놓고 스스로에게 사랑에 빠지지만 그럴 만한 근거가 전혀 없다고 작가는 푸념하면서 그 이유로 그들의 낮은 교양, 천박함, 가련할 만큼 시시함(정말 이런 표현을 썼다!), 감정적 미성숙을 들었다. 여기서 그가 사용한 나르시시즘의 개념은 정신의학적 측면이 아니라 우리의 일상적 언어 관습에 부합하는 과도한 자기애를 가리킨다.

나르시시스트는 타인에 대한 배려와 따뜻한 감정이 부족하고, 사회적 관계가 짧게 끝나고, 불성실과 배신, 통제, 폭력이 특징이다. 따라서 싱글화의 문제에서는 심리 설문지로 조사된 나르시시즘의 증가가 상당히 중요한 의미를 차지한다. 1982년부터 2008년까지 여러 대학의 4만 9,818명을 상대로 얻은 자료의 분석은 물론이고 1994년부터 2009년까지 동일한 대학의 4,152명을 조사한 두 번째 연구도 같은 결과를 보여줬다.[13]

미국뿐 아니라 예를 들어 핀란드 같은 나라에서도 전 지구적이고 사회적인 보편 주제들은 뒷전으로 밀리고 건강, 죽음, 외로움 같은 사적인 가치가 부상하는 것이 확인됐다.[2] 이런 문화적 변화는 개인의 입장과 태도, 습관에서만 나타나는 것이 아니라 책, 노랫말, TV 프로그램, 영화 같은 문화 상품에서도 엿볼 수 있다. 이와 관련해서 지난 몇 년 사이 엄청나게 많은 글을 통계적으로 분석해주는 기술이 개발됐다.[6/7] 문화 현상에 대한 이런 양적 분석으로 지금껏 추측만 가능하던 것이 탄탄한 실증적 자료로 뒷받침됐다.

구글의 엔그램 뷰어(Ngram Viewer)는 개인이 결코 다 읽을 수 없는 어마어마한 양의 글을 통계적으로 분석하는 것을 가능하게 해준다. 이

표 1　개인과 공동체를 대표하는 상위 20개 단어[12]

개인주의적 단어	공동체적 단어
independent 독립된	communal 공동의
individual 개인의	community 공동체
individually 개별적으로	commune 공동체
unique 유일무이한	unity 통합
uniqueness 유일함	communitarian 단체의
self 자신	united 연합된
independence 독립	teamwork 협동 작업
oneself 스스로	team 팀
soloist 솔로	collective 집단의
identity 독자성	village 마을
personalized 개인 맞춤형의	tribe 종족
solo 단독의	collectivization 집단화
solitary 혼자 하는	group 무리
personalize 개인화하다	collectivism 집단주의
loner 혼자 있기를 좋아하는 사람	everyone 모두
standout 무리에서 눈에 띄는 사람	family 가족
single 단일의	share 공유하다
personal 개인의	socialism 사회주의
sole 혼자의	tribal 종족의
singularity 특이성	union 조합

를 위해 500만 권의 책이 디지털화됐다. 소설은 13퍼센트, 비소설은 87퍼센트였다. 이 프로그램을 이용해 개별 단어 및 최대 다섯 단어의 문구가 일정 시기 동안 사용 빈도를 조사했고, 그로써 특정 단어의 사용 변화를 객관적으로 측정할 수 있게 됐다. 이 방법으로 미국 과학자들은

1960년부터 2008년까지, 그러니까 베이비부머에서 밀레니얼 세대까지 '나' 또는 '우리'의 사용 빈도수를 조사했다. 그 결과 '우리'의 사용은 10퍼센트 감소한 반면 '나'의 사용은 42퍼센트가 증가한 것으로 확인됐다.[22]

40개 단어에 대한 한 연구에서는 개인주의적 단어와 공동체적 단어를 뽑을 피험자들을 따로 모집해 그들에 의해 선정된 단어들을 또 다른 피험자들에게 개인성과 공동체성의 관점에서 그 강도를 다시 평가하게 했다. 이로써 개인주의와 공동체성을 각각 대표하는 '상위 20개 단어'가 선정됐다(표 1). 20개 개인주의적 단어의 빈도 분석 결과 이 단어들은 1960년에서 2008년 사이에 증가했다. 1960년(0.096퍼센트)에 사용된 20개 개인주의적 단어의 빈도를 2008년(0.115퍼센트)과 단순 비교해봐도 뚜렷한 상승을 확인할 수 있었다. 공동체적 단어들은 전 기간에 걸쳐 뚜렷한 변화가 없었다.

저자들은 전체적으로 이 결과를 미국 문화가 1960년부터 개인적인 성향이 점점 강해진 것에 대한 명백한 객관적 신호로 해석했다. 저자들의 말을 직접 들어보자.

"이 연구를 통해 미국에서 1960년부터 개인주의의 증가 추세가 책 속의 언어 사용에 반영되어 있다는 사실이 밝혀졌다. 책 속의 언어 사용은 좀 더 거대한 문화적 색채를 반영하는데, 이 색채는 자신을 중심에 놓고, 스스로를 남들과 구별하는 유일무이한 존재로 여기는 경향으로 특징지을 수 있다."[12]

인간은 사용하는 말뿐 아니라 행동으로도 평가할 수 있다. 그렇다면 나르시시즘이 행동으로 넘어갈 때 이기주의로 급변할 수 있다는 점을 명확하게 인식할 필요가 있다. 예를 들어 미국 청년의 90퍼센트 이상은 남이 어려울 때 자발적으로 돕겠느냐는 질문에 그러겠다고 긍정적으로 답했지만, 정작 실제 행동 면에서는 청년의 절반 이상이 남을 위해 뭔가를 하는 것보다 TV를 보거나, 친구들과 놀러 가거나, 컴퓨터를 하는 쪽을 택했다. 모든 연령대를 통틀어 18~25세 사이의 청년들이 남을 돕는 일에 가장 시간을 적게 쓰는 것으로 알려져 있다. 이것을 단순히 젊은이들의 경제적 어려움하고만 연결시킬 수 없다는 것은 지난 20년 사이 타인에 대한 폭력도 증가했다는 사실에서 알 수 있다.

이 세대의 대학생들은 더 이상 전공에 관심을 보이지 않고, 오직 최소한의 노력으로 졸업장을 따는 데만 관심이 있다.

"오늘날의 사회는 결과 사회다. 그렇다면 대학생들이 온갖 머리를 굴려 결과로 직행할 수 있는 길만 찾는 것도 무리가 아니다. … 과거의 학생들은 교수들과 머리를 맞대고 옛 교육적 모델에 따라 오직 인식 그 자체만을 위해 나아갔다면 요즘 학생들에겐 새로운 모델이 생겼다. 돈을 줬으니 당연히 학점을 주고 학위까지 무사히 마치게 해달라는 것이다."

자기애(나르시시즘)의 증가 외에 공감의 감소도 과학적으로 입증할 수 있다. 사고가 났는데도 누구 하나 돕지 않는 상황에 대한 보도는 이제 거의 일상이 됐다. 경찰과 의사에 대한 존중은 줄어들었고, 오히려 그들에 대한 위협은 늘었다. 2016년 가을, 의식을 잃고 현금인출기 앞에 쓰러져 있던 노인을 네 사람이 못 본 척 장애물을 넘듯 넘어가 인출기에서 돈을 뽑고 다시 노인의 몸을 넘어간 일이 있었다. 마침내 다섯 번째로 돈을 찾으러 온 사람이 도움을 주기는 했으나, 노인은 병원에

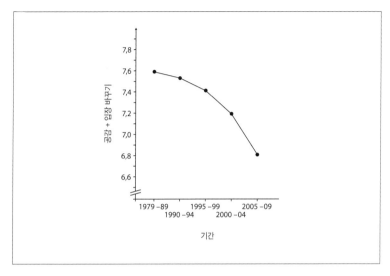

그래프 2 지난 30년 동안에 나타난 공감능력과 입장 바꾸기 능력의 추이. 공감능력뿐 아니라 입장 바꾸기 능력의 저하도 통계적으로 뚜렷이 확인되고 있다.[18]

옮긴 직후 사망했다. 경찰들은 말한다.

"치고받고 싸우는 일이야 예전부터 늘 있던 일이지만, 요즘은 싸우다가 상대가 바닥에 쓰러져 꼼짝을 않는데도 얼굴을 걷어찹니다."

이런 일들은 확고한 자료로 입증된 사실들에 대한 일상적 예증이다. 즉 사람들의 공감능력이 점점 떨어지고 있다는 것이다.

1979년부터 2009까지 30년 동안 대학생 1만 3,737명을 상대로 총 72번 실시한 설문 조사에 따르면 공감능력(empathic concern)과 상대 입장을 헤아리는 능력(perspective taking)은 현저히 떨어진 것으로 드러났다. 반면 다른 인간적 품성이나 타인과의 문제들은 변화가 없었다 (그래프 2).

인간의 공감능력이 왜 자꾸 떨어지는지에 대한 논의에서 저자들은 이런 현상과 맞물려 있는 몇 가지 트렌드를 지목하는데, 그중 하나가 물질주의적 풍조의 확산이다. 2006년의 한 설문 조사에서 18~25세 청년의 81퍼센트는 자기 세대에서 매우 중요한 목표 중 하나로 "부자가 되는 것"을 꼽았다. 심지어 64퍼센트는 그것이 바로 인생의 가장 중요한 목표라고 답했다. "도움이 필요한 사람에게 도움을 주는 것"을 가장 중요한 목표라고 답한 사람은 30퍼센트에 그쳤다(퓨 리서치 센터, 2007).

사회적 자본의 상실

이와 관련해서 영어권에서는 사회적 자본의 상실이라는 말이 회자된다. 그런데 여기서 '자본'이라는 말을 오해해서는 안 된다. 이때의 자본은 사회적 관계망을 뜻하기 때문이다.[20] 일반적으로 사회적 자본은 이타심, 신뢰, 공동체, 단합 그리고 사회를 결속하고 유지하는 '사회적 접착제'를 가리킨다. 의학적 관점에서 보면 구성원들이 공유하는 사회적 자본의 수준은 건강, 낮은 범죄율, 인간들 사이의 효율적 경제 활동과 관련이 깊은 것으로 알려져 있다. 그렇다면 미국 같은 나라에서 최근 들어 사회적 자본이 급격히 줄어든 것은 결코 무시하고 넘길 일이 아니다. 따라서 신경정신학과 공중 보건의 관점에서는 싱글화의 사회적 전개 양상을 비판적으로 바라볼 수밖에 없다.

정리해보자. 싱글화는 개인에게든 사회에든 도움이 되지 않는다. 이 트렌드에 대한 다양한 객관적인 연구 결과와 새로운 고민들로 이 상황을 바꾸는 토대가 마련되길 희망한다. 전염병학과 환경 의학이 이전에 개인뿐 아니라 사회에 많은 이득을 안겨준 것처럼 오늘날의 신경정신학도 '사회적 뇌'에 대한 인식으로 우리 사회에 기여할 수 있을 것이다. 인간은 사회적 동물이고, 공동체 안에서만 진정으로 행복할 수 있다. 디지털 미디어, 그중에서도 특히 스마트폰은 우리를 하나로 연결시켜주기보다 오히려 갈라놓을 때가 더 많다. 이 점을 우리는 좀 더 깊이 고민해야 한다.

제9장

유령 진동 증후군

사회적 동물의
기다림

"혹시 당신은 주머니에서 진동이 울리는 것을 느끼고 스마트폰을 찾았으나 스마트폰은 울리지 않았고, 그런 진동을 일으킬 만한 다른 원인도 없었던 것을 경험한 적이 있는가? 있다면 그건 '유령 진동'이라 불리는 현상인데, 그런 일은 실제로 많다."

미국 심리학자 래리 로젠이 2012년《아이디스오더》에서 밝힌 내용이다.[10]

환청과 환촉

예전에는 누가 자기를 부르지 않고 초인종을 누르지도 않았는데 가끔 자신의 이름이나 초인종 소리가 들리는 일이 있었다면,[12] 요즘은 스마트폰 벨소리가 그런 식으로 들리는 경우가 많다. 사실 예전에는 그런 일이 오늘날보다 잦지 않았다. 건강한 사람 375명 가운데 36퍼센트가[9] 한 번쯤 자신의 이름을 들었고, 건강한 사람 1,519명 가운데 6.7퍼센트나[15] 15.4퍼센트[8]만 이따금 환청이 들린다고 보고했다. 촉각과 관련해서 무언가 닿은 것 같은 느낌의 환촉은 건강한 사람의 2.2퍼센트만 경험했다고 한다.[12] 어쨌든 예전에는 전체적으로 환각은 건강한 사람의 약 10퍼센트에서 나타나는 현상으로 여겨졌다. 물론 16~22세 젊은 친구들에게서 그 비율이 20.8퍼센트로 상당히 높게 나타나는 것은 다른 측면에서 고려해야 할 부분이다.[21]

요즘은 스마트폰 사용자의 3분의 2가 스마트폰이 실제로 울리지 않았는데도 벨소리가 들리는 환청을 경험한다(320명의 건강한 사람을 조사했다).[6] 게다가 '유령 진동'을 느꼈다는 사람도 27.4퍼센트에서 80퍼센트에 이른다. 심지어 대학생 290명을 조사한 결과 무려 89퍼센트가 이따금 스마트폰 진동을 느꼈다고 한다. 진동으로 맞춰놓지도 않았는데 말이다.

이런 현상에 큰 의미를 부여하고 싶지 않을 수도 있다. 하지만 유령 진동 역시 스마트폰의 과도한 사용이 부른 증후군이다. 여러 연구에 따르면 미국인은 하루에 46번에서[3] 150번까지[1] 스마트폰을 들여다본다고 한다. 깨어 있는 시간을 하루 16시간으로 치면 '20분마다 한 번씩' 또는 '6분마다 한 번씩' 스마트폰을 확인하는 셈이다. 이것은 앞서 언급한 심리학자 로젠이 자신의 책에서 지적했듯이 사용자의 주관적인 판단과도 일치한다. 그는 다양한 연령대의 스마트폰 사용자에게 디지털 기기를 얼마나 자주 체크하는지 물었다. 대답은 이렇게 나뉘었다. "전혀", "한 달에 여러 번", "일주일에 여러 번", "하루에 한 번", "몇 시간마다 한 번", "1시간마다", "15분마다", "수시로". 그의 소견은 당혹스러운데, 그의 말을 그대로 옮겨보자.

"청소년과 청년들 가운데 절반 이상이 소셜 미디어를 수시로 확인한다고 답했다. 15분마다 한 번씩이라고 답할 수도 있었을 텐데 말이다."[10]

뇌 속의 유령

스마트폰의 잦은 사용 습관이 유령 진동으로 이어지는 메커니즘은 다음과 같다. 우리 몸은 스마트폰을 습관적으로 넣어두는 곳에서 진동이 자주 울리는 것에 익숙해진다. 이 진동은 외부에서 연락이 왔다는 것을 의미한다. 사실 이런 연락은 대부분 쓸데없는 내용이다. 예를 들면 "나 지금 초콜릿 아이스크림 먹고 있는데, 넌 뭐해?" 하는 식이다. 하지만 그걸 받는 사람은 무척 반가워하고 보상받는 느낌까지 든다. 이 대목에서 인간이 세상에서 '가장 사회적인 동물'이라는 사실을 기억해야 한다. 그런 의미에서 인간은 '정보 중독자'로도 불린다. 뭔가 새 소식이 오면 무척 반가워하고, 자신이 상대에게 의미 있는 존재라고 생각한다. 간단하게 표현하면 이런 식이다. '누군가 방금 내 생각을 하면서 이런 메시지를 보냈어. 정말 대단하지 않아?' 대다수 사람들이 이렇게 생각하는 듯하다.

바로 이런 이유에서 스마트폰 진동이 자주 울리는 신체 부위를 담당하는 뇌신경이 항상 민감하게 반응하거나 반응할 준비가 돼 있다. 이 느낌은 만일 뇌에서 민감성과 기대가 고조되어 있다면 저 밑에서 약간의 자극만 있어도 쉽게 불붙을 수 있다(표1).

이런 현상은 이미 10년 전에 지적됐다.[16] 스마트폰은 이런 방식으로 몸의 일부가 됐다는 것이다. 의수나 의족 같은 것과 비슷하게 말이다.

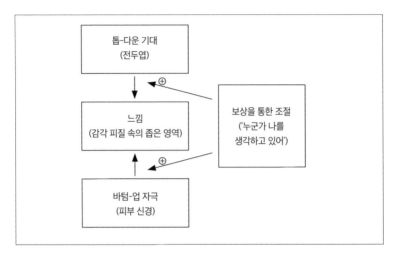

표 1 유령 진동은 어떻게 생길까? 스마트폰을 주로 보관하는 부위에서 나타나는 잦은 진동은 뇌에 강하게 전달되고, 장기적으로 이 신호는 좀 더 정밀한 처리로 이어진다. 게다가 진동 경험이 '누군가 나를 생각하고 있다'라는 긍정적인 생각과 연결되면서 진동에 대한 기대는 더 한층 '뜨거워진다'. 기대와 경험의 이런 상호 작용으로 인해 실제적인 진동 느낌을 관장하는 뇌신경은 아주 작고 우연한 자극에도 진동과 비슷한 반응을 보일 수 있다. 몸의 표면에서는 실제로 그런 진동이 없는데도 말이다.

"스마트폰은 뇌 속에서 몸의 일부로 인지되고, 그로써 사지가 됐다."

뉴욕대학교 메디슨 스쿨의 윌리엄 바(William Barr) 박사가 한 말이다. 스마트폰은 이제 실제로 있지 않아도 있는 것처럼 느껴지는 몸의 일부가 됐기에 유령 감각이라는 말도 어쨌든 완전히 틀린 말은 아니다.

'유령 진동'이라는 말을 처음 사용한 사람은 시사평론가 로버트 존스(Robert D. Jones)다. 그는 2003년 12월 주간지 〈뉴피츠버그쿠리어(new pittsburgh courier)〉에 실린 한 기고문에서 허구적 심리학자의 입을 빌려 어떤 환자의 경험을 유령 진동 증후군이라는 용어로 표현했다.

"주인공 딜버트가 정신과 의사에게 말한다. 주말에 무선 호출기(일명 삐삐)에서 진동이 울린 것 같은 느낌이 들어서 메시지를 확인하려고 하는데 호출기가 없더라는 것이다. 정신과 의사는 그것이 테크놀로지 분야에서 일하는 사람들에게 자주 나타나고 치료도 되지 않는 유령 삐삐 증후군의 전형적인 사례라고 대답한다."

이어진 딜버트의 말은 웃음을 머금게 한다. 자신은 치료를 원하는 게 아니라 올바른 장소에서 진동이 울리길 원한다는 것이다. 어쨌든 이 예에서도 알 수 있듯 유령 진동은 스마트폰이 나오기 전부터 고민하던 현상이다.

그런데 이런 감각 장애는 수십억 명이 스마트폰을 사용하면서부터 심각한 문제가 됐다. 스마트폰과 유령 진동의 관계는 주스와 충치의 관계와 비슷하다. 사실 주스는 그 자체로 위험한 게 아니다. 하지만 수십억 명이 어린 나이에 당분이 많이 함유된 이 음료를 너무 많이 마시면 치아 건강에 좋지 않게 된다.

유령 진동에 관한 연구들

다행히 유령 진동에 관해서도 훌륭한 경험론적 연구들이 나와 있다. 모든 분야를 통틀어 오늘날 유령 진동을 가장 쉽게 확인할 수 있는 곳은 의료계다. 병원에는 무전기, 호출기, 스마트폰을 비롯해 수시로 삐삐거리거나 윙윙거리고, 웅웅거리는 작은 기기들이 넘쳐나기 때문이다. 이 기기들은 의료진에게 환자 상태를 알려주거나, 누군가에게 특정 메시지를 전달한다. 예를 들어 지금 병원 어디에서 긴급한 일이 발생했으니 누구누구는 빨리 오라는 내용이다. 병원 직원 169명 가운데 총

115명, 그러니까 68퍼센트가 열일곱 개 항목을 담은 질문지에서 한 번 이상 유령 진동을 경험했다고 답했다. 또 그중 68명은 진동 기능의 기기를 사용한 지 한 달에서 1년 사이에 그런 경험을 했다고 한다. 심지어 13퍼센트는 매일 진동 경험을 한다고 대답했다.

이 연구에서는 유령 진동의 빈도와 관련해서 경험 가능성을 높이는 네 가지 요소가 추출됐다. 우선 레지던트는 전공의보다 유령 진동을 50퍼센트 정도 더 자주 경험한다. 둘째, 진동 기기를 허리에 차지 않고 가슴 주머니에 넣고 다니면 그 효과는 3분의 2정도 더 강하다. 셋째, 진동 기기를 매일 6시간씩 몸에 지니고 다니면 유령 진동의 가능성은 30퍼센트 정도 뚜렷이 높아진다. 넷째, 진동 모드로 자주 맞춰놓는 것도 유령 진동의 가능성을 20퍼센트 정도 높인다. 이건 이상한 일이 아니다. 유령 진동의 현상도 결국 '학습되는' 것이기 때문이다. 다시 말해 습득한 경험과 기대에 뿌리를 두고 있다는 말이다.

이 조사에서 유령 진동을 경험한 사람 가운데 43명은 기기를 꺼버리거나 몸에 지니고 다니는 장소를 변경함으로써 유령 진동을 줄일 수 있었다. 하지만 질문에 답한 사람들의 대다수는 그런 시도를 하지 않았다. 유령 진동으로 특별히 불편한 점이 없었기 때문이다.[11]

2013년 과학 학술지 〈플로스원(PLoS ONE)〉에 실린 미국의 한 연구에서는[5] 젊은 의사 74명(여자 28명, 평균 나이 25세)에게 병원 생활을 시작한 첫 1년 동안 여러 차례에 걸쳐 유령 진동에 대한 질문을 던졌다. 유령 진동을 조사하기에는 이만큼 적합한 집단이 없었다. 이들은 직장 초년생이어서 민감성이 최대로 고조되어 있을 뿐 아니라 업무상 스마트폰 진동과 벨소리에 노출될 가능성이 무척 커서 유령 진동의 전제

조건이 제대로 충족되어 있기 때문이다. 병원 생활 초에는 그들 가운데 78퍼센트가 유령 진동을 경험했고, 3개월과 6개월째에는 그 수치가 96퍼센트와 93퍼센트로 훌쩍 뛰었다. 이후 이 비율은 다시 처음과 비슷한 수준(81퍼센트)으로 떨어졌다. 1년 동안의 병원 생활이 끝난 지 2주 뒤에는 50퍼센트만 유령 진동을 경험했다. 벨소리가 들리는 환청도 이와 비슷한 결과를 보였다.

앞서 언급한 바 있는, 대학생 290명을 상대로 실시한 드루인 박사팀의 연구에서는[2] 인성과 소셜 미디어 사용 습관 그리고 유령 진동 빈도 사이의 관련성을 조사했다. 전체적으로 보면 '성실성'의 인성적 요소는 유령 진동의 빈도를 감소시키고, 소셜 미디어의 과도한 사용 및 진동 느낌에 대한 감정적 반응은 유령 진동의 빈도를 증가시키는 것으로 나타났다.

정리해보자. 유령 진동 현상에 대한 한 개괄적인 연구[23]가 본질적 요소로 지목한 대목은 다음과 같다.

"지금까지의 연구로 많은 사람이 유령 진동을 경험한 것으로 확인됐지만, 그것을 크게 불편하게 여기는 사람은 별로 없었다. 유령 진동 현상이 여전히 진지한 연구 영역으로 진입하지 못하는 것도 그 때문일지 모른다."

그러나 스마트폰의 급격한 확산과 위험 및 부작용을 고려하면[13/14] 유령 진동도 확대경으로 좀 더 정밀하게 들여다볼 날이 머지않아 보인다. 그렇다면 이 증후군은, 다시 말해 유령 진동의 병적 현상은 몇 년 전 페이스북 우울증이나 스마트폰 사고 장애, 또는 정신의학적 관점에서의 디지털 치매 같은 심각한 장애의 경고 신호일 수 있다.

제10장

증강 현실의
명과 암

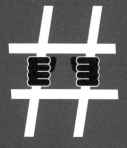

스몸비를 위한
최고의 아웃도어,
포켓몬 Go

'포켓몬 Go'는 2016년 7월에 출시된 스마트폰 무료 게임으로 몇 주 만에 전 세계적으로 큰 인기를 누렸다. 이 게임과 함께 증강 현실의 원칙이 처음으로 폭넓게 확산됐다. 실제 현실 속의 관광지, 랜드 마크, 특이한 대상들이 게임 세계의 배경으로 이용되고, 게임 세계의 작은 몬스터들이 실제 현실에 나타난다. 이것은 지금껏 시도된 적이 없었던 스마트폰의 여러 가지 기능의 조합으로 가능해졌다. 예를 들어 위성 내비게이션, 카메라, 나침반, 위치 센서, 인터넷 접속이 동시적으로 이루어지면서 카메라의 위치와 방향에 따라 자동으로 정보가 호출되고, 이정보들 덕분에 화면의 실제 배경 속에서 가상의 작은 몬스터들이 눈에 보이게 된다. 이 게임의 이름과 내용은 1996년에 처음 출시된 일본 비디오게임 시리즈로 거슬러 올라간다. 이 비디오게임에서는 작은 몬스터들(그래서 이름이 포켓몬이다), 그러니까 가상의 악령을 포획하고 수집하고 훈련시킬 수 있고, 훈련시킨 포켓몬을 다른 포켓몬과 싸우게 해서 승리한 사람의 신분이 가상의 위계질서에서 상승한다. 이름과 외모뿐 아니라 성격까지 각각 다른 151개 캐릭터로 이루어진 포켓몬 게임은 세계적으로 2억 개 넘게 팔렸고, 가장 성공한 비디오게임 중 하나가 됐다. 게다가 TV 시리즈, 18편의 영화, 카드 수집 게임 그리고 티셔츠와 인형, 스티커 등 돈벌이가 쏠쏠한 판촉 상품들까지 출시되어 있다.

디지털 수렵 채취

새로운 버전의 출시와 함께 수백 개로 늘어난 몬스터들의 명성에 기대어 새로운 포켓몬 Go 게임이 나왔다. 몬스터들을 '포획할' 수 있고, 포획하면 점수가 올라간다. 디지털 수렵 채취꾼들은 가상의 '알'을 모으고, 현실에서 모바일을 들고 이동함으로써 몬스터를 부화시킨다. 또한 몬스터를 '훈련시켜' 가상의 경기장에서 다른 몬스터들과 싸움을 붙일 수도 있다.

그렇다면 무료로 제공되는 이 게임은 어떻게 돈을 벌까? 캐시 아이템으로 돈을 번다. 디지털 수렵 채취꾼 즉, 게임자는 실제 돈을 게임 화폐로 바꾼 뒤 가상의 물건을 구입한다. 자신의 몬스터를 더 강하게 만들고, 생존 가능성을 높이고, 아울러 다른 게임자와의 싸움에서 한층 유리한 입지를 차지하게 해주는 아이템들이다. 포켓몬 Go는 출시된 지 일주일 만에 1,000만 번 넘게 다운로드됐고, 2017년 2월에는 다운로드 횟수가 6억 5,000만 번에 이르렀으며, 수익은 10억 달러를 넘었다.

무엇이 이 게임에 빠지게 만드는가?

사람들은 왜 이 게임을 하는가? 그 동기는 무엇일까? 사람들이 무엇으로 시간을 보내는지는 결코 하찮은 문제가 아니기에 이 두 질문도 유심히 따져보아야 한다. 한 사회에서 많은 사람들이 비슷하게 하는 것을 문화라고 부르는데, 문화는 공동체 구성원들에게 재차 영향을 끼친다. 그렇다면 포켓몬 Go라는 새로운 문화 현상의 등장 이후 발표됐던 연구들을 토대로 이 두 가지 질문의 답을 찾아보자.

중국과 미국의 한 합작 연구팀은 포켓몬 Go 게임자 262명(여자 45퍼센트, 평균 나이 30세)을 상대로 이 게임의 동기를 조사했다.[36] 설문 조사 결과 일곱 가지 동기가 나왔다. 괄호 속에 있는 것은 각각의 예다.

- 육체 활동(포켓몬을 잡으러 걷다 보면 건강에 도움이 된다)
- 재미(귀여운 포켓몬을 사냥하는 것이 즐겁다)
- 현실 도피(게임할 때는 모든 걱정을 잊을 수 있다)
- 향수(예전에 포켓몬 만화를 볼 때의 기억이 새삼 떠오른다)
- 우정(친구들과 함께 게임을 할 수 있어서 더욱 재미있다)
- 인맥(새로운 사람을 만날 수 있다)
- 성취감(더 나은 포켓몬을 얻는 것이 뿌듯하다)

그런데 좀 더 자세히 들여다보면 이 게임이 우정의 유지에는 도움이 되지만 대인관계를 새롭게 넓히기에는 적합하지 않음을 알 수 있다. 현실 도피든 향수든 외로움과 연결되어 있고, 특히 현실 도피는 낮은 사회적 소속감 및 낮은 삶의 만족도와 연관이 있다. 이런 관련성은 게임 중독에 관한 문헌들로 잘 알려져 있다. 현실을 잊으려고 게임하는 사람은 게임을 회피 도구로 사용한다는 것이다. 그런 사람은 문제를 해결하는 것이 아니라 오히려 문제에서 도망치려 하고, 그로써 문제는 점점 더 커지고, 그것은 행복의 감소와 불안, 스트레스, 우울의 상승으로 이어진다.

1,440억 걸음이나 더 걷게 만든다고?

포켓몬 Go 게임의 찬성론자들이 주장하는 핵심 근거는 야외에서 움직이면서 하는 게임이라는 것이다. 의사들도 현대인의 운동 부족 및 비타민 D 결핍과 관련해서[20] 이 게임을 환영하고 나섰다. 사실 처음에는 찬성론자들의 말이 맞는 듯했다. 마이크로소프트의 연구원 세 명은 2016년 12월 마이크로소프트 피트니스 손목 밴드를 착용한 3만 1,793명에 대한 연구 결과를 발표했다. 이들 중 마이크로소프트 검색기에서 '포켓몬 Go'를 검색한 결과에 근거해 이 게임을 하는 1,420명의 육체 활동 변화를 무작위로 선택한 통제 집단 5만 명과 비교했다.[1] 포켓몬 Go 게임자들의 하루 평균 걸음 수는 실제로 1,473보 증가했다. 게임을 시작하기 전과 비교하면 25퍼센트 이상 늘어난 수치다(참고로 이들의 하루 평균 걸음 수는 6,000보 정도로 WHO가 권고한 1만 보에 현저히 모자란다).[33/35]

"우리는 짧은 연구 기간에도 불구하고 포켓몬 Go가 전체적으로 총 1,440억 보를 더 걷게 함으로써 미국인의 육체 건강에 기여한 것으로 평가한다."[1]

뿌듯함이 묻어나는 연구자들의 결론이다. 심지어 이들은 포켓몬 Go가 미국인들의 수명에도 긍정적인 영향을 끼칠 거라고 보았다. 물론 이대로만 계속 간다면 말이다. 하지만 실상은 달라 보인다. 예를 들어

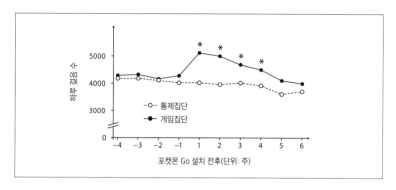

그래프 1 포켓몬 Go 게임의 설치 전후 몇 주에 걸쳐 게임자들 및 통제 집단의 하루 평균 걸음 수 변화[16]

하버드대학교의 과학자들은 비슷한 시기에 실시한 연구에서 다른 결과를 내놓았다.[16] 이들은 2016년 8월 1일부터 31일까지 아이폰 6를 사용하는 18~35세 미국인 1,182명을 상대로 온라인 설문 조사를 실시했다. 아이폰 6에는 스마트폰을 들고 다니면 자동으로 사용자의 걸음 수가 측정되는 기능이 장착되어 있는데, 이 걸음 수에 대해 조사했다. 연구자들은 참가자 가운데 포켓몬 Go 게임자 560명을 통제 집단인 비게임자 622명과 비교했다. 게임자들의 게임 설치 전 4주 동안 평균 걸음 수는 하루 4,526보였고, 같은 기간 통제 집단의 걸음 수는 평균 4,126보였다. 게임자들의 경우 게임 시작 첫 주에는 하루 걸음이 995보나 뚜렷이 증가했지만, 그 뒤로는 점점 줄어 6주째는 130보라는 경미한 증가치밖에 보이지 않았다(그래프 1).

그렇다면 포켓몬 Go도 다른 게임들과 상황이 달라 보이지 않는다. 게임은 원래 시간이 지나면 지루해지기 마련이라는 것이다. 게다가 연구의 방법론적 면에서도 게임 효과가 좀 더 부풀려진 측면이 있어 보인다. 설명하면 이렇다. 포켓몬 Go는 스마트폰 없이는 게임이 불가능하다. 그러나 다른 운동은 스마트폰 없이도 할 수 있고, 많은 경우엔 오히려 스마트폰을 떼어놓아야 한다(예를 들어 축구). 그렇다면 평소에 (스마트폰 없이) 숲과 공원으로 조깅하던 사람이 포켓몬 Go 게임을 다운로드한 뒤에도 계속 같은 운동을 한다면 그것이 포켓몬 Go로 인한 활동량 증가로 잡힐 수 있다. 이 경우 실제적인 활동량은 변하지 않았는데 측정치만 변한 셈이다.

누가 포켓몬 Go 게임을 하는가?

독일 한 연구팀은 2017년 초에 지금도 포켓몬 Go 게임을 하는 사람들은 어떤 사람들일까 하는 문제를 집중적으로 파고들었다.[27] 온라인 설문 조사에서 여전히 포켓몬 Go 게임을 하는 81명, 지금은 그만둔 56명, 포켓몬 게임을 한 적이 없는 62명에게 각각 게임 경험, 육체 활동, 게임을 하게 된 동기, 게임을 그만둔 동기 그리고 그들 자신의 성격에 대해 물었다. 이때 성격에 대한 질문지로는 개방성, 성실성, 외향성, 친화성, 신경증으로 이루어진 다섯 가지 기본 성격 모델(Big Five)을 이용했다(그래프 2).

결과가 보여주듯 포켓몬 Go 게임을 하는 집단은 다른 두 집단과 비교해 뚜렷하게 덜 움직이는 것으로 드러났다(그래프 2). 여기서 흥미로운 점이 있다. 게임자의 경우는 절반이 육체 활동에 관심이 많다고 답한 반면 그만둔 사람들의 생각은 완전히 달랐다. 즉 이들에겐 육체 활동이 게임의 동기가 아니었다(그래프 3). 아울러 포켓몬 Go 게임자는 거

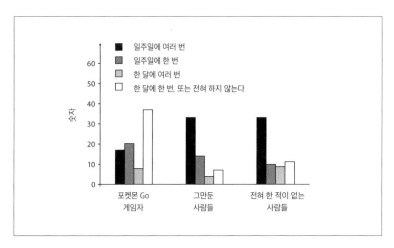

그래프 2　포켓몬 Go 게임자, 그만둔 사람들, 전혀 한 적이 없는 사람들, 이 세 집단의 육체 활동에 관한 자기 평가. 여기서 육체 활동은 30분 정도 땀이 날 정도로 운동하는 것을 기준으로 삼았다. 참가자들은 "일주일에 여러 번", "일주일에 한 번", "한 달에 여러 번", "한 달에 한 번 또는 전혀 하지 않는다" 이 넷 중에 하나를 선택할 수 있었다.[27/5]

의 모두 게임하기 전보다 자신이 몸을 더 많이 움직인다고 생각한 반면에 게임을 그만둔 사람들 중에는 예전에 게임할 때 그런 생각을 가진 이들은 절반에 그쳤다(그래프 4).

　이 결과는 이렇게 해석할 수 있다. 사람들은 이 게임을 할 때 자신이 몸을 더 많이 움직이게 될 거라고 스스로를 계속 설득하지만 결국 얼마 안 가 그렇지 않다는 것을 깨닫게 되는 것이다. 하우(Howe) 연구팀의 보고서가 증명하듯 게임자들이 몇 주 지나지 않아 포켓몬 Go 게임을 그만둔 것도 그 때문이다. 라셰(Rasche) 연구팀의 보고서에서도 예전에 게임을 했던 사람들이 게임을 그만둔 가장 큰 이유는 지루함이었다(57퍼센트).[27] 그 밖의 다른 이유로는 실망감, 기술적 문제, 사회적 상

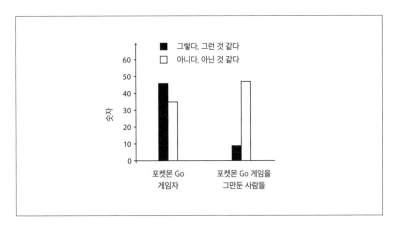

그래프 3　포켓몬 Go 게임자 집단과 게임을 그만둔 집단에게 게임이 육체 활동에 영향을 주었냐고 물었다. 답은 "그렇다", "그런 것 같다", "아니다", "아닌 것 같다" 네 가지로 이루어졌다.[27/6]

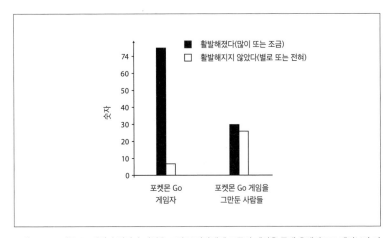

그래프 4　포켓몬 Go 게임자 집단과 게임을 그만둔 집단에게 그들이 게임을 통해 육체적으로 예전보다 더 활발해진 것 같으냐고 물었다. 답은 "많이 활발해졌다", "조금 활발해졌다", "별로 활발해지지 않았다", "전혀 활발해지지 않았다" 네 가지로 이루어졌다.[27/6]

호작용의 부족이 나열됐다. 인성적 요인이 게임에 미치는 영향은 밝혀지지 않았다.

전체적으로 보면 포켓몬 Go 게임도 건강 앱이나 스마트 건강 손목밴드처럼 사람을 더 많이 움직이게 해서 건강을 촉진하려는 방법들의 상황과 비슷해 보인다. 즉 처음 얼마 동안은 사용자들이 그 효과에 열광하지만 얼마 안 가 효과가 다시 떨어지는 것이다. 그렇다면 이런 도구의 사용으로 사용자의 행동 습관을 바꾸고자 하는 것은 터무니없는 일이다. 게다가 최근 연구에 따르면 처음의 중독 효과가 휙 지나고 나면 짧은 시간의 변화조차 남아 있지 않는 듯하다.

위험과 부작용

포켓몬 Go 게임에는 긍정적 작용은 없지만, 부작용은 아주 뚜렷하다. 게임이 출시된 지 며칠 지나지 않아 〈워싱턴포스트(The Washington Post)〉는 포켓몬 Go 게임자들의 부주의로 인한 골절 사고를 보도했다.[34] 의학 전문지에서도 포켓몬 Go 게임으로 인한 사고와 폭력 행위, 다른 안 좋은 효과들에 대한 보고가 이어졌다.

텍사스의 두 외과의사는 두 가지 사례 보고를 토대로 포켓몬 Go 게임의 위험성, 즉 '증강 현실의 암면(暗面)'(두 사람의 논문 제목이기도 하다)을 지적했다.[17] 첫 사례는 소형 화물차 사고였다. 19세 운전자는 화물칸에 승객 셋을 태우고 달리던 중에 건너편 도로변에 포켓몬이 있는 것을 발견하고 '잡으려다가' 핸들을 놓치고 말았다. 차량은 전복됐고, 운전자와 승객은 다쳤다. 두 번째 사례 보고에서는 58세 여성이 포켓몬 Go

게임을 하느라 앞을 보지 않고 걷는 사람을 피하려다 전봇대에 부딪혀 골반이 부러졌다. 이탈리아의 한 연구팀은[37] 최근에 한 보행자가 횡단보도에서 빨간불인데도 앞을 보지 않고 건너다 사고를 당한 사례를 보고했다. 보고서 저자들은 이 모든 상황에 대해 이렇게 총평을 내렸다.

"이런 사례 보고들은 스마트폰을 보면서 걷는 사람들이 사고 위험에 얼마나 쉽게 노출되어 있는지를 증명해준다. 특히 포켓몬 Go 게임을 하면서 걷는 사람들은 더더욱 위험한데, 이 게임은 매우 새로운 방식으로 사람들의 주의력을 분산시킨다. … 게임은 특히 젊은이들에게 주의력 저하로 이어질 수 있는데, 이것은 교통사고를 유발하는 주된 요소다."[37]

그런데 부주의로 인한 사고만 포켓몬 Go의 부작용이 아니다. 의사와 심리학자로 이루어진 미국의 한 연구팀은 이 게임의 또 다른 부정적 결과를 추가로 경고했다.[28] 게임에 필수적인 상시적 인터넷 연결뿐 아니라 아이템 구매로 상당 액수의 비용이 발생한다는 것이다. 이는 가족 간에 불필요한 갈등과 스트레스로 이어진다.

그 밖에 아이들이 범행에 노출될 위험도 있다. 예를 들어 아동성애자들은 포켓몬을 발견할 가능성이 있는 장소로 아이들을 유인할 수 있다. 저자들의 말을 직접 들어보자.

"근거리에 있고, 공동의 관심사가 있고, 거기다 게임자를 외딴 곳으로 유인할 수 있는 기능까지 더해져 포켓몬 Go 게임을 하는 아이들은 위험한 상황에 쉽게 빠질 수 있다. … 부모는 아이들이 인근의 낯선 어른들과 상호작용으로 생길 수 있는 잠재적 위험을 항상 조심해야 한다."[28]

한 곳에 사람이 집중적으로 많이 모이는 것도 소매치기 같은 범죄자들에겐 좋은 표적이 된다.

"현장 중심적 기능과 게임의 상호작용적 측면이 범행으로까지 이어진다는 것은 몹시 불안한 일이다. 얼마 전 이 게임으로 일급 강도 사건과 다른 범죄 사건이 일어났다. 범죄자들은 근처의 포켓몬 사용자들에게 연락할 수 있고, 아무것도 모르는 게임자들을 한적한 곳으로 유인할 수 있는 미끼 기능을 사용했다."[28]

일부 게임자들은 포켓몬을 뒤쫓다가 아무 생각 없이 남의 집 마당으로 들어가는데, 이것은 미국에선 집주인에게 총까지 맞을 수 있는 일이다. 또한 주변의 경고 표지판을 보지 못해 낭떠러지로 떨어지는 일도 있었다. 캘리포니아에서 젊은 남자 두 명이 포켓몬 Go 게임을 하다가 15미터 높이의 낭떠러지와 30미터 높이의 절벽 아래로 떨어진 것이다.[12]

병원과 학교, 유치원, 양로원, 또는 특별 보호가 필요한 사람들을 위한 공공시설에서는 몬스터의 출현을 막아야 한다. 그러나 의사들의 반복된 보고를 보면 안타깝게도 현실은 그렇지 못한 듯하다.[21/25]

정리해보자. 포켓몬 Go 게임이 육체적 상호작용을 촉진하는 수단으로 선전된다면 보건 당국이 이를 허용해서는 안 된다. 이유는 분명하다. 첫째는 육체적 건강 효과가 크지 않을 뿐 아니라 그조차도 시간이 지나면 빠르게 감소하기 때문이고, 둘째는 막대한 부작용 때문이다.

자연을 더욱 많이 접하게 된다고?

언론 보도뿐 아니라 의학 전문지에서도 반복적으로 거론되는 포켓몬

Go 게임의 긍정적 효과 중에 빼놓을 수 없는 것이 있다. 이 게임은 자연에서 이루어지기에 게임자들이 자연을 더 많이 접하고 자연과 더 많은 유대감을 느낄 수 있다는 것이다. 그러나 단순한 현장 보도뿐 아니라 과학적 연구들이 보여주듯 이는 사실이 아니다. 이 게임은 인간을 자연과 더욱 친밀하게 연결시키는 것이 아니라 오히려 자연으로부터 등을 돌리게 한다. 그에 대한 좋은 보기가 캐나다 생물학자 데이비드 스미스[29]의 짧은 기고문 "공원 산책"이다. 이 글에서 포켓몬 Go에 대한 처음의 열광은 차츰 환멸로 바뀐다.

"사실 나는 스마트폰 앱 하나가 그렇게 많은 사람들을 냉난방이 잘된 인공물에서 자연으로 끌어낼 수 있다는 사실에 깊은 인상을 받았다. … 신기한 것은 이 사람들이 생물의 다양성을 뒤쫓고 있다는 점이었다. 나 같은 생물학자로선 당연히 심장이 뛸 수밖에 없는 일이었다. 그런데 어느 순간 깨달았다. 그들이 관심을 갖고 있는 것은 진짜 생물의 다양성이 아니라 상상 속의 존재일 뿐이라는 사실을. 큰청왜가리한 마리가 게임자들로부터 열 걸음도 안 떨어진 강가에 내려앉았을 때 그걸 알아챈 사람은 없었다. 스마트폰에서 고개를 드는 사람도 없었다. … 그들은 그저 떼 지어 몰려다니면서 꽃과 덤불을 짓밟고, 새들과 다람쥐가 자기들 때문에 놀라 달아나도 전혀 개의치 않았다. 심지어 어떤 여자애는 못에 들어가 새끼 오리와 어미 사이를 실수로 갈라놓기까지 했다."[29]

이게 자연에 대한 관심일까? 이것을 보고 자연과의 접촉과 유대가 늘었다고 할 수 있을까?

2002년 〈사이언스〉에 실린 케임브리지대학교 과학자들의 한 연구

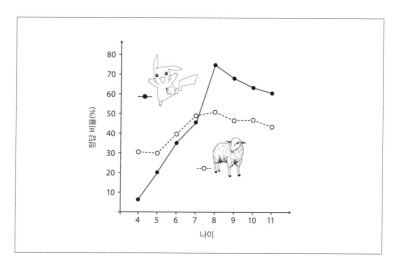

그래프 5 포켓몬스터의 이름을 제대로 맞힌 비율(직선 위에 검은 점으로 표시)과 실제 동식물의 이름을 제대로 맞힌 비율(점선 위에 흰 점으로 표시). 아이들은 8세부터 자연의 동식물보다 포켓몬을 훨씬 많이 아는 것으로 드러났다.[9]

는 당시에 이미 포켓몬 비디오게임이 자연에 대한 아이들의 지식에 부정적 영향을 주는 것에 많은 걱정을 했다. 다양한 연령대의 아이들이 동물 세계에 대해 아는 수준을 측정하기 위해 누구나 잘 아는 동물 또는 식물 카드 100장 가운데 열 장을 보여주면서 이름을 맞혀보라고 했다. 그런 다음 비교를 위해 100장의 포켓몬스터 카드 가운데 열 장을 보여주면서 마찬가지로 이름을 대보라고 했다. 조사에 참가한 아이들의 나이는 4세에서 11세까지였다(그래프 5).[10]

연구 결과는 그래프 5에 정리되어 있다. 4세 아이들은 평균적으로 동식물의 32퍼센트를 알고 있고, 이후부터는 아는 것이 점점 늘어나다가 8세에 53퍼센트로 정점을 찍는다. 하지만 그 뒤로는 지식이 완만

하게 줄어든다. 반면에 포켓몬스터는 다르다. 4세 아이들은 7퍼센트만 이름을 맞췄지만, 8세 아이들은 무려 78퍼센트나 이름을 제대로 알고 있었다. 이 나이부터 아이들은 전체적으로 동식물보다 포켓몬스터를 훨씬 많이 안다.

이 연구는 아이들이 초등학교에 다닐 때 주변 환경에 있는 많은 것을 아주 빨리 배운다는 것을 뚜렷이 보여준다. 다만 문제는 아이들의 뇌를 그런 것들로 가득 채워야 하느냐 하는 것이다. 보고서 저자들은 연구 결과에 대해 이런 평을 내놓았다.

"어쨌든 자연 보호 운동가들은 자신들이 보호해야 할 대상에 대한 관심을 아이들에게 불러일으키는 데는 포켓몬 개발자들을 한참 못 따라간다. 아이들은 초등학교 저학년 때부터 자연의 동식물보다 포켓몬을 훨씬 더 많이 안다. 상급 학교에 진학할 즈음에는 자주 언급되는 종의 이름을 절반도 대지 못한다. … 우리는 다른 연구들을 통해 자연에 대한 지식을 잃는 것이 결국 자연에서 멀어지는 길임을 안다. 인간은 대개 자신이 알고 가깝게 느끼는 것만 걱정하고 보살핀다. 전 세계에서 하루에 16만 명씩 늘어나는 도시 인구를 감안하면 아이들을 자연과 연결시키는 일은 꼭 필요해 보인다. 그래야만 미래 세대의 감정과 이성이 건강해질 수 있다."

자칭 진보적이라고 하는 일부 교육학자들은 아이들이 현실 대상과 친숙해지든 가상의 대상과 친숙해지든 상관없다고 주장하면서 방금 언급한 우리의 문제 제기에 재를 뿌린다. '아이들이 무언가를 배우고 거기서 재미를 느끼는 것이 중요하다'는 것이다. 그러면서 '부모들은 그런 것을 보고 기뻐해야지, 아이들에게 다른 어떤 것에 더 관심을 가지고 재미를 붙이라고 가르쳐서는 안 된다'고 덧붙인다. 이런 견해는 아이들에게 장기적으로 심각한 해를 끼친다. 자연 체험이 우리의 건강과 안녕, 사고, 사회적 행동에 얼마나 큰 영향을 끼치는지 증명한 많은 연구들을 보더라도 말이다.[32] 젊은이들에게 자연에 대한 기쁨을 박탈하고, 그로써 자연을 더 이상 있는 그대로 보지 못하게 하는 것은 무책임하기 짝이 없는 짓이다. 그것은 우리 젊은이들의 건강과 직결되는 문제이기 때문이다.

비판의 목소리

수년 전부터 언론에는 스마트폰으로 인한 부주의와 그 때문에 발생한 부상 문제가 자주 보도됐다.[31] 이 게임이 출시된 지 얼마 지나지 않아 언론에서 나온 비판들도 같은 맥락이었다. 예를 들어 "디지털 놀이 문화가 사람을 바보로 만든다"와 같은 기사들에서는 '소아증 증가 현상'으로 포켓몬 Go 게임이 자주 언급된다.[38] 다른 기사도 살펴보자.[19] "문명화의 끝: 포켓몬 Go와 테크놀로지를 통한 노예화"라는 제목의 기사는 '중독과 쾌락주의, 무지, 자기 통제의 부족'에 대해 말한다. 좀 더 들어보자.

"우리는 포켓몬 Go라는 미친 짓거리와 함께 새로운 수준의 퇴화에 이른 게 틀림없다. 인간들은 영화 〈스타 트렉(Star Trek)〉의 보그족 거주 지역과 같은 곳을 뛰어다닌다. 컴퓨터 시스템과 배후 이익 집단에 원격 조종당하면서 말이다. 그럼에도 인간은 중독된다. 공공의 삶은 침해되고, 진정한 소통은 질식된다. 고도로 발달한 테크놀로지가 다시 한 번 사람들 앞에 던져졌다. 사람들은 열광했지만, 사실 제대로 알지도 못하고 장악하지도 못하는 테크놀로지였다."

미국에서도 비판의 목소리는 점점 뚜렷해지고 있다. 문화 비평 월간지 〈애틀랜틱(The Atlantic)〉은 "포켓몬 Go의 비극"이라는 제목의 기사를 실었는데, 거기에 이런 대목이 나온다.

"현대 삶을 하나로 융합하는 사회적·기술적 잠재력의 최후 실현으로서 세계의 포켓몬화는 근본적으로 역겹기 짝이 없다."[11]

포켓몬 Go 논쟁에서 법적 문제가 별로 드러나지 않은 미국과는 달리 독일에서는 포켓몬 Go가 소비자 보호법을 위반하고 있다는 점이 특히 비판 대상으로 떠올랐다. 이 회사는 게이머의 실시간 위치 정보를 비롯해 게임 중에 드러난 온갖 행동을 수집해서 가공 처리한다. 그리고 이렇게 처리된 정보는 그것을 수집한 사람의 소유가 된다.

포켓몬 비디오게임이 출시됐을 때 벌써 책임 의식이 강한 부모와 교사, 교육자들은 이 게임의 위해성을 두고 경악했다. 2000년도 가족협회 회람에 이런 내용이 적혀 있다.

"부모, 교사, 교육자, 조부모, 친척뿐 아니라 모든 어른은 우리 아이들이 무방비 상태로 노출된 이 독에 맞설 방법을 찾아내야 한다. 일단 아이들에게 그 실상을 정확히 알려 주고, … 게임 영향으로 아이들의 심성이 얼마나 파괴될 수 있는지 설명하는 것이 필요해 보인다. 몇몇 교사는 그것을 이미 성공적으로 해냈다. 포켓몬에 빠진 아이들도 교사가 다음과 같이 설명하면 귀담아 듣는다. 그러니까 자신은 아이들이 좋아하는 것을 빼앗거나 못하게 하려는 것이 아니라, 교사로서 아이들의 삶에 해가 되는 것을 결코 용납할 수 없기에 이런 말을 하게 됐다고 말하는 것이다. … 그 밖에 아이들에게 의미 있는 여가 활동을 제시하고, 그 활동을 함께 해나가는 것도 훌륭한 방법이다. 요즘 아이들이라고 해서 자신의 발달을 촉진하고, 독립심과 관용, 배려, 협동심 그리고 다른 긍정적 품성을 키워주는 활동을 좋아하지 않는 것이 아니다. 틈만 나면 게임을 하는 아이라도 … 숲 속에 오두막을 짓거나, 텐트를 치고 캠프파이어를 하거나, 야간 산행을 하거나, 스포츠 활동을 하거나, 합창단에서 노래를 부르거나, 악기 연주하는 것을 얼마든지 좋아할 수 있다."

비판에 대한 비판

재미있는 건 이런 비판에 반응하는 주체가 해당 기업이 아니라는 것이다. 지금껏 산업계가 그런 실질적인 대응에 나선 적은 한 번도 없었다. 불안한 마음으로 아이들의 건강과 교육을 걱정하던 부모들의 이성적 비판을 마비시킨 것은 바로 자기애에 빠진 무책임한 교육학 교수들이었다.* 예를 들어 취리히대학교의 교육학 교수 위르겐 웰커(Jürgen Oelkerd)의 논리를 들어보자.

"포켓몬은 세심하게 구분해서 관찰해야 하고, 그러다 보면 아이들

---

* 이런 사람들을 어떻게 구별하느냐 하면, 정작 중요한 주제는 제쳐두고 계속 변죽만 울리는 것을 보면 알 수 있다. 예를 들어 2014년 "비디오게임이 어린 친구들에게 좋은 이유"라는 주제를 다룬 미국의 심리학자들의 한 논문[14]이 그렇다. 이 논문의 저자들은 게임이 아이들에게 좋은 점을 집중적으로 언급하더니 그것을 비디오게임도 결코 다르지 않다는 근거로 내세웠다.

은 집중하는 법을 배우게 된다. 게다가 아이들은 즐겁게 뛰놀면서 배우고 싶어 하는 새로운 기대 욕구를 갖고 있는데 그런 욕구를 망가뜨려서는 안 된다. 상업성과 결부된 이런 형태의 새로운 어린 시절은 이미 돌이킬 수 없는 대세가 됐다. 일반적으로 교육학적 비판은 항상 기술적 변화에 뒤이어 나오고, 새로운 테크놀로지의 무해성이 입증되지 않는 한 계속된다."[23]

이런 논리라면 이 세상 어떤 것도 무해한 것으로 포장할 수 있다. 하지만 부모들은 걱정한다. 특히 포켓몬 비디오게임 및 포켓몬 Go 게임의 근간을 이루는 폭력성 때문에. 두 게임의 핵심은 바로 연속되는 싸움이다. 몬스터들은 이 싸움을 통해 폭력성의 등급을 발전시켜나간다. 따라서 많은 학교에서 이 게임을 금지한 것은 충분히 이해가 간다. 이 부분과 관련해서 아카데믹(Academic) 웹사이트에는 다음과 같은 설명이 달려 있다.

"많은 교사가 금지의 핵심 이유로 꼽은 것은 포켓몬 수집 욕구에 휘말려 학교에까지 버젓이 들어온 절도와 폭력 행위였다. 예를 들어 지금껏 학교에서 일어난 강탈과 자해 행위만 1,999건이었다. 이에 대한 원인은 무엇보다 한 장당 30유로가 넘는 고가의 일부 카드였다. 교사들이 지목한 이 게임의 또 다른 금지 이유는 도박성이었다. 교사들은 아이들이 카드 따먹기 놀이에 정신이 팔려 점심시간에 밥을 안 먹을 뿐 아니라 쉬는 시간에 수업 시작 벨소리도 못 들을 정도라고 하소연했다."

웰커 교수 같은 사람은 이러한 관점도 쉽게 무시해버린다.

"폭력성에 대한 어른들의 불안도 … 상당히 부풀려져 있다. 사실 포켓몬 개발자는 처음부터 이 게임에 비폭력성을 심어놓았다. 몬스터들이 싸움에 진 뒤 죽는 것이 아니라 화면에서만 사라지고, 심지어 나중에 '치료' 과정을 거쳐 게임에 복귀할 수 있는 길을 열어둔 것이다."

이런 논리라면 한층 더 끔찍한 컴퓨터 게임의 폭력성도 얼마든지 무해한 것으로 포장할 수 있다. 이것은 게임 속의 폭력과 실제 폭력의 관련성에 대해 알려진 모든 지식에 따르면[7] 아무런 근거가 없는 주장이다.

정리해보자. 기술적으로 가능하고 경제적 이득이 된다고 해서 무엇이건 어린이와 청소년에게 마음대로 풀어놓아서는 안 된다. 문화를 만드는 사람은 아직 자신에게 무엇이 좋고 나쁜지 스스로 결정할 수 없는 아이들에게 책임감을 느껴야 한다. 좋지 않은 음식이건(음식 문화에서 이런 음식은 점점 입지를 넓혀 가고 있다), 좋지 않은 행동이건(아이들의 육체적 비활동성은 세계적으로 문제가 되고 있다), 아니면 좋지 않은 동영상 콘텐츠건(이제는 돈이 된다면 누구나 이런 콘텐츠를 온라인 공간에서 자유롭게 퍼뜨린다) 간에 말이다.

문화는 본질적으로 늘 규범의 역할을 해왔다. 문화란 인간이 현재 경험하고 행동하는 것만 반영하는 것이 아니라 어떤 경험을 하고 어떤 행동을 해야 할지에 대한 지침도 제공하기 때문이다. 문화는 건강해질 수 있다. 또한 교육을 촉진하고, 사회성을 높일 수 있다. 건강과 교육, 사회적 행동을 해치는 문화 상품, 특히 그것이 미래 세대와 관련된 것이라면 마땅히 거부해야 한다.

제11장

탈진실

지성의 몰락

정부의 지원으로 독일어 육성과 연구, 홍보를 담당하는 독일어협회에서는 1971년부터 '올해의 말'을 선정해오고 있는데, 2016년에는 'postfaktisch(탈진실적)'가 뽑혔다.

지금까지 선정된 올해의 말들을 살펴보면(표 1) 그때그때의 시대정신이 한 단어 속에 정제되어 있음을 알 수 있다. 말은 생물종처럼[7] 진화적 과정에서 생겼다가 사라지기를 반복하기 때문이다. 다시 말해, 새로 생겨난 창의적 단어들(생물학의 돌연변이에 해당한다)은 많은 사람들의 언어 사용에 자리를 잡음으로써(생물학의 자연선택에 해당한다) 현실에 적응하는 과정을 되풀이한다.

1971년의 젊은이들은 '반항적'이었고, 몇 년 뒤에는 사회 '현장'에서 뛰었다. 이들은 사회적으로 어떻게 행동해야 하는지를 배운 적이 없기에 10년 뒤에는 '팔꿈치 사회'*가 나타났다. '체르노빌'이나 '9.11'처럼

———— * 사회적 배려 없이 이기심과 경쟁에만 몰두해서 상대방을 팔꿈치로 밀치고 나가는 각박한 사회를 말한다–옮긴이.

표 1 1971년부터 2016년까지 독일에서 뽑힌 올해의 말

연도	올해의 말
1971	aufmüpfig 반항적
1977	Szene 현장
1982	Ellenbogengesellschaft 팔꿈치 사회
1986	Tschernobyl 체르노빌
1990	neue deutsche Länder 새로운 독일 주들
1991	Besserwessi 베서베시
1992	Politikverdrossenheit 정치 혐오
1995	Multimedia 멀티미디어
2001	11.September 9.11
2002	Teuro 토이로
2007	Klimakatastrophe 기후 재앙
2008	Finanzkrise 금융 위기
2010	Wutbürger 성난 시민
2011	Stresstest 스트레스 테스트
2015	Flüchtlinge 난민
2016	postfaktisch 탈진실적

막대한 사회정치적 파장을 낳은 재앙들도 올해의 말로 선정됐다. 그런데 은행에 대한 '스트레스 테스트'가 2011년 올해의 말에 뽑힌 것은 놀랍다. 그해에는 '후쿠시마'라는 훨씬 더 중요한 사건이 있었고, 그것은 독일 사회에도 정치적으로 큰 파장을 불렀기 때문이다. 독일은 그 사건을 계기로 원자력을 포기했다. 여러 추정에 따르면 최소한 7,000억 유로의 비용을 치러야 하는 결정이었다. 게다가 독일의 원자력 포기는 바덴-뷔르템베르크주에서 녹색당이 집권한 사건처럼 그때까지 없었던 새로운 정치적 현실을 만들어내기도 했다.

1990년의 통일은 독일에 '새로운 주들'만 선사한 것이 아니라 '베서 베시'*(1991년)와 '정치 혐오'(1992년)도 낳았다. 유로는 2002년 유로화의 전면적 도입으로 올해의 말에 쉽게 선정될 수 있었겠지만, 실제로 선정된 것은 유로 사용으로 사람들이 느끼고 경험하는 방식이라고 할 수 있는 '토이로'**였다. 가까운 과거의 사건은 올해의 말에 대한 토론이 필요 없을 정도로 많은 독자들에게 아직 생생하게 남아 있을 것이다. 이제 우리는 '탈진실적'이라는 말을 올해의 말로 갖게 됐다. 그러니까 특정 장소나 실상, 개념이 아닌 다른 무언가를 좀 더 자세히 규정짓는 단어가 올해의 말이 된 것이다.

'탈진실'은 무슨 뜻일까?

문제는 여기서 시작한다. 'postfaktisch'***가 무슨 뜻인지는 정말 중요하다. 단어 자체로 놓고 보면, '포스트(post)'는 라틴어에서 온 것으로 '~후'라는 뜻이다. 예를 들어 의학에서 'postoperative'는 '수술 후', 'postprandial'은 '식후', 'postictal'은 '발작 후', 'postcoital'은 '성교 후'를 뜻한다. 그렇다면 '진실 또는 사실 후'는 무슨 의미일까?

---

* '더 나은 서쪽 사람(Besserwessi)'이라는 뜻. 1990년 독일 통일 이후 동독 사람들을 얕잡아보는 일부 서독 사람들을 가리킨다―옮긴이.

** '비싼 유로(teuer-Euro)'라는 뜻. 2002년 유로화가 전면적으로 도입되면서 모든 물가가 비싸진 것을 가리킨다―옮긴이.

*** 영어권에서도 'postfaktisch'에 해당하는 'post-truth'가 올해의 말로 선정됐다. '예전엔 정치적 논쟁의 황금률로 통했던 진실이 이제는 쓸모없는 화폐처럼 평가절하됐다.' 한 신문 논설위원의 말이다(옥스퍼드 사전, 2016).

익히 알려져 있듯이 '현대 이후'를 뜻하는 '포스트모던(postmodern)'에서 힌트를 얻을 수 있다. 대략 1800년에서 1950년까지로 잡는 현대는 철학, 예술, 음악, 건축 같은 영역별로 시대 구분이 조금씩 다르지만, 이성의 이념이 지배하는 시대라는 점에서는 차이가 없다. 이성은 인간과 세계를 인식하고, 그와 함께 인간을 사고의 최종 기준으로 삼는다. 다시 말해 국왕 같은 예전의 절대적 권위와 'ㅇㅇ주의'로 대변되는 이데올로기, 또는 지상에 숱하게 존재한 신들이 아닌 이성과 사람이 세상의 중심에 서게 된 것이다. 이런 이성의 이념을 스스로 믿고 받아들인 사람은 그것을 위해 싸울 것이다. 처음엔 자신이 옳다고 느끼는 것을 생각할 자유를 위해, 다음엔 자신이 옳다고 생각하는 것을 행동으로 옮길 자유를 위해.

이성적 사고로 무장한 사람은 참된 것과 선한 것을 인식할 수 있고, 아름다운 것은 그런 인식 과정을 돕는다고 믿었다.* 또한 현대의 가장 중요한 프로그램인 과학은 보편적 진실, 즉 지식을 찾아냈고, 그와 함께 인간의 실존을 좀 더 근원적인 방식으로 만족시키고 보장하는 기술적 가능성을 만들어냈다. 그러나 물리학이 원자력발전소와 원자폭탄을, 화학이 비료와 독가스를, 생물학이 항생제와 대량 살상용 생화학 물질을 생산해내면서 지식이 자동으로 선(善)으로 이어질 거라는 믿음은 길을 잃고 말았다. 그렇다면 이성 중심의 인간 세상이 참된 것,

---

* 그렇다. 참된 생각과 선한 생각만 있는 것이 아니라 아름다운 생각도 있다. 예를 들면 진리, 도덕적 고결함, 감각적 체험(미학)이 긴밀하게 연결되어 있다는 생각이 그렇다. 또한 수학자 오일러(Leonhard Euler)의 공식 $e^{i\pi}=-1$ 같은 수학적 관련성이 얼마나 아름다운지 부정할 사람이 어디 있겠는가!

선한 것, 아름다운 것으로 나아갈 거라는 계몽주의의 프로그램은 오류였을까?

보편타당성의 상실

응용과학은 출산율 급감과 환경오염, 기후 변화 같은 문제의 해결에도 적극 나서고 있다. 오늘날엔 많은 사람이 이런 문제의 심각성에 공감하고, 인간 사회의 '진보'를 무작정 두 팔 들고 환영하는 대신 오히려 근본적인 의심과 함께 바라보는 것은 놀랍지 않다.

'현대'에 들어 과학의 비약적 발전과 함께 온갖 기술적 도구의 발명으로 인간의 삶은 식량, 에너지, 물, 운송, 의학, 교육 등 제반 분야에서 획기적으로 개선됐다. 하지만 그에 따른 부정적인 결과에 대해서도 많은 사람들이 비슷한 비중으로 분명히 느꼈다. 인구가 늘어날수록 가난이 늘어났고, 지식이 많아질수록 그 오용 가능성이 늘어난 것이다.

계몽과 이성이 얼마나 신용을 잃었는지는 다음을 보면 알 수 있다. 이성적 사고에는 참되고 아름답고 선한 것만 담겨 있는 것이 아니라 가난과 불행, 전쟁의 의미도 담겨 있었다. 누군가에게는 좋거나 아름다운 것이 다른 많은 이들에게는 나쁘고 추악한 것으로 드러났다. 그래서 미학과 가치는 19세기 말에 벌써 보편타당성을 상실했다. 정치적 논쟁에서는 무엇이 좋고 나쁜지, 무엇이 아름답고 추악한지를 두고 싸웠다. 다시 말해 가치에 대한 싸움이었다. 이 가치들은 막스 베버 같은 학자들에 의해 합리적으로 재건되어 민주주의적 의사 결정 기구인 의회에서 명맥을 이어갔다.

오직 사실(fact)만이 옳고 그름의 논쟁에서 벗어났다. 어떤 인식이 옳은지는 판결이나 거수로 결정되는 것이 아니었다. 그것은 곧 과학의 특성이었다. 다시 말해 과학은 언제 어디서건 옳은 것으로 인정받았다.

이런 인식도 포스트모던 시대엔 쓰레기통으로 던져졌다. 많은 지식인들이 반복해서 보편타당성의 '허구성'을 폭로했다. '실제로' 존재하는 것은 그때마다 적잖은 사람들이 믿는 다양한 '이야기(narrative)'일 뿐이라는 것이다(제7장 참고). 물론 이렇게 말하는 사람들에게도 문제가 있다. 자신이 거부한 보편타당한 진실을 자신의 주장과 함께 다시 요구하고 있기 때문이다. 그러나 이 문제는 '이야기'에다 인용부호(")를 붙임으로써 근사하게 처리할 수 있다. 내가 그런 게 아니라 남들이 그러더라는 것이다.

진실의 상대화

이로써 진실은 상대화됐다. 처음엔 조심스레, 나중엔 점점 더 대담하게. "대체 무엇이 진실한가?", "당신은 어떤 진실을 말하는가?" 1970년대 이후 관련 단체나 모임에서 많이 나왔던 질문이다.

고대 이후 사실과 진실 사이엔 하나의 관련이 있다. 오늘날 식으로 말하자면 실재와 그 언어적 표현의 관련성이라고 할 수 있다(사실은 실재하는 현실이고, 진실은 그 실재를 말로 표현한 것이다). 예를 하나 들어보자. "이 테이블 판은 녹색이다." 이 말을 들으면 대부분의 사람은(여기서 색맹이나 정신분열증 환자, 언어를 모르거나 이런 생각 놀이에 협력할 마음이 없는 사람은 제외하기로 하자) 초록색 상판을 얹은 테이블을 떠올린다. 그와 함께 이 말은 테이블이 빨간색이 아님을 분명히 말하고 있다. 그로써 어떤 관점에서는 푸르스름한 빨간색이나 불그스름한 녹색일 수도 있다는 사실은 배제된다.

이는 중요하다. 우리가 어떤 것을 다양한 관점에서 말하게 되면 모순이 생기기 때문이다. 만약 색상이 예쁜 옷을 보거나, 원자력의 이산화탄소 절감 효과를 확인하거나, 어떤 치료 방법의 긍정적 작용을 언급할 때면 나는 "이 옷이나 핵에너지, 치료 방법이 마음에 든다"고 주장하고, 디자인이 시원찮은 옷이나, 핵폐기물 처리 비용 또는 치료 방법의 부작용을 언급할 때면 "옷과 핵에너지, 치료 방법이 마음에 들지 않는다"고 주장할 수 있다. 여기엔 아무 모순이 없다. 그런데 "어느 사물을 동일한 관점에서 동시에 긍정하면서 부정할 수는 없다." 아리스토텔레스가 오래전에 내놓은 모순율의 원칙이다. 예를 들어 누군가 "x는 a다"와 "x는 a가 아니다"를 동시에 말한다면 그건 기본적으로 아무 말도 하지 않은 것이나 다름없다. 모든 진술, 예를 들어 "인간은 죽는다", "힘은 질량 곱하기 가속도다", "나는 지금 치통을 앓고 있다" 같은 진술은 각각 어떤 것이 이러저러하다는 것을 말하는 동시에 어떤 것이 이러저러하지 않은 것이 아니라는 사실까지 말하기 때문이다. 달리 표현하자면, 무언가에 대해 말한다는 것은 진실과 모순율을 받아들인다는 것을 의미한다. 그렇지 않으면 결코 말이 아니다. 아리스토텔레스는 그것을 이렇게 표현한다. 모순적인 주장을 펼치는 사람은 마치 나뭇잎이 바람에 소리를 내듯 말하는 시늉만 낼 뿐 실제로 인간의 말을 하는 것이 아니다. "그런 사람은 식물과 같다."[9]

덧붙이자면 아무것도 주장하지 않은 사람은 틀린 말을 할 일도 없다. 그래서 논쟁 중에 가끔 "이게 뭐가 틀렸어요?"라는 말이 나온다. 그렇다면 '진실-의견-감정-탈진실'로 이어지는 과정(영어의 예를 들면 'truth-truthiness/truish*-post truth-Trump')은 진실에서 거짓으로 향하는 것이 아니라 진실에서 거짓을 거쳐 '아무 말도 하지 않음'으로 나아간다.

아리스토텔레스의 말에 따르면 현재 미국 대통령의 많은 모순적 발언이나 트윗이 우리에게 실증해주는 한 가지 사실이 있다. 그는 식물 같은 인간이라는 것이다. 끊임없이 모순적인 말을 쏟아냄으로써 사실은 아무 말도 하고 있지 않기 때문이다. 그런 사람이 어떻게 대통령이 됐고, 지금도 대통령일 수 있는지 의아할 따름이다.

정신의학자들은 역사상 세상 사람들을 향해 말도 안 되는 소리를 목청껏 외쳐댄 정신병자들이 어느 시대건 있었음을 누구보다 잘 안다. 하지만 그들이 아무리 소리를 질러대도 그런 말에 귀를 기울일 사람은 많지 않았다. 그런데 현대 대중매체를 비롯해 무엇보다 페이스북이나 트위터, 유튜브 같은 소셜 네트워크를 갖춘 인터넷이 등장하면서 상황은 완전히 달라졌다. 누군가의 말도 안 되는 소리를 수백만 명이 듣게 된 것이다.

가짜뉴스의 범람

그런데 가짜뉴스의 확산은 인터넷 등장으로 인한 전파의 손쉬움만으로는 설명되지 않는다. 수백만 명에게 닿을 수 있는 대중 통신 수단은

---

* 사실과는 상관없이 자신이 믿고 싶은 것을 진실로 인식하려 하거나, 직감으로 무언가를 사실이라고 믿고 싶어 하는 심리-옮긴이.

인터넷이 나오기 반세기 전에도 존재했기 때문이다.* 그렇다면 오늘날 말도 안 되는 뉴스들이 믿을 수 없을 만큼 많이 생산되고, '좋아요'로 공감을 얻고, 트윗되는 현실은 어떻게 설명할 수 있을까? 그것은 거짓 정보, 즉 가짜뉴스가 거대 인터넷 기업들의 사업 모델이기 때문이다. 구글, 페이스북, 트위터는 광고로 먹고살고, 광고는 사람들의 관심을 필요로 하고, 관심은 다시 예상 밖이거나 이례적으로 보이는 뉴스로 쉽게 생성된다. 예를 들어 "교황이 임신했다"라는 뉴스는 두말할 필요 없이 터무니없지만, 이 제목을 본 사람은 궁금한 마음에 기사를 클릭하고, 그와 함께 누군가의 금고 속으로 돈 떨어지는 소리가 쨍그랑 들린다. 가짜뉴스는 공장 식으로 대량 생산되어 빠른 속도로 유포된다. 돈이 걸려 있기 때문이다(제4장과 제12장 참고).[5]

게다가 오늘날의 세상은 일상의 디지털화로 과거 어느 때보다 더 빠르게 변하고 있기 때문에 가짜뉴스를 찾아 그 정체를 밝히는 일은 점점 힘들어지고 있다.

"만일 내가 1년 전에 영국인들이 EU를 탈퇴할 것이고, 터키가 술탄 국가로 회귀할 것이며, 도널드 트럼프가 버락 오바마 후임으로 미국 대통령이 되고, 극우 정당인 독일을 위한 대안당(AfD)이 선거에서 두 자릿수 지지율을 획득하고 심지어 작센-안할트주에서는 제2당으로 도약할 거라고 예고했다면 아마 여기 계신 많은 분들이 피식 웃으면서 가짜뉴스라고 생각했을 겁니다. 하지만 방금 그것들은 모두 현실이 됐

---

* 이것은 라디오를 통한 나치의 성공적인 프로파간다와 제1차 걸프전쟁 이후 TV를 통해 대대적으로 전쟁을 '연출한' 사실만 떠올려봐도 알 수 있다.

습니다."

울름의 일간지 〈쥐트베스트프레세(Südwestpresse)〉의 토머스 브라크 포겔(Thomas Brakcvogel) 대표가 2017년 1월 21일 신년 축하연에서 한 말이다. 이로써 분명해졌다. 현재 우리는 세상이 부리는 온갖 희한한 곡예를 더 이상 의아하게 생각하지 말아야 하는 시대에 살고 있음이.

"인터넷으로 어떤 것을 검색해서 스무 개 의견을 찾았다면 어느 게 옳은지 어떻게 알 수 있나요?"

똑똑해 보이는 열여섯 살 고등학생이 최근 내게 던진 질문이다. 그 학생은 진실을 골라낼 가능성이 애초에 없어서 그런 시도조차 전혀 해 보지 않고 있었다. 이로써 200년 동안 지켜온 계몽이 무너졌다. 문화적 성취의 토대이자, 과학과 법, 경제, 복지, 건강, 민주주의 같은 제도의 근간을 이루는 계몽이. 그 아이의 말을 들었을 때 등골이 서늘해진 것 도 아마 그 때문이었을 것이다.

계몽이란 스스로 진실을 찾아나가는 것이다

이게 만일 아이들에게 일반적으로 닥친 일이라면 우리 사회의 근본 질 서는 위태롭다. 민주주의는 교육을 전제로 한다. 교육이 아니면 어디서 자기 의견을 스스로 만들어가는 법을 배우겠는가? 오늘날 무한히 넘 쳐나는 의견과 이미지의 홍수를 고려하면 시민들이 이런 수많은 정보 들 중에서 올바른 것을 선택할 수 있도록 공신력 있는 기관이 나서야 할까?

정치인 중에는 실제로 그렇게 생각한 사람들이 있는 듯하다. 2017

년 1월 15일에 보도된 독일 공영방송(ARD) 뉴스에 따르면 정부에서 '허위 정보 대책 본부'의 설립을 계획 중이라고 하니 말이다. 뉴스에서는 기자의 보도 외에 사진 자료까지 넣어가며 이 구상을 설명했다. 독일 동맹90/녹색당의 미하엘 켈너(Michael Kellner)는 이 시도를 말도 안되는 짓이라고 칭하며 '연방진실감독청'의 설립을 잘못된 방향이라고 못 박았다. 당연한 지적이다.

우리에겐 첫째, 진실감독청이 필요 없을 뿐 아니라, 둘째, 우리는 그런 관청을 원치 않으며, 셋째, 그것은 그 자체로 가능하지도 않은 발상이기 때문이다.

두 번째 이유와 관련해서 국가 검열이라는 말이 나오는 것도 이상하지 않다. 모두가 알고 있듯이 인류는 지금껏 국가 검열로 이보다 훨씬 더 나쁜 일들을 경험했다.

세 번째 이유에 대한 설명은 이렇다. 뇌는 다운로드를 하지 않는다! 오히려 (진실을 향한) 인간의 인식은 늘 점진적인 접근이다. 우리는 맨 먼저 무언가를 아주 조금 이해한다. 그것을 통해 우리는 좀 더 자세히 들여다보고 조금 더 잘 이해한다. 또 그것을 통해 관련성을 깨닫고, 그 관련성을 통해 다시 좀 더 자세히 들여다보면서 한층 더 많은 것을 이해한다. 이런 식으로 계속 이어진다. 이 과정이 바로 150년 전부터 이어져온 인식의 해석학적 순환이다. 이는 정신과학으로 충분히 연구됐고, 지금껏 누구도 이것을 오류라고 반박하지 않았다. 이런 과정을 안다면 어떤 명제에 대해 진실 스탬프를 찍는 일은 있을 수 없다. 예를 들어 '비가 온다'라는 문장을 써서 서랍에 넣어둔 사람은 이 문장의 진실성이 언제든 바뀔 수 있음을 안다(진실 문제와 관련해선 제7장 참고). 해석학적 순환에는 지름길이 없다.

어려운 점은 또 있다. 뇌는 논리적 단위들로 작업하는 것이 아니라 연상적으로 일한다는 것이다. 헤겔에 따르면 무언가에 대한 부정은 무언가에 대한 진술 뒤에나 나올 수 있다. 여기에 기초해서 안타깝지만 다음과 같은 일이 생긴다. 누군가 말한다. "X 씨는 아동성애자가 아니다"라고. 그런데 이 진술은 X 씨에 대해 할 수 있는 최악의 말이다. 겉으로는 X 씨에 대해 전혀 나쁜 말을 하지 않은 것 같지만, 순수 논리적으로 보면 'X 씨'와 '아동성애' 사이에는 하나의 연관이 만들어진다. 그래서 '아동성애자가 아니다'라는 말을 들으면 항상 특정한 연상이 떠오를 수밖에 없다. 게다가 인간은 원래 생각하는 것을 싫어하기에 그런 연상을 쉽게 떨쳐내지 못한다. "흰 곰을 생각하지 마라!"와 비슷하다. 어쨌든 X 씨가 아동성애자가 아니라는 말을 들으면 당신은 계속 이렇게 유추해나갈 것이다.

"최근에 X 씨한테 무슨 일이 있었지? 내가 뭘 까먹은 게 있나? 잠깐, 생각 좀 해보자. 혹시 그 사람이 어린애한테 몹쓸 짓을 했나?"

말은 일단 입 밖으로 나오면 저마다의 방식으로 흘러가기 마련이다.

"그런 말이 나온 걸 보면… 그래, TV에서 그런 말을 했을지도 몰라, 그랬다면 심각한 일인 것 같은데…"

사람은 대체로 이와 비슷하게 생각한다.

필터 버블이 만든 지성의 몰락

인간은 모든 문제를 진실감독청 없이도 어떻게든 잘 극복해나갈 수 있을 것이다. 그런데 나쁜 일이 더해졌다. 2009년 말 구글과 야후의 검색기는 이용자에게 개인별 '맞춤형 정보'를 제공하기 시작했는데, 이 조처의 결과는 최근에야 제대로 드러났다. 사실 이 조처는 처음엔 별 문제가 없어 보였다. 우리가 인터넷으로 검색한 것들을 검색기가 기록해 두었다가 그 정보를 바탕으로 나중에 다시 검색할 때 우리가 관심을 가질 만한 것들만 보여주기 때문이다. 이처럼 개인별로 필터링된 정보를 제공하는 것을 '필터 버블(filter bubble)'이라고 하는데, 그에 대한 연구는 벌써 많이 이루어졌다.[2/10] 이제 구글이나 페이스북, 야후가 어떤 특정 영역이나 대상에 우리가 관심이 없다고 판단하면 그것들은 우리의 인터넷 화면에서 아예 사라져버린다.

이처럼 정보 기술 영역에서 검색기에 자기결정권을 넘기는 것은 다음과 같은 고약한 결과를 낳는다. 가짜뉴스는 그것을 유포하는 사람의 배만 불리는 것이 아니라, 트럼프의 예가 보여주듯 그것을 만든 사람에게도 막대한 정치적 이득을 안겨준다. 어떤 주장과 그 반대 주장을 동시에 펼치는 쪽은 모든 사람을 만족시킬 가능성이 높기 때문이다. 이때 필터 버블은 뉴스 전달 과정에서 모든 이용자에게 각자의 세계상에 맞는 정보만 제공하는 것을 가능케 한다.

이런 상황에서 부와 정치권력이 개입해서 식물처럼 말하면, 그러니까 모순적인 주장을 펼치면 시스템의 근간에 이상이 생긴다. 더구나 아이들에게 생각하고 분별하는 법을 가르치지 않고 '무턱대고 일찍' 검색기 앞에만 데려다 놓음으로써 사물의 비판적 고찰에 필요한 독자적 사고와 지식 투입 능력을 박탈하면 필자 생각엔 지적 몰락도 그리 멀지 않은 듯하다.

우리는 매일 TV에서 지적 몰락을 본다.

"아, 당신은 당신만의 과학이 있군요."

이 말은 토크쇼에서 내가 여러 번 들은 말이다. 그때마다 나는 이렇게 대꾸한다.

"혹시 더 좋은 게 있나요?"

삶의 모든 영역이 지적 몰락을 겪고 있는 것은 아니다. 탈진실적 정치(이제는 미국만의 상황이 아니다)가 있고, 탈진실적 교육학(모든 것에 해당한다)이 있고, 가끔은 심리학적 상담 상황의 탈진실적 출구("그럼 이제 그만하시죠!")도 있다. 반면에 탈진실적 뱅킹(당신의 계좌는 은행장의 직감에 달려 있다)은 없고, 탈진실적 법(당신은 살인을 했지만 살인자가 아닐 수 있고, 그에 대해 처벌을 받거나 받지 않을 수 있다)도 없고, 탈진실적 의학("당신은 약간 임신했습니다")도 없다.

포스트모던 담론에서는 구체적인 핵심 내용이 없는 경우에만 배후에 깔린 진실 이론이 무엇인지 묻는다. "나는 임신했습니까?", "나는 암인가요?", "그 사람은 도둑이었나요?", "내 계좌에 아직 1,000유로가 있나요?" 등 이런 문제들에 답할 때는 어느 진실 이론이 깔려 있는지는 중요하지 않다. 대신 이런 경우는 사실(fact)로써, 그러니까 '탈진실'이나 '대안적 사실'이 아닌 있는 그대로의 사실로써 해명해야 한다.

하버드대학교 교수 질 리포어(Jill Lepore)가 이 장과 같은 제목의 논문[*]에서 언급한 것처럼 진실이라는 역사의 새 장이 정말 이런 '대안적

---

[*] "탈진실: 진실의 역사에서 새로운 장이 시작된다(After the fact: In the history of truth, a new chapter begins)"

사실'*이나 '탈진실'로 시작할까? 나는 그렇지 않다고 생각한다. 오히려 지금은 우리가 아는 것에 대해 깊이 생각할 시간이 됐다. 약국에서 진통제를 사거나 비행기를 타는 사람들은 그 약을 사도 될 만한, 그 비행기를 타도 될 만한 사실들이 이미 충분히 축적돼 있고, 그것을 받아들일 합당한 이유가 충분하기에 그렇게 한다. 그러니까 그런 사실들은 전문가들, 즉 우리가 과학자라고 부르는 사람들의 진실 검증을 수없이 거쳤다는 말이다. 물론 그렇다고 과학자는 오류에 빠질 수 없다는 말이 아니다. 다만 그게 오류라는 사실도 다른 과학자가 아니라면 누가 밝히겠는가?

정리해보자. 이젠 거짓말로 돈을 벌고 권력을 차지하는 일을 막을 시간이 됐다. 도널드 트럼프가 미국 대통령에 당선된 지 몇 개월 지나지 않아 〈사이언스〉나 〈네이처〉 같은 전문지에 진실을 지켜달라고, 필요하다면 진실을 위해 끝까지 싸워달라는 호소가 실린 것은 결코 우연이 아니다. 우리에겐 두 가지 차원에서 계몽이 필요하다. 첫째, 우리는 거짓 그 자체를 폭로해야 한다. 다시 말해 낱낱이 밝혀야 한다는 말이다. 둘째, 우리 문화와 사회의 근간을 이루는 계몽사상에 대해 좀 더 많은 존중심을 가져야 한다. 계몽은 모든 개인에게 자신의 경험과 사고를 사용해서 진실한 것과 아름다운 것과 선한 것을 깨달으라고 요구한

---

* 2017년 1월 트럼프 대통령 취임식 참석 인파 논란과 관련해 켈리앤 콘웨이 백악관 선임고문이 언급해서 화제가 된 말이다. 취임식에 참석한 인파가 오바마 때보다 훨씬 적었다는 언론의 지적에 사실과는 다른 내용을 '대안적 사실(alternative facts)' 이라고 포장하며 반론을 폈다—옮긴이.

다. 구글링이 아니라 자신의 힘으로 말이다. 이제 우리는 '탈진실'이라는 말을 통해 지적 몰락의 위기를 인지하게 됐다. 이를 잊으면 위기는 언제든 현실이 될 수 있다.

제12장

파괴적 혁신의
약육강식

파괴할 것인가,
파괴될 것인가?

"파괴의 물결이 밀려오고 있다."*

얼마 전부터 전문가 회의나 대중 매체, 토론장에서는 오늘날 디지털 테크놀로지의 특징과 관련해서 '파괴적(disruptive)'이라는 말이 자주 나온다(그래프 1). 그대로 번역하면 '갈기갈기 찢는다'는 말이다. 그러니까 혁신과 발명은 단순히 세상을 변화시키는 데 그치지 않고 기존의 세계 일부를 쓸모없는 것으로 만들어 갈기갈기 찢어놓은 뒤 놀라울 정도로 빨리 사라지게 한다는 것이다. 예를 들어 마차는 자동차에 밀려 역사의 뒤안길로 사라졌고, 레코드판은 CD에, CD는 다시 MP3와 아이팟(iPod)에 밀려 쓸쓸히 퇴장했다. 컴퓨터가 발명됐을 때 IBM은 이 기기를 위한 시장이 아주 작을 거라고 예상했다. '메인프레임(Meinframe)'이라고 불리는 대형 컴퓨터를 필요로 하는 곳은 세계적으로 많지 않을 거라고 생각한 것이다. 그런데 몇십 년 뒤 누구나 개인용 컴퓨터(PC)를

——— * IT 분야의 정보 제공업체 유로포럼(Euroforum)이 2016년 '파괴의 날. 최후의 생존 훈련'이라는 행사의 홍보 카피로 사용한 문구 (http://www.euroforum.de/disruptionday/whitepaper/?referer=QU:RGD&gclid=CJqtm43pi84CFUg8GwoduGwIow).

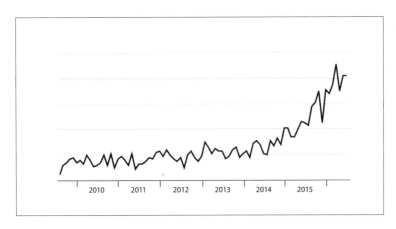

그래프 1 2009년 8월부터 2016년 7월까지 독일 미디어들이 'disruptive'라는 단어에 보인 관심 정도(구글 트렌드, 2016년 8월 2일에 다운로드)

갖게 됐고, 대형 컴퓨터는 사라졌다. 이런 맥락에서 자주 거론되는 또 하나의 예는 1892년에 설립된 코닥이다. 카메라와 영화 카메라, 필름, 인화지 및 다른 부속품을 생산한 이 회사는 세계적으로 큰 성공을 거둔 대기업이다. 게다가 1975년에 이미 세계 최초로 디지털카메라를 제작하기도 했다. 하지만 이 기기를 별로 탐탁지 않게 여기면서 전통적인 사진술에 다시 집중했다. 그 결과 오늘날 예전 모습의 코닥은 더 이상 존재하지 않는다.*

---

    * 오늘날의 코닥은 더 이상 카메라와 필름을 생산하지 않고, 전문 인쇄 영역의 제품만 생산한다. 2013년에 설립한 자회사 코닥 알라리스는 '틈새 상품'으로 필름과 인화지 생산에 주력하며 명맥을 이어가고 있다.

진화 대신 혁명

위의 예들에서 혁신은 기존 상품 및 기술의 계속적인 발전이 아니라 완전히 새로운 것의 창조였다.

"만일 내가 사람들한테 무엇을 원하느냐고 물어보았다면 사람들은 분명 더 빠른 말이라고 답했을 것이다."

헨리 포드의 이 언급*이 의미하는 바는 분명하다. 일부 혁신은 진화적 차원, 즉 기존의 것에서 새로운 것으로 서서히 변해가는 과정이 아니라 옛것을 완전히 뿌리 뽑고 새로운 것으로 대체하는 혁명과도 같다는 것이다. 다만 새로운 것은 디지털 기술에서 그 정도가 아주 심하다는 점이다. 디지털 기술을 통해 많은 옛것이 아주 빠르게 뿌리째 사라진다. 이 과정은 '파괴적'이라는 말로 표현되고 원칙적으로 무척 훌륭하고 바람직한 일로 여겨진다. 또한 이 표현은 한 과정('파괴적 혁신'), 한 영역('파괴적 테크놀로지'), 한 사물('파괴적 상품')과도 연결해 사용하고 있을 뿐 아니라 심지어 명사형까지 심심찮게 사용되고 있고(어떤 사람은 한 강좌의 내용을 '파괴를 뛰어넘는다'고 표현했다), 무엇보다 별 생각 없이 모든 가능한 영역으로 전이되기도 한다. 이제는 학교나 대학, 의학의 디지털화라는 말도 잘 사용하지 않고, '파괴적 교육'이니 '파괴적 대학'이니 '파괴적 보건 제도'라는 표현이 더 선호된다. 많은 사람이 이런 변화를 불가피하면서도 긍정적인 일로 받아들인다.

어쨌든 하버드대학교의 경제학자 클레이튼 크리스텐슨(Clayton M.

---
* http://www.henry-ford.net/deutsch/zitate.html.

Christensen)은 1997년《혁신 기업의 딜레마》와 이후의 다른 책들에서 그렇게 주장했다.[5] 그의 논거는 이렇다. 경영자들은 고객의 요구에 부응함으로써 한편으론 시장에서 수십 년 동안 회사의 성공을 일구어왔지만, 다른 한편으론 고객의 요구에 성실히 따름으로써 새로운 발전의 근본 동력을 잃게 된다는 것이다. 그 때문에 이전에는 '옳았던' 결정도 이제는 잘못된 결정이 될 수 있다(이 책의 제목에 담긴 딜레마도 바로 이것이다).

크리스텐슨은 1995년 동료 학자 조지프 바워(Joseph L. Bower)와 함께 〈하버드비즈니스리뷰(Harvard Business Review)〉에 발표한 "파괴적 테크놀로지: 흐름을 잡는 법"에서도 비슷한 맥락의 주장을 펼쳤고,[2] 그런 생각을 세계적으로 유포했다. 파괴적 테크놀로지는 보통의 점진적인 진화적 진보와는 달리 기존의 기술만 바꾸는 것이 아니라 전체 시장을 완전히 뒤엎은 다음 새 시장을 창출해내고, 옛것을 사장시킨다. 이때 새로운 파괴적 상품은 처음엔 옛것만큼 좋지 않을 때가 많다. 그래서 값싼 틈새 상품으로 출발하다가 한순간에 시장을 점령한다.

파괴할 것인가, 파괴될 것인가?

이 때문에 크리스텐슨은 종종 토머스 쿤(Thomas Kuhn)과 비교된다. 과학적 혁명에서 패러다임의 전환과는 달리 점진적이고 진화적인 정상과학(normal science)의 테제를 내세운 과학철학자이다.[8] 애플과 애플의 상품(그래픽 사용자 인터페이스, 아이패드, 아이폰)은 파괴적 혁신의 긍정적 보기로 자주 거론된다. 이 상품들을 보면 새로운 것이 낡은 것을 허물어뜨리는 것이 얼마나 훌륭하고 추구할 만한 일인지 똑똑히 알 수 있다.

그렇다면 파괴에 무게중심을 두어야 한다. 특히 자기 자신이 파괴되지 않으려면 말이다. '파괴할 것인가, 파괴될 것인가?' 이것이 이제 경영자들의 새로운 화두로 떠올랐다.

그런데 크리스텐슨의 주장에서 문제점은 새로운 무언가가 파괴적 혁신이 될지 안 될지는 항상 나중에야 알게 된다는 것이다. 그것을 확실히 예측하는 것은 불가능하다. 예를 들어 애플의 '뉴턴 메시지패드(Newton MessagePad)'는 많은 유익한 기능(예를 들어 손글씨를 읽어내는 기술)과 응용 프로그램을 장착한 완벽하게 새롭고 기발한 기기였지만 실패로 끝났다. 애플이 '디지털 개인 비서'라고 부른 뉴턴 메시지패드는 '모든 이를 위한 휴대용 커뮤니케이션 미디어'가 그 기획 의도였다. 애플은 1993년 8월에 이 기기를 이렇게 예고했다.

"뉴턴 메시지 패드는 '뉴턴 지능 테크놀로지'와 정교한 커뮤니케이션의 조합을 통해 당신을 친구나 동료와 연결시키고, 당신의 삶을 조직화하고, 당신의 생각을 발전시켜줄 것입니다. 순간순간 떠오르는 아이디어를 여기다 메모하십시오. 놓치고 싶지 않은 풍경을 재빨리 스케치하십시오. 편지를 포맷하고 출력하십시오. 당신의 PC와 정보를 공유하고 연계하십시오. 팩스를 보내십시오. 자료와 뉴스를 불러내십시오. 온라인 서비스나 이메일을 이용하십시오. 내장된 적외선 테크놀로지로 동료들과 명함 교환도 가능합니다. 능력은 뛰어나지만 무게는 1파운드도 안 되는 이 디지털 개인 비서는 당신이 어디를 가건 호주머니나 서류 가방에서 당신의 명령을 기다릴 것입니다."[15]

하지만 이 기기는 애플로 복귀한 스티브 잡스에 의해 도입 5년 만에 생산이 중지됐다.

게다가 크리스텐슨이 든 '사례들'은 자의적으로 선택됐고, 기업들이 어떻게 해야 성공할 수 있는지를 보여주는 것이 아니라 어떻게 하니까 실패하더라는 과정만 주로 보여줬다. 만일 그의 말이 경영자가 모든 것을 똑바로 했는데도, 다시 말해 고객의 요구에 부응하고 상품을 계속 발전시켰는데도 언제든 실패할 수 있다는 뜻이었다면 그건 우리 모두가 오래전부터 알고 있는 내용의 반복일 뿐이다. 그런 기업은 그냥 운이 없었던 것이다.

그래서 크리스텐슨이 조성한 380만 달러 규모의 '파괴적 성장 투자 펀드'가 설립된 지 1년도 안 돼 파산한 것은 이상하지 않다. 또한 2007년에 그가 아이폰을 '애플의 실패작'이라며 헛다리를 짚은 것 역시 이상한 일이 아니다. 그럼에도 그는 2011년 자신의 책 재판 서문에서 '파괴 이론은 여전히 상당히 정확한 예측을 제공한다'고 썼다.[7] 자부심만큼은 정말 대단하다. 자기비판이 따라가주지 못해서 그렇지. 그런데 흥미로운 것은 이 책의 경험적 토대가 허술하기 짝이 없음에도, 논거가 허약하고 진부하기 짝이 없음에도, 게다가 실용성까지 명백하게 떨어짐에도(비근한 예로 만일 의사가 "이후의 경과를 보고 진단을 내리겠다"고 말하면 당신은 그 의사를 어떻게 생각하겠는가?) 온 세상이 입에 침이 마르도록 이 책을 칭찬한다는 사실이다.*

—— * 〈블룸버그(bloomberg)〉, 〈포브스(Forbes)〉, 〈월스트리트저널〉 같은 언론사의 홈페이지에 가면 누구나 확인할 수 있지만, 이 책에 별 다섯 개 평점이 많이 달려 있는 것을 보면서 필자는 그 이유가 단 하나라고 생각한다. 경영자와 경제 전문가들은 명백하게 바보 같은 구상을 판별해낼 능력이 없고, '새로운 것은 무조건 좋다'는 사고에 매몰되어 있고, 거기다 남들이 좋다고 하면 쉽게 따라가는 집단이라는 것이다. 그들에게 정확한 분석과 비판적 사고는 찾아볼 수 없다!

왜 그럴까?

좀 더 정밀하게 들여다보면 파괴성의 문제에서 핵심은 디지털 정보 기술과 그것이 사회와 경제, 개인에게 미치는 파장이다. 과거에 이 파장은 장밋빛 일색으로 그려졌다. '디지털 혁명'이 우리에게 혁신과 성장, 일자리, 부, 행복을 가져다주리라는 것이다. 그것도 가까운 미래에 말이다. 그러나 현실은 달랐다. 디지털 회사들의 첫 거품이 꺼지면서 내실을 다지는 시기가 찾아오긴 했으나, 거기서 노다지를 캘 수 있을 거라는 기대는 이미 사라진 상태였다. 지난 15년의 경제 자료를 자세히 들여다보면 디지털화가 이루어진 서구 선진국에서는 국내 총생산량과 생산성, 임금이 1980년대와 1990년대에 비해 아주 조금만 성장한 반면에 실업자 수는 장기적으로 늘어난 것을 알 수 있다. 게다가 창업하는 기업의 수는 역주행한 반면에 회사에 고용된 직원의 평균 나이는 높아졌다.[17] 경제계와 정치계는 이런 사실들을 철저히 무시했다. 예를 들어 2016년 독일 경제에너지부는 한 홍보 책자에서 디지털화로 새로운 일자리가 늘어날 거라고 대대적으로 선전했다. 그렇다면 당연히 이런 의문이 일어날 수밖에 없다. 그런 낙관적인 전망은 대체 어떤 자료를 기반으로 하고 있는가? 그리고 디지털화로 사라지는 일자리의 상황은 어떻게 되는가?*

---

* 이것은 아주 심각한 문제다. 예를 들어 페이스북이 2014년 자신의 경쟁자 왓츠앱을 160억 달러가 넘는 돈을 주고 샀을 때 왓츠앱의 직원 수는 불과 55명이었다. 서유럽 정부들은 차량 공유 서비스인 우버(Uber)의 창업을 허락하지 않았다. 이 사업은 기존의 택시업계를 어렵게 하고, 수십만 명의 택시 기사를 실업자로 만들기 때문이다.

파괴적 혁신이 가져올 사회적 다윈주의

기술적 진보가 사람들에게 어떤 영향을 끼칠 수 있는지 알고 싶다면 게르하르트 하웁트만(Gerhart Hauptmann)의 희곡《직조공》을 읽어보기 바란다. 1892년에 출간된 이 사회극은 1844년의 슐레지엔 직조공 폭동을 다루고 있다. 이 폭동은 중세 후기부터 19세기에 이르기까지 독일 초기 산업시대의 폭동 가운데 최초도 아니고 가장 격렬한 것도 아니지만, '1848년 3월 혁명'의 관점에서 보자면 홍보 효과가 큰 사건이었다.[18] 하웁트만이 인상적으로 표현한 것처럼 폭동을 일으킨 사람들은 굶주림에 시달렸고, 수직기(手織機)에 제품 생산을 의지하고 있어서 시장 권력 면에서도 기계로 생산하는 사람들에게 형편없이 밀렸다. 기계를 가진 사람들은 시장에서의 독점적 지위를 무자비하게 활용했고, 그로 인해 섬유 제품의 가격은 수직기 직조공들이 야간 노동과 아동 노동으로도 상쇄할 수 없을 만큼 급락했다. 결국 기술적 진보의 직격탄을 맞은 사람들은 빈곤과 굶주림에 빠질 수밖에 없었다.

게르하르트 하웁트만이 강렬하게 묘사한 이 기술 발전은 오늘날 우리가 '파괴적 혁신'이라고 부를 만한 예다. 하웁트만의 작품은 시대를 넘어 무자비한 몰아내기 경쟁으로 인한 사회적 결과를 떠올리게 하고 숙고할 거리를 던지면서 '파괴성'이라는 개념에 담긴 비열한 의미를 폭로한다. 이 개념으로 경제적 발전은 지적으로 매력적이고, 동시에 도덕적으로 중립적이라는 인상을 주지만, 실제로는 공동체의 근간을 뿌리째 흔들 뿐 아니라 공동체를 급속도로 파괴한다. 기본적으로 이 개념은 열광적 분위기에 힘입어 별로 좋지 않은 것을 좋은 것으로 만든다. 또한 '현대적' 발전 흐름을 인지하지 못하는 사람들에게 어떤 일이 벌어지는지 보여주고, 테크놀로지의 발전을 체질적으로 거부하는 보수적인 사람에게는 바로 그런 태도 때문에 운명의 저주를 받는 거라고 외치기도 한다. 다시 말해 '영원히 어제만 사는 사람'은 기술적 진보에 의해 파괴되고, 그건 현대 테크놀로지의 '파괴성'을 이해하지 못한 본인의 책임이라는 것이다. 패배와 자기 책임, 이게 바로 파괴의 메시지다. 복잡한 경제적 관련성과 결과를 이렇게 단순 논리로 환원하는 것은 정말 비열하기 짝이 없다.

따라서 필자가 보기에 디지털 파괴성의 토론에서는 뚜렷이 읽을 수 있는 한 가지가 있다. 일부 경제계 엘리트들의 지적·도덕적 붕괴가 그것이다. '파괴성 이론'이라 불리는 것은 사실 이론이 아니다. 어떤 형태의 예측도 허락하지 않고, 실제로 응용할 수도 없기 때문이다. 이 이론, 아니 이 의견은 디지털 IT 부문에서 활동하는 일부 회사들의 절망적인 경제적 상황에서 동인을 얻는 것이 분명해 보인다. 사업상의 이득을 위해서라면 타인의 신뢰를 얼마든지 이용할 수 있고, 어떤 거짓말이나 행동도 거리낌 없이 할 수 있는 회사들이다. 사람들은 파괴성 의견을 이용해 마치 세상의 모든 회사를 두 부류로 나눌 수 있을 듯이 군다. '파괴하는 기업'과 '파괴되는 기업'이 그것이다. 이런 생각에 필요한 감정은 일부러 부추기거나 도발된다. 테크놀로지에 대한 '선경지명'의 부족으로 자신이 완벽하게 몰락할지도 모른다는 불안이 그것이다. 이 불안은 모든 디지털 기업에 만연하는 기저 감정이 됐다.

"실리콘 밸리에서 파괴에 대한 믿음은 거의 종교적인 수준으로 자리 잡았다. 파괴하는 것은 무엇이든 좋다. 반면에 파괴를 방해하는 것

(예를 들어 샌프란시스코의 택시업체나 지방의 일간지들)은 무엇이든 사라져야 마땅하다."

〈하버드비즈니스리뷰〉의 수석 발행인 저스틴 폭스(Justin Fox)[8]가 단정적으로 내뱉은 말이다.

"함께하든지 아니면 1~2년 안에 사라지든지!"

파괴를 자랑스럽게 생각하고, 불안을 공공연히 조장하는 테크놀로지의 구루들이 우리에게 던지는 메시지다. 파괴적 발전에 불안을 느끼고, 그래서 망설이는 사람은 얼마 지나지 않아 바로 몰락한다고 해도 그건 망설인 본인의 책임이다.

새로운 발전의 옹호자들은 '파괴'라는 말로도 모자라 '폭발'이니, '빅뱅'이니, '파멸적 혁신'이니 강도가 더 센 말들을 주거니 받거니 내세운다.[12] '파괴'라는 말을 맨 처음 만들어냄으로써 이런 상황에 공동 책임을 질 수밖에 없는 크리스텐슨은 여기서 한걸음 더 나아가 최근에 나온 두 권의 책에서 파괴성의 이념을 중등학교와 대학에서도 가르쳐야 한다고 서슴없이 주장한다.[6/7] 사실 지적으로 불성실하고, 도덕적으로 지극히 의문스러운 논거에 대한 예를 찾는 것이 아니라면 굳이 읽을 필요가 없는 이 두 책은 종이가 아까울 정도다.

이 책들에서는 학교와 대학에서 디지털 미디어가 차지하는 위상에 대해 더욱 과장된 주장이 모호하고 비실용적인 방식으로 반복되고 있다. 게다가 경제 전문 용어가 많이 등장해 읽기조차 쉽지 않을 뿐 아니라 저자들이 지금 무슨 이야기를 하고 있는지 스스로도 모르는 것 같은 인상까지 받는다. 덧붙이자면 대학들이 새로운 과목들을 '파괴적'이라고 자랑스럽게 선전한다면[*] 그건 학술적 가치나 그 생각의 도덕성을 드러내는 것이 아니라 안타깝지만 그저 해당 대학들의 수준만 말해주고 있을 뿐이다.**

19세기에 널리 퍼져 있던 진화에 대한 통속적인 생각, 그러니까 인간을 '원숭이에서 갈라져 나온' 존재로 이해하고, '잡아먹거나 잡아먹히는 것'을 진화 법칙으로 상정한 것은 불충분한 이론으로 판명됐다. 아니, 불충분한 것에 그치지 않고 지나친 단순화의 오류로 위험하기까지 하다. 잡아먹히지 않으려면 잡아먹어야 한다는 것이 인간의 본성이라면 어떤 형태의 공격성도 정당화될 수 있기 때문이다. 그래서 지난 세기에 이미 다양한 측면에서 그런 사회적 다윈주의***(최악의 형태를 독일인들은 이미 겪었다)에 대한 반론이 성공적으로 제기됐다. 심지어 경제학자들 사이에서도 지난 몇십 년 사이 원활한 경제적 공존에 절대적으로 필요한 요소가 공정성과 신뢰라는 인식이 뿌리를 내렸다.[10]

따라서 이성적 사고 능력이 있는 사람이라면 누군가 파괴를 이야기하는 순간 경종을 울려야 한다. 불안을 부추기는 사람은 현재 시대적 대세를 타고 편안하게 흘러가는 듯하지만, 실은 자신이 얼마나 기만당하고 있는지 알지 못하고 다음과 같은 자신의 직감에만 의존한다. '사람들이 점점 불안해하는 걸 보니 파괴성을 주장한 내 말이 옳은 게 분명해!'라고 생각하면서 사람들의 불안을 자기 생각의 옳음에 대한 확

---

* 예를 들어 서던캘리포니아대학교(USC)는 '파괴성'이라는 분과를 신설했다.[12]
** 이 분과의 설립 1년 뒤 USC에서 일어난 일련의 과정이 그것을 극명하게 보여준다.[16]
*** 찰스 다윈의 생물 진화론을 자연과 사회의 차이를 무시하고 인간 사회에 그대로 적용한 이론. 독일 나치의 이념에도 그대로 투영됐다-옮긴이.

증으로 받아들인다.

덧붙이자면, 인간의 역사에서 사람들을 조종하는 데 불안을 이용한 사례는 아주 많다. 대표적인 예가 불안으로 나라를 다스린 독재자들이다. 그런데 잘 알려져 있듯이 요즘은 몇몇 정부 수반뿐 아니라 세계에서 가장 큰 IT 기업 수장들도 그런 부류에 속한다. 필자는 디지털 파괴성에 관한 세간의 일반적인 토론을 보면서 여기에도 거대 기업들의 엄청난 로비력이 미치고 있음을 확인한다. 그들이 원치 않는 비판의 목소리는 어디서도 들리지 않는다. 생각해보라. 지금껏 애플과 구글, 마이크로소프트가 우리의 일자리를 없애고, 우리의 행복과 건강을 해친다는 이야기를 듣거나 읽은 적이 있는가? 파괴적 혁신을 주창하는 사람들은 이윤이라는 음험한 이유에서 세상에 불안의 씨앗을 뿌린다. 자신들이 만든 소프트웨어와 하드웨어, 또는 상품 아이디어를 팔아먹기 위해서다. 그들의 논리는 구식에다 온당치 않다. 그들은 우리 선조들이 애써 구축해놓은 공존과 신뢰의 문화를 망친다.

정리해보자. 예부터 경제적 변혁은 늘 승자와 패자를 낳았다. 하지만 파괴적 혁신이라는 말로 막대한 이익을 얻은 IT 기업만큼 뻔뻔한 승자는 없었다. 그들은 불안을 퍼뜨리고, 불안은 이성적 사고를 마비시키고 인간 사회의 공존과 신뢰를 망가뜨린다. 남는 건 광고 목적으로 연출된 속임수와 떠들썩함, 표면적 열광, 거짓으로 꾸민 행복이다.

제13장

디지털 시대의 생존

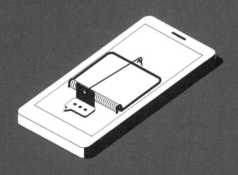

불안은
돈이 된다

디지털화는 기술적 진보고, 기술적 진보는 지난 200년 동안 우리의 삶과 수명을 획기적으로 개선했다. 우리는 기술적 진보를 이용해 우리를 풍요롭게 만드는 법을 배웠다. 늙고 병들고, 일자리를 잃은 사람도 사회의 도움으로 생존을 보장받을 수 있게 됐다. 우리가 얼마나 대단한 성취를 이루었는지는 외국과 비교하면 좀 더 뚜렷이 알 수 있다. 선진국 미국에서조차 전 국민 의료보험을 실시하자는 말이 나오면 의원들은 '세상의 종말(아마겟돈)'을 외치며 격렬히 반대한다. 우리의 입장에서는 도무지 이해가 안 되는 일이다.

우리는 새로운 테크놀로지의 사회적 영향 외에 우리 자신에 대한 직접적인 영향도 규제할 줄 알게 됐다. 1895년 X선이 발명된 이후 사람들은 파티장에서 이 광선을 서로에게 쬐며 놀았지만, 오늘날에는 X선 사용에 대한 엄격한 규정이 마련되어 있다. 항공과 도로 교통, 의료계의 사정도 비슷하다. 기술적 진보가 사람들에게 해가 되지 않기 위해 모든 것이 명확하게 규정되어 있다. 냉장고, 백열전구, 자동차, 페니실린, 비행기 할 것 없이 진보는 사람들의 환호를 받았다. 오늘날의 진보는 디지털화의 옷을 입고 우리를 찾아왔다. 그것도 불안을 대동한 채로. 예를 하나 들어보자.

정장 차림에 말쑥한 연회색 서류가방을 든 한 40대 남자가 박물관의 한 거대한 동물 뼈 앞에 서서 앙상한 동물을 물끄러미 바라보고 있다. 남자는 뒷모습밖에 보이지 않지만, 외관상 회사 경영자나 은행가로 추정하기에 충분해 보인다. 옆에는 이런 문구가 적혀 있다.

"진화는 막을 수 없어. 그렇다면 나는 내 회사를 디지털 시대에 적합한 회사로 만들어야 해."

그림 밑에는 "우리는 독일 중소기업의 디지털화를 지원합니다"라는 글귀와 함께 은행 이름이 적혀 있다. 그러니까 은행의 홍보용 포스터다.[1]

나는 이 포스터를 취리히와 뮌헨 공항에서 보았다. 번쩍거리는 대형 포스터는 무척 중요한 곳에, 그러니까 취리히 공항에서는 도착 직후 맞닥뜨리는 곳에, 뮌헨 공항에서는 출발 전 보안 검색대를 통과하면 바로 보이는 곳에 부착되어 있어서 이것을 보지 않고 지나치기란 쉽지 않다. 사업가들은 주로 비행기를 타고 부지런히 세계를 돌아다닌다. 이런 측면에서 포스터 부착 장소는 상당히 의미가 크다. 이 포스터는 사업가들이 즐겨 읽는 신문, 특히 경제지 광고 지면에서도 심심치 않게 찾아볼 수 있다.

그렇다면 포스터가 전하는 메시지는 무엇일까? 그림 자체도 그렇지만 내용도 무척 의미심장하다. 생물학의 근본 개념인 진화는 5억 년 전부터 엄청나게 다양한 생물종을 창조해낸 일련의 과정을 이른다. 그 중 많은 종이 오늘날엔 더 이상 남아 있지 않다. 멸종됐거나 새로운 생물종으로 대체됐다. 진화 과정을 통해서 말이다. 포스터 속의 사업가는 그 점을 숙고하는 듯하다. 한 동물, 그러니까 예전에 이 땅에 살았던 동물의 뼈를 물끄러미 바라보고 있기 때문이다. 이 동물은 단순히 죽은 것이 아니라 멸종됐다. 박물관의 설명서와 포스터 글귀에 따르면 말이다. 진화는 걷잡을 수 없이 진행된다. 그걸 유념하지 않은 생물은 도태된다. 아무리 공포를 자아낼 만큼 무섭고, 누구한테도 지지 않을 것 같은 생물이라고 하더라도 말이다. 진화는 무척 천천히 진행된다. 그 때문에 진화사 속의 시대는 과학적으로 수백만 년 단위로 분류된다. 공룡은 백악기 말, 그러니까 약 6,600만 년 전에 멸종됐다. 백악기는 1억 4,500만 년 전에서 6,600만 전까지를 이른다.

적자생존의 불안

앞의 포스터는 새로운 '디지털 시대'가 열리고 있고, 모든 기업은 거기에 '적응해야' 한다고 말한다. 전체 내용은 1인칭으로 표현되어 있다. 포스터에서는 사업가만 눈에 띄기에 여기서 핵심은 누가 봐도 그의 생각이다. 동물 뼈를 살펴보면서 진화를 생각하는 사업가는 다음과 같이 결론 내린다. "그렇다면 나는 내 회사를 디지털 시대에 적합한 회사로 만들어야 해." 여기서 '적합' 하면 자동으로 떠오르는 단어가 있다. 사회적 다윈주의에서 말하는 '적자생존'이 그것이다. 진화적 관점에 따라 자신의 회사를 미래에 적합한 상태로 만들려는 사람은 다음 사실을 확고히 믿는다. 진화란 시간이 갈수록 환경에 대한 적응을 점점 더 많이 필요로 하고, 그 과정에서 '적응하지 못한 것들은' 낙오하거나 멸종하고 만다는 것이다.

표 1 지금껏 인간이 하던 일들을 기계가 대체할 수 있거나 실제로 대체하는 시점에 대한 예측. 전문가 의견의 평균치다.[7]

시점	일
2024	언어 번역
2026	논문 쓰기
2027	화물차 운전하기
2031	소매업종에서 일하기
2046	베스트셀러 쓰기
2053	외과의사로 일하기
2062	모든 일자리가 기계로 대체될 수 있다.
120년 뒤	이 시점부터는 실제로 모든 일이 기계로 대체되어 자동화된다.

이러한 생각은 역사적으로 찰스 다윈이 아니라 1864년《생물학의 원칙》에서 처음으로 '적자생존'을 언급한 영국 사회철학자 허버트 스펜서(Herbert Spencer)에 뿌리를 두고 있다. 이로써 그는 '생존 투쟁'과 '강자 생존'이 특징을 이루는 사회적 다윈주의, 즉 생물학적 요소로 인간 사회를 규정한 이데올로기(결코 과학이 아니다!)의 창시자가 됐다.

그렇다면 포스터가 말하는 바는 분명하다. "치열한 경제적 경쟁에서 도태되지 않고 살아남으려면 최대한 서둘러 디지털화를 하라!" 좀 더 단순히 표현하면 이렇다. "디지털화를 하라, 그렇지 않으면 죽는다!" 이로써 포스터 속의 중소기업 대표를 디지털 인프라의 구축으로 몰아붙이는 동인은 분명해진다. 생존에 대한 직접적인 불안이 그것이다.

디지털화가 우리의 모든 영역에 침투했다는 사실은 중소기업 사장들만 인지하는 것이 아니라 이미 모든 이들이 알고 있고, 많은 이들이 그것으로 불안을 느낀다. 일자리 측면에서도 이 불안은 타당해 보인다. 미국 경제학자들이 다양한 유형의 일자리 702개를 조사한 연구에 따르면 디지털화로 일자리의 47퍼센트가 향후 10~20년 사이에 위험 해질 거라고 한다. 여기서 '위험하다'는 것은 '그때쯤이면 완전히 사라 져서 더는 존재하지 않을 확률이 70퍼센트 이상'이라는 것이다.[5] 이런 전망은 독일도 마찬가지다. 독일연방노동부 의뢰로 만하임 유럽경제 연구소(ZEW)가 2015년에 작성한 소견에 따르면[3] 독일도 모든 일자리 의 43퍼센트가 위험해질 거라고 한다. UN 산하의 국제노동기구(ILO) 는 이런 전망을 걱정 어린 눈으로 지켜보면서 무엇보다 전 지구적으로 증가하는 사회적 불평등을 지적한다.[8]* 예를 하나 들어보자. 우버가 독 일에서 택시 운전사 25만 명의 일자리를 빼앗는다면** 이 사회에 그만 큼의 실업자만 더 생기는 것이 아니라 택시 서비스의 질은 나빠지고(생 각해보라, 밤중에 아무나 운전하는 차에 탈 사람이 몇이나 되겠는가?), 거기서 일하 는 사람들은 사회 보험도 없이 좀 더 싼 가격에 노동력을 제공할 것이 다. 억만장자가 한두 명 더 생겨나는 대가로 말이다. 그걸 원하는가? 그 건 자유를 사랑하고 시장경제 친화적인 영국인들조차 원하지 않았다. 2017년 10월 1일 런던시가 우버의 택시 사업 면허증을 갱신해주지 않 은 걸 보면 말이다.

영국 옥스퍼드대학교와 미국 예일대학교 학자들은 2017년 5월 인

---

* 흥미로운 것은 독일 언론들은 이런 연구 결과들을 대수롭지 않은 것으로 보도하 고 있다는 사실이다. 예를 들어 〈차이트(Die Zeit)〉는 옥스퍼드 학자들의 연구 결과를 '어설픈 연구'라고 지칭했고,[10] 〈벨트(Die Welt)〉는 '디지털 염세주의'라고 표현했다.
** 이 수치는 독일 택시-렌트카협회의 자료에서 가져왔다.[17] 거기에 이런 구절이 나온다. "승객 운송을 위한 택시 면허증은 현재 시중에 약 25만 개가 나돌고 있다."

공 지능과 기계 학습(machine learning) 전문가 352명을 설문 조사한 내용을 발표했다. 조사 내용은 분야별로 인간의 일이 기계로 대체될 시점이 언제일지 예측해달라는 것이었다. 결과로 요약해놓은 표 1이 보여주듯 전문가들은 45년쯤 뒤에는 인간의 모든 일이 기계에 의해 수행될 수 있고, 120년쯤 뒤에는 실제로도 그렇게 될 거라고 전망했다.[7] 이때 아시아 전문가들은 그런 시기를 좀 더 일찍 잡은 반면에 북아메리카와 유럽 전문가들은 보수적인 입장을 취하며 시기를 좀 늦추었다. 전문가의 절반 정도(48퍼센트)는 이런 발전에 내재된 사회적 위험성에 대처하려면 더 많은 연구가 필요하다고 생각했다.*

불안은 돈이 된다

디지털화의 바람은 노동 세계뿐 아니라(4차 산업혁명) 개인적 삶, 즉 집 안에까지(사물인터넷) 불어닥쳤다. 주방에는 아마존의 인공지능 스피커 에코가 놓여 있다. 우리를 상시적으로 엿듣는 이 스파이의 능력은 과거 동독 비밀정보부 슈타지(STASI)를 훨씬 뛰어넘는다. 그런데도 우리는 적지 않은 돈을 들여 자발적으로 이 스파이를 집에 들인다. 디지털 여비서라 불리는 이 스파이의 이름은 '알렉사'다. 사람들은 이 비서에게 오늘의 날씨를 묻고, 택시나 피자를 주문한다. 게다가 수십만 명이

———— * 이 모든 걸 과장이라고 생각하는 사람은 2017년 8월 한 잡지에 소개된 다음 기사 내용에 주목하기 바란다. 그에 따르면 구글이 개발한 AI 학습 소프트웨어 딥 마인드(Deep Mind)는 유튜브를 보고 듣는 것만으로도 현실 세계의 일반적인 관련성을 혼자서 깨닫고 학습해나가는 수준에 이르렀다고 한다.[12]

매일 "안녕, 알렉사" 하는 인사로 하루를 시작한다. 알렉사는 그동안 50만 통의 사랑 고백 편지를 받았고, 결혼 신청도 벌써 25만 건이나 들어왔다. 그러니까 애플의 음성 비서 시리나 마이크로소프트의 코타나에 비해 '조금 더 인간적'*이라고 할 수 있다. 이유는 분명하다. 몸체에 전원을 켜고 끄는 스위치가 아예 없기 때문이다. 알렉사는 그냥 항상 켜져 있다. 그래서 모든 것을 늘 인간과 함께 듣고, 누가 부르는 것에도 적극적으로 대응할 수 있다. 이는 지금껏 인간들만 가능한 일이었다.

거실은 스트리밍 서비스, PC, 게임기와의 연결 기능을 갖춘 대형 TV 덕분에 이미 오래전에 디지털 오락 센터가 됐다. 최첨단 온도 조절기는 우리가 집에 있는지 없는지, 있다면 보통 언제쯤 있는지를 알아차려 그때그때 맞게 온도를 자동으로 조절한다. 냉장고와 커피 머신도 네트워크로 연결됐다. 해커 공격에 노출될 위험이 있기는 하지만.**

2017년 쾰른에서 열린 '어린이 청소년 박람회'의 핵심 주제는 아이들 방의 네트워크화였다. 박람회 체험 보고서에 나오는 내용이다.[6]

"부모들은 심장 박동에서부터 호흡까지 아이들의 모든 움직임을 디지털로 체크하고 싶어 한다. 특히 누군가 외부에서 그것의 의미와 필

---

* 사람들이 알렉사에게 가장 자주 하는 말 중 하나가 "고마워!"다. "사람들이 기계 속 소프트웨어에 지나지 않는 어떤 것에 다정하게 보이려고 꽤나 신경을 쓴다는 것을 의미한다." 인공지능과의 일들을 그저 농담 정도로 치부하는 사람들에게 이 보고서의 저자가 하는 말이다.[18]

** "해커에 나포된 냉장고와 다른 가정용 기기들은 원격 조종 부대로서 인터넷 서버를 마비시킬 수 있다."[11] 관련 보고서들에서 읽을 수 있는 글이다. 다른 비슷한 내용도 많다. "당신의 커피 머신이 전동 칫솔을 해킹하는 것도 이제는 시간문제다."[2] "커피 머신은 의견의 자유를 어떻게 위태롭게 하는가?"[16]

요성을 확신시켜주면 쉽게 넘어간다.”

이런 종류의 도구는 많다. 예를 들어 스마트폰 앱으로 조종하는 아기 침대, 야간에도 아이들을 감시할 수 있는 적외선 투시 카메라, 온도와 습도, 미세먼지, 질소산화물 감지 센서, 또는 걸으면서 심박수와 혈중 산소 포화도를 측정할 수 있는, 블루투스 인터페이스 기능을 갖춘 스마트 양말이 그런 것들이다. 이것들을 만드는 기업의 구호는 이렇다. ‘자료는 많이, 걱정은 적게!’ 이로써 그들의 속내가 은연중에 드러난다. 중요한 것은 아이들이 아니라 아무짝에도 쓸모없는 상품들의 시장화라는 것이다. 박람회 체험 보고서에는 이런 내용도 있다.[6]

“상품을 팔아먹으려면 기업들은 어차피 늘 걱정이 많은 부모들의 불안을 부추겨야 한다. 사회적 압력도 한몫한다. 어린이집에서 다른 많은 부모들이 스마트 양말에 관한 이야기를 나누면 아이의 건강을 위해 팔짱만 끼고 있을 사람이 어디 있겠는가?”

이로써 좀 더 진지하게 받아들였으면 하는 문제가 표면에 떠올랐다. 디지털화에 대한 불안이 그것이다. 사람들은 이 불안을 겉으론 대수롭지 않은 듯 웃으면서 넘기지만, 디지털 기업들은 얼마 전부터 아주 정교한 방식으로 불안을 더더욱 부추기고 있다.

혁신보다 불안

또 다른 사례를 보자. 1970년대에는 거의 모든 미국인이 자식들의 미래가 자기들보다 밝을 거라고 믿었다. 오늘날엔 소수의 사람만 그렇게 확신한다. 오히려 사람들의 입에 자주 오르내리는 건 경제적·사회적 추락에 대한 불안이다. 그건 미국뿐 아니라 독일도 마찬가지다. 이 불안을 부채질하는 것은 우리가 결코 외면할 수 없는 분야, 즉 미래 세대들의 교육 분야에서 돈을 벌려는 디지털 경제다. 여기저기서 '분필 시대의 종말'을 외친다. 칠판과 분필을 비롯해 책과 공책, 연습장을 모두 디지털 기기, 즉 노트북과 태블릿 PC, 스마트폰 및 인터넷으로 대체하자는 것이다.

경영자뿐 아니라 부모들도 날마다 곳곳에서 듣는 이야기가 있다. 디지털화는 우리 사회에 혁명을 일으킬 것이고, 미래는 '우리가 원하든 원치 않든' 디지털을 향해 나아갈 것이고, 그렇다면 어떤 경우든 디지털과 단절해서는 안 되고, 아이들을 이른 시기부터 디지털 기술과 접촉시켜야 한다는 것이다. 하지만 그로 인해 아이들의 건강과 교육이 해를 입는다는 사실은 숨긴다. 디지털 정보 통신 기술이 특히 어린이와 청소년에게 미치는 위험과 부작용을 지적하면(표2) 여기저기서 공격이 들어오고, 심하면 인신공격까지 마다하지 않는다. 그런 식의 감정적 대응 말고는 논리적으로 반박할 수가 없기 때문이다. 생각해보라. 관련 사실들은 의학 전문 저널에 이미 충분히 발표되어 있을 뿐 아니라 누구나 쉽게 공감할 수 있는 것들이 아닌가? 스마트폰과 태블릿 PC, 인터넷으로 학습하는 것이 이런 것들 없이 학습하는 것보다 빠르지도, 좋지도 않다는 사실은 이미 정설이 됐다.

그런데도 부모들은 자녀들이 디지털 흐름에 뒤처지지 않을까 하는 불안과 자녀들의 사회적 추락에 대한 걱정에서 전국 곳곳의 교장선생님들에게 학교에 컴퓨터가 있는지 묻고, 더 많은 컴퓨터를 설치해야 한다고 요구하고, 유치원과 학교의 디지털화에 적극적으로 나서는 정

표 2 　디지털 정보 기술이 신체와 정신에 미치는 위험과 부작용

육체적	정신적, 심리적
운동 부족, 과체중	불안, 집단 따돌림
나쁜 자세	주의력 장애
당뇨병	정신 능력의 저하
고혈압	교육의 질적 저하(결과: 치매)
근시	우울증
수면 장애	공감능력의 감소
위험한 행동(교통사고, 성병)	삶의 만족도 저하
	중독

당에 투표를 한다. 독일의 종이 신문들도 이런 분위기에 흔쾌히 동참하며 경쟁적으로 나팔수 노릇을 해댄다. 디지털화에서 독일이 유럽의 이웃 나라들에 비해 훨씬 뒤처져 있다고 떠들어대는 것이다. 게다가 1,400명에 이르는 미디어 교육학자들도 이와 비슷한 내용의 칼럼을 쓰거나, 최소한 인터뷰에서라도 언제나 다음과 같이 말할 채비를 하고 있다. "함께하지 않는 사람은 낙오하고 시대의 수레바퀴에 치이고 말 것이다." 이게 바로 세계에서 가장 많은 돈을 들여 로비하는 업계가 세상 곳곳에 유포시키는 메시지다. 게다가 독일 16개 주정부 문화부장관과 연방과학부장관까지 이런 말을 한다면 힘을 받을 수밖에 없다. 상황이 이렇다 보니 교사들이 아무리 비판적인 언급을 하고, 100명이 넘는 수학과 교수가 문화부장관들에게 청원서를 써도 별 소용이 없다. 2017년 3월 17일에 공개적으로 보낸 이 청원서에는 절반이 넘는 대학 신입생들이 백분율과 분수를 계산하지 못한다는 하소연이 담겨 있다.

디지털 경제는 왜 기업가들에게도 불안을 조성하는가? 자신들이 팔려고 하는 새로운 도구들의 특성만 선전하면 되지 않는가?

일단 사실부터 확인하자면, 불안은 사람의 결정에 부정적 영향을 끼치는 최악의 요소다. 불안에 빠진 사람은 불안정한 심리에 내몰려 비합리적으로 행동한다. 이와 관련한 연구는 경제학과 심리학뿐 아니라 특히 뇌 과학 분야에서 무수히 많다. 불안은 창의력을 방해하고, 우리를 사고와 행위의 낡은 틀에 가두고, 창의적인 문제 해결을 불가능하게 한다. 이게 바람직한 일일까?

우리는 디지털 기업과 불안 조성 사이의 관련성을 깨달아야 한다. 분필 시대의 종말과 학교의 디지털화를 외치는 수많은 기사들은 결코 '우연'이 아니다. 세계 최대 기업들은 지속적인 성장에 문제가 있는 것처럼 보인다. 그 예로 세계에서 시가 총액이 가장 큰 애플과 이 기업의 최신 상품 중 하나인 아이폰 8을 살펴보자. 이 제품의 설명회에서는 여러 가지 새로운 자극적 이모티콘 외에 얼굴과 표정을 자동으로 인식하는 기능이 공개됐다. 특히 이 행사는 애플 부사장의 미소가 똥 덩어리 모양의 이모티콘으로 바뀔 때 정점을 이루었다. 만일 이 장면이 '디지털로 표현된 배설물이 문화 비평의 대표적 은유'[9]라는 뜻에서 연출된 거라면 우리는 이에 동의할 수 있다. 어쨌든 더 이상의 혁신은 없었다.

디지털화의 기술 영향 평가

이 책은 문화 비평도 아니고 진보를 저지하려는 (어차피 실패할) 시도도 아니다. 필자에게 중요한 건 오히려 다음 생각이다. 디지털과 단절되는 것에 대한 사람들의 불안을 이용해 디지털화를 무비판적으로 밀고 나가는 것은 장기적으로 결코 인간 사회에 도움이 안 된다. 어떤 혁신이든 그에 따른 바람직한 영향과 위험 및 부작용을 저울에 올려놓고 정확히 잴 필요가 있기 때문이다. 디지털화부터 먼저 하고, 나중에 그것이 우리에게 어떤 영향을 주었는지 따지겠다는 것은 일단 약부터 팔고 나중에 그게 환자에게 좋은지 나쁜지 판단하겠다는 것과 같다. 냉정하게 말하면 부작용에 대한 불안도 좋지 않다. 그런 불안감에 매몰된 환자는 애초에 약을 먹지 않아 피해를 볼 수 있기 때문이다. 부작용 없는 작용은 없다. 그렇다면 이 두 측면, 즉 긍정적 측면과 부정적 측면을 명확하게 밝히는 일은 무엇보다 중요하다.

죽음과 부패, 멸종에 대한 암시로서 동물 뼈를 전시하거나, 부작용은 따져 묻지 않고 일단 시행부터 하자는 것은 이성적인 손익 산정에 별 도움이 안 된다. 그런 태도는 불안으로 인해 오직 의심 없는 행동만 촉진한다. 온 세계가 독일 경제의 중추라고 부르며 부러워하는 중소기업들이 현재 불안에 떠밀려 투자 결정을 내릴지 모를 상황에 처해 있다.

정리해보자. 우리는 이제 걸음을 멈추고 차분하게 기술 영향 평가를 내릴 시간이 됐다. 그것도 온갖 불안에서 완전히 자유로운 상태로! 불안은 중소기업가에게도, 부모들에게도, 또는 문화부장관에게도 충고자나 결정 조력자로서의 역할을 하지 못한다. 그건 디지털화의 문제에서도 마찬가지다.

마지막으로 서두에서 언급한 포스터 속의 동물이 실은 공룡이 아니라 평범한 코끼리였다는 사실을 덧붙이고 싶다. 개인적으로 잘 알고 지내는 고생물학자 프리데만 슈렌크 교수에게 포스터 속의 동물 뼈와 관련해 조언을 구했는데, 그 친구의 말을 직접 들어보자.

"그 포스터는 코끼리에 대한 모독이네. 거기에는 호모 사피엔스가 만물의 영장이고, 오늘날의 관점에서 보면 코끼리뼈는 '미개한' 결합 구조라는 뜻이 담겨 있거든. … 그렇다면 진화는 막을 수 없다는 그 문장도 코끼리가 환경에 적응하지 못했다는 뜻이네. 하지만 코끼리 같은 장비목 동물은 인간보다 진화적으로 훨씬 더 성공한 생물이네. 6,000만 년에 걸쳐 160여 종을 탄생시켰으니까. 이 포스터를 보면서 진정으로 고민에 잠길 사람은 아마 우리 고생물학자들일 걸세. 장비목 동물은 이제 3종밖에 남지 않았으니까."

제14장

세계적 IT 기업의
수익 모델

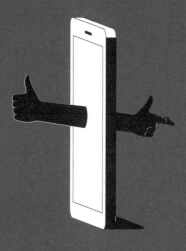

극단화,
과도한 정보 수집,
선거 개입, 탈진실

광고는 여름철 집파리와 비슷하다. 귀찮지만, 대개는 무시하고 지내다가 가끔 우리의 주의력을 끈다. 그러면 우리는 귀찮은 것을 재빨리 제거하려고 나선다. 파리는 파리채로, 광고는 리모컨이나 마우스 클릭으로. 여름휴가 중 물가에 득실거리는 벌레도 성가시지만, 1년의 나머지 50주 동안에도 날마다 우리의 눈과 귀를 괴롭히는 수천 개 '광고', 그러니까 짧은 글귀와 사진, 동영상도 성가시기 짝이 없다. 물론 이런 광고들 중에 의식적 주의력에 도달하는 것은 일부(약 5~15퍼센트)에 지나지 않고, 의식에 남는 것도 극소수에 불과하다.

매일 10억 시간

광고가 세계적으로 수천억 달러의 매출을 올리는 아주 거대한 경제 부문이라는 사실을 우리는 잘 모른다. 게다가 종이 광고와 TV 광고 매출이 수년 전부터 한 자릿수 단위로 줄고 있고, 대신 디지털 미디어의 매출은 매년 두 자릿수로 불고 있다는 사실은 더더욱 잘 모른다. 여기서 디지털 미디어의 대표 주자는 유튜브, 온라인 스트리밍 서비스 같은 오락 분야와 트위터, 페이스북 같은 소셜 미디어다. 모두 디지털 소프트웨어에 해당한다.

하드웨어 면에서 오늘날 디지털 광고는 무엇보다 '정보 통신 시대의 만능 기계'에 해당하는 스마트폰을 통해 이루어진다. 광고 매출은 절반 이상이 스마트폰과 함께 발생하고, 그로써 광고 경제는 성장하고 또 성장하고 있다. 경제학자들에게는 좋은 일일지 모르나, 의료인의 관점에서는 브레이크를 모르고 질주하는 암세포 같은 성장으로 보인다.

15억 명이 이용하는 유튜브는 이미 오래전에 기존의 대표 미디어 TV를 대체했다. 물론 TV를 소유한 15억 가구에 비하면 이용자 수는 아직 한참 적다. 어쨌든 예전에는 다들 자신이 원하는 것을 보려고 TV를 켰지만, 요즘은 유튜브를 통해 보는 동영상의 4분의 3가량이 유튜브가 선택하고 제안하는 것들이다.

이를 위해 유튜브는 특수 알고리즘을 사용한다. 유튜브 엔지니어들이 '영상 추천을 최적화한 지극히 정교한 산업 시스템 중 하나'*라고 부르는 알고리즘이다.[9] 유튜브 시청은 현재 하루에 10억 시간이 넘는다.[19] 이는 '스마트폰'이라는 하드웨어와 '유튜브 추천'이라는 소프트웨어의 전례 없는 조합이 만들어낸 합작품이다.

———— * 여기서는 예외적으로 논문의 요약본 전체를 싣겠다. "요약: 유튜브는 아주 거대하고 정교한 산업적 추천 시스템 중 하나다. 논문에서 우리는 높은 수준의 이 시스템을 설명했고, 심층 학습으로 얻은 극적인 효과 상승에 집중했다. 논문은 고전적 정보 검색 이분법에 따라 분류되어 있다. 처음엔 심층 후보 세대 모델을 상세히 언급했고, 나중에는 분리된 심층 랭킹 모델을 설명했다. 우리는 사용자 친화적인 추천 시스템의 구상과 반복, 관리를 통해 실질적인 인식과 정보를 제공한다."

유튜브는 표면적으론 소비자 본인이 최초에 선택한 것과 비슷한 동영상을 추천 영상으로 제공한다. 하지만 이 시스템의 진짜 목표는 이용자들을 가능한 한 오래 컴퓨터와 태블릿 PC, 스마트폰 화면 앞에 묶어두는 것이다. 유튜브는 구글 소유고, 구글은 광고 수입으로 유지된다. 사용자가 화면 앞에서 더 많은 시간을 보낼수록 동영상 시청 전이나 시청 중에 더 많은 광고를 내보낼 수 있고, 그럴수록 구글의 수익은 커진다. 애플이나 페이스북, 트위터 같은 다른 거대 인터넷 기업들과 마찬가지로 구글도 광고주들에게 사용자들의 주의력과 시간을 팔아서 먹고산다. 이게 모든 광고 회사들의 수익 모델이다.

유튜브의 과격한 추천

2016년에 벌써 눈 밝은 유튜브 이용자들은 자신이 동영상을 처음 검색하고 나면 다른 추천 동영상들이 차례로 뜨거나, 아니면 첫 동영상과 연결해서 바로 관련 영상이 돌아간다는 사실을 알아챘다. 이른바 '오토플레이(autoplay)' 기능이다. 그런데 추천 동영상은 본인이 직접 검색한 첫 동영상보다 늘 더 과격하다. 예를 들어 이용자가 '조깅'을 검색하면 얼마 뒤 '울트라 마라톤'이 추천되고, '채식주의'로 시작하면 얼마 지나지 않아 '비건'으로 이어지는 식이다. 이런 과격화 또는 극단화의 경향은 정치적 문제에서 특히 두드러진다. 예컨대 미국에서 '도널드 트럼프'를 검색하면 순식간에 홀로코스트를 부정하거나 백인 우월주의를 옹호하는 동영상으로 넘어간다. 또한 힐러리 클린턴과 연관된 동영상으로 시작하면 곧 좌파 음모론으로 연결된다. 미국 정부가 9.11 테

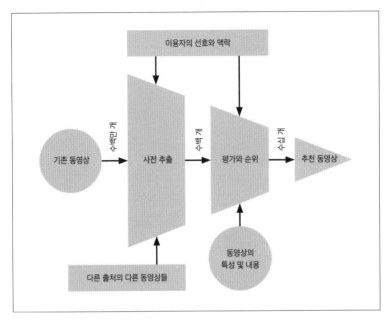

표 1 유튜브 이용자에게 관련 동영상을 추천하는 인공 신경망의 작동 방식. 수백만 개의 비디오 가운데 몇 백 개를 추린 다음 일정 기준에 따라 평가해서 순위를 매긴다. 그렇게 해서 마지막으로 남은 몇 개의 비디오 가 추천되거나 자동으로 재생된다. 이에 대해 논문에는 이렇게 적혀 있다. "우리 모델은 10억 개에 이르는 매개변수를 학습하고, 몇천억 개에 이르는 사례를 근거로 훈련한다."[9]

러를 주도했다는 식의 음모론이다.[31]

이로써 세계적으로 15억 명이 매일 10억 시간씩 시청자의 성향보다 자동으로 점점 과격해지는 동영상을 보게 된다. 이는 광고 산업의 이윤 추구 때문이다. 컴퓨터의 가치 평가 알고리즘은 인간에 의해 구축되는 것이 아니라 영리한 기계 학습의 산물이다. 설명하면 이렇다. 이 시스템엔 두 가지 인공 신경망이 작동한다(표 1). 첫 번째 신경망은 그전에 파악해놓은 동영상들의 특성과 이용자의 성향을 참고해서 추천 가능한 후보를 생성한다. 두 번째 신경망은 이 후보들을 그전에 많은 이용자의 자료를 통해 스스로 학습한 기준에 따라 재평가하고, 그 결과를 토대로 후보들의 순위를 만든다. 이 방식은 알고리즘에 토대를 둔 이전 모델보다 유튜브 이용자의 사용 시간을 예측하는 데 훨씬 더 적합한 것으로 입증됐다.[9]

학습하는 기계가 하는 일은 오직 유튜브 이용자들의 사용 시간을 극대화하는 것뿐이다. 그렇기에 다른 '나쁜 의도'가 있는 것이 아니고, 이용자들을 일부러 과격하게 만들려는 것도 아니다. 하지만 좀 더 과격하고 극단적인 내용의 동영상은 사람들을 화면 앞에 더 오래 묶어둘 수 있기에 학습하는 기계는 자동으로 그런 내용의 동영상을 선택하고 추천한다. 그렇다면 과격화는 의도된 것이라기보다 이용자의 시청 시간을 극대화하려는 목표와 자동화된 학습 과정의 의도치 않은 결과물이다. 2016년 이후 유튜브는 이 기술 덕분에 사람들을 화면 앞에 묶어두는 데 큰 성공을 거두었다. 2012년 이전과 비교하면 유튜브 이용 시간은 전 세계적으로 열 배가 늘었다.

인공 신경망의 '지식'은 수십억 개의 신경세포 접합부, 즉 '시냅스'에 저장되기에 그것이 실제로 어떻게 돌아가는지 아는 사람은 없다.* 다만 우리가 원칙적으로 확인할 수 있는 것은 시냅스가 잘 돌아가고 있고, 어떤 면에선 인간의 뇌보다 낫다는 사실뿐이다. 인간의 뇌는 그 제한

---

* 이와 관련해서 '유튜브 채널 추천' 기술자 짐 맥패든(Jim McFadden)은 이렇게 말한다. "추천 기능을 수행하는 심층 신경망은 엔지니어들에겐 지금까지 어떤 기술보다 그 작동 원리를 이해할 수 없는 블랙박스다. … 그런 걸로 깊이 고민할 필요는 없다. 우리는 그저 원자료만 일부 제공한 다음 우리에게 필요한 것을 찾아내면 된다."

된 크기와 제한된 수명 때문에 학습 능력이 한정되어 있다. 지금은 기계가 우리 뇌보다 능력이 떨어질지 몰라도 이 상황은 장기적으로 바뀔 수밖에 없다. 그렇다면 우리는 장차 기계가 우리에게 추천하는 것과 함께 살아가는 법을 배워야 한다. 인간으로서는 기계가 왜 그런 걸 추천했는지 이해할 수 없지만, 그저 고대 그리스 신탁처럼 믿을 수밖에 없다. 2016년 〈네이처〉가 내린 결론이다.[2]

과격화를 조장하는 유튜브의 추천 기능은 〈월스트리트저널〉이 유튜브 전 직원 기욤 카슬로에게 의뢰한 연구를 통해 알려졌다.[19] 카슬로는 2013년까지 유튜브의 추천 알고리즘 파트에서 일하다가 공식적으로는 업무 능력 결여라는 이유로 해고됐는데, 사실은 유튜브 추천 시스템 뒤에 숨은 비윤리적인 면을 비판하다가 회사 눈 밖에 나서 해고됐다.[31]

카슬로의 연구를 통해 유튜브가 실제로 평범한 동영상을 시청하는 이용자들에게 점점 더 극단적인 동영상을 추천한다는 사실이 확인됐다.

"독감 예방주사에 대한 정보를 검색하면 예방접종 반대자들의 음모론이 추천 동영상으로 나왔다."

〈뉴욕타임스(The New York Times)〉의 2018년 3월 8일자 표제 기사에 나오는 대목이다. 이 연구가 보여주는 것은 분명하다.

"유튜브는 추천 기능이라는 명목 하에 이용자들을 음모론과 편향적 의견, 가짜뉴스를 퍼뜨리는 채널로 이끈다. 이용자들이 그런 문제에 관심이 없어도 상관없다. 반면에 이용자가 직접 선택한 동영상이 정치적 색깔이 뚜렷하다면 유튜브는 일반적으로 그런 선입견에 일치하는, 아니 좀 더 극단적인 의견이 담긴 동영상들을 추천한다."[19]

예를 들어 수많은 유튜브 동영상들이 2018년 2월 미국 플로리다주 파클랜드의 한 학교에서 발생한 총기 난사 사건을 두고 '무기업체 로비를 막으려고 연출된 사진을 올린 가짜뉴스'[19]라고 설명했다. 한마디로 음모라는 것이다. 그건 2012년 뉴타운의 한 학교에서 발생한 총격 사건과 2017년 라스베이거스 콘서트 중에 발생한 사건도 마찬가지다. 다른 예로 유튜브에 '교황'을 입력하면 사람들의 주목을 끌려는 뉴스나 가짜뉴스가 순식간에 주르르 쏟아지고, '일식'이라는 단어를 검색하면 곧장 지구가 원반 형태라고 주장하는, 3,000번 넘게 조회된 동영상이 이어서 나타난다.

〈뉴욕타임스〉가 정확하게 지적했듯이 유튜브를 통한 과격화의 동력은 결국 우리의 호기심이다.

"우리는 인간의 자연스러운 욕망이 테크놀로지에 의해 착취되는 것을 생생하게 목격하고 있다. 커튼 뒤에 숨겨진 것을 보고 싶어 하고, 우리와 관계된 무언가를 좀 더 정확히 알고 싶어 하는 욕망이 그렇다. 우리는 클릭할 때마다 사람을 흥분시키는 자극적인 내용에서 또 다른 자극적인 내용으로 넘어가고, 그와 함께 점점 더 많은 비밀과 진실에 접근하고 있다고 믿는다. 이런 심리를 이용해서 유튜브는 우리를 극단주의의 미로 속으로 밀어 넣고, 그 과정에서 구글은 광고로 떼돈을 번다."[31]

이 칼럼을 쓴 사람은 현대 삶의 상황 때문에 부정적인 것으로 전락해버린 인간의 자연스런 호기심을 우리에게 해로운 것으로 여겨지는 다른 물질들, 즉 소금, 설탕, 지방과 비교한다. 옛날에 이것들은 희귀한 영양소였다. 그래서 인간들은 건강과 탄탄한 몸을 위해 이 물질들을 갈구했다. 그러나 이제 이것들은 어디서건 차고 넘치고 언제든 얻을 수 있게 되면서 오히려 과체중과 고혈압, 당뇨병을 일으키고 상당수 사람들의 목숨을 일찍 앗아가는 나쁜 것으로 전락하고 말았다.[27] 원래는 건강한 욕구인 호기심도 비슷한 방식으로 거짓과 스캔들, 허위 정보로 이어진다. 이 칼럼니스트의 말을 들어보자.

"결국 유튜브가 최종적으로 만들어낸 것은 우리에게 점점 달콤하고 기름진 음식을 서빙하고, 식사가 끝나면 바로 우리의 접시를 다시 채워주는 레스토랑이다. 시간이 지나면서 사람들의 입맛은 거기에 길들여져 점점 더 설탕과 지방이 많이 들어가고, 레스토랑이 바로바로 서빙해주는 음식들을 주문한다. 건강 관련 부처와 시민들이 문제점들을 지적하면 레스토랑 지배인은 답한다. 자신은 '손님들이 원하고 주문하는 것만 서비스할 뿐'이라고."[31]

이런 상황은 유튜브를 이용하는 사람들이 많다는 점, 그것도 그중에 젊은이들이 많다는 점을 고려하면 유튜브를 통해 촉진되는 극단주의화의 여파는 심히 걱정스럽다. 이 칼럼니스트 말을 마지막으로 한 번 더 들어보자.

"이 상태는 용인할 수 없고, 피할 수 없는 것도 아니다. 한 회사가 무수한 사람을 극단으로 내몰고, 동시에 그에 따르는 사회적 비용까지 무한정 발생시키면서 그렇게 많은 돈을 버는 건 말이 안 된다."

페이스북의 과도한 개인 정보 수집

걱정을 자아내는 미국의 거대 슈퍼리치 회사가 유튜브(당연히 구글도 포함된다) 하나라면 이 장은 여기서 끝날 수 있다. 하지만 안타깝게도 현실은 그렇지 않다. 또 다른 예로 페이스북이 있다. 이용자가 20억 명이 넘는 세계 최대의 소셜 미디어다. 이 회사도 유튜브와 마찬가지로 기본 수익 모델은 광고다. 페이스북은 개인별 맞춤형 광고를 내보내기 위해 이용자들의 자료를 수집해서 점점 더 정교한 방식으로 분석한다. 구글이 최신 학습 기계의 도움을 받아 그렇게 하는 것처럼. 그렇다면 어떤 자료일까?

예전에 광고사들은 설문지로 이용자들의 선호도를 조사해 나이나 성, 직업 같은 특정 변수들과 연결시켰고, 설문으로 이용자의 특성을 조사했다. 요즘은 아주 간단해졌다. 화면 곳곳에 있는 광고 중에서 어떤 것을 클릭하는지, 페이스북에서 어떤 상품에 '좋아요'를 누르는지, 또는 그저 누군가의 트위터 계정을 분석하는 것만으로도 충분하다. 그러면 그들의 나이, 성별, 학력, 성적 취향, 결혼 및 연애 상태, 정치적·종교적 성향 그리고 신념과 선호, 가치, 입장, 관심, 목표, 소망 같은 지극히 개인적인 정보를 얻을 수 있다. 이게 실제로 개별 경우에서 얼마나 확실한지는 이미 2013년에 전문지 〈미국과학원회보(PNAS)〉에 발표된 바 있다.[13]

심지어 페이스북 이용자들이 별 생각 없이 누르는 '좋아요'를 분석하면 그 사람의 기본 성격(Big Five) 및 정치 성향, 성적 취향 말고도 다른 많은 것을 쉽게 유추해낼 수 있다. 페이스북의 '좋아요' 9개만 있으면 그 사람의 신상 정보를 최소한 직장 동료만큼 알 수 있고, 65개로 확대하면 친구만큼 알 수 있으며, 125개면 아버지나 어머니, 형제자매만큼 알게 된다.[34] 심지어 웬만큼 정보 분석이 가능한 사람이라면 페이스북 이용자들이 평균적으로 누르는 '좋아요' 개수 225개로는 배우자나 애인만큼 그 사람을 파악할 수 있다. 간단하게 말해서, 페이스북 같은 인터넷 기업은 이용자가 어떤 사람인지, 어떻게 사는지, 그의 불안이 무엇인지를 배우자만큼 정확히 알고 있다.

이게 끝이 아니다. 페이스북은 이용자의 생각과 감정, 행동에도 영향을 줄 수 있다. 2012년 1월 페이스북 이용자 70여 만 명에게 일주일 동안 시작 페이지에다 임의적으로 조작한 친구들의 상태 메시지를 보여줬다. 제공되는 메시지의 종류에 따라 이용자의 감정이 변하는지, 변한다면 어떤 식으로 변하는지 조사하기 위해서였다.[32] 사실 이 조사에 깔린 윤리성은 의심스럽지만, 어쨌든 무작위 선택을 통해 이용자 일부에게는 주로 긍정적인 상태 메시지를, 다른 일부에게는 부정적인 메시지를 보여줬다. 그런 다음 이런 실험적 감정 조작이 이용자들의 포스팅 내용에 미치는 영향을 분석했다.[15] 그 결과 이용자들의 감정이 실제로 조작된 방향으로 움직인다는 사실이 확인됐다.

페이스북의 선거 개입

페이스북 이용자 6,100만 명에 대한 무작위 통제 연구가 2012년 〈네이처〉에 실렸다. 그에 따르면 2010년 미국 의회 선거에서 '포스트'라 불리는 페이스북의 '게시물'이 유권자들의 태도에 영향을 주었다고 한다.[6]

"페이스북 메시지는 수백만 이용자들의 정치적 의사 표현과 정보 검색, 투표 행위에 직접적으로 영향을 끼치고, 그를 넘어 그들의 친구와 그 친구의 친구들에게도 영향을 준다."

보고서 저자들이 요약본에서 밝힌 내용이다. 이들은 매우 영리한 조사 설계(research design) 속에서 "나는 투표했다"는 페이스북 메시지의 효과를 조사했다. 이때 어떤 그룹에는 메시지와 함께 페이스북 친구들의 사진을 함께 보냈고(소셜 메시지), 어떤 그룹에는 사진 없이 메시지만 보냈으며(정보 메시지), 또 다른 그룹, 즉 통제 그룹에는 메시지를 아예 보내지 않았다. "나는 투표했다"는 버튼을 클릭하는 빈도수가 상대적으로 높았던 것은 스스로를 유권자로 인식하고 싶어 하는 욕구의 지표로 볼 수 있었다. '소셜 메시지' 집단에서 "나는 투표했다"를 누른 사람은 20퍼센트, '정보 메시지' 집단은 18퍼센트로 나타났다. 두 집단의 차이는 2퍼센트였다. 이는 친구들의 얼굴을 보는 것이 유권자의 태도에 뚜렷한 효과가 있다는 것을 의미한다. 또 다른 방식으로 보고서 저자들은 "나는 투표했다" 버튼을 누른 것이 투표지 정보 검색과 실제적인 투표율에 영향을 끼친 것을 확인했다.

　　혹자는 이렇게 반박할지 모른다. 고작 0.4퍼센트 정도의 투표율 증가는 대단하지 않고, 다만 조사한 참가자들의 막대한 숫자 때문에 통계적으로만 의미가 있을 뿐이라고 말이다. 하지만 그렇지 않다. 통계학자이자 심리학자인 로버트 로즌솔(Robert Rosenthal)이 이미 몇십 년 전에 심리학과 의학 분야에서 강조했듯이 매우 적은 수치도 결과에 큰 영향을 끼칠 수 있기 때문이다.

　　이를 아주 인상적으로 보여준 것이 미국 대통령 선거다. 필자는 2000년 미국 대통령 선거를 신경과학회 정기총회 참석차 뉴올리언스에 머물 때 친구들과 함께 경험했다. 당시 민주당 후보 앨 고어는 공화당 후보 조지 부시보다 당선 가능성이 높았다. 실제 선거에서도 부시보다 50만 표를 더 얻었다. 그런데 승리는 미국 개별 주들의 선거인단에 표가 골고루 흩어져 있던 부시에게 돌아갔다. 선거를 결정지을 플로리다주에서 537표를 더 얻었기 때문이다. 미국 선거 역사에서 이보다 근소한 차로 승부가 난 적은 없었다. 게다가 당시 선거에서는 녹색당의 랠프 네이더 후보가 총 288만 2,728표를 얻었는데 어차피 이기지 못할 선거에 나서지 않았다면 그 표의 상당수는 앨 고어에게 갔을 것이다. 이런 점들을 고려하면 다음 세 가지 사실이 드러난다.

첫째, 앨 고어의 패배는 정말 쓰라리다. 다수가 앨 고어의 정치를 원했지만, 정작 승리의 월계관은 부시가 썼으니까. 둘째, 정말 근소한 차이도 엄청난 결과를 부를 수 있다. 537표는 플로리다 전체 표수의 0.01퍼센트도 안 된다. 셋째, 모든 민주주의 선거 제도*는 마음만 먹으면 얼마든지 조작할 수 있다.

앞서 언급한, 페이스북 이용자 6,100만 명에 대한 연구 결과를 미국 국민 전체로 환산하면 2010년 미국 의회 선거에서 페이스북이 전체 투표에 미친 영향이 나온다. 페이스북 메시지는 페이스북 친구 6만 명을 투표소로 더 가도록 했을 뿐 아니라 친구의 친구 28만 명에게도 간접적인 영향을 끼쳤다. 이런 직간접적인 영향을 받은 34만 표는 전체 표의 0.14퍼센트에 해당한다.

위 연구 보고서의 공동 저자 제임스 파울러(James H. Fowler) 교수가

———— * 민주주의 선거 제도는 유권자의 의사를 100퍼센트 반영하는 것이 아니라 '실용적 타협'에 지나지 않는다는 사실을 밝힌 연구들이 있다. 모든 선거 제도는 어떤 식으로 구축해놓아도 극단적인 경우에 소수만 원하는 후보를 승리자로 만들어낼 수 있다.

온라인에서 공개한 설명문에 따르면 2012년 미국 대통령 선거에서도 비슷한 영향이 확인됐다.

"실험이 보여준 것은 명확하다. 소셜 미디어로 공개된 단 하나의 메시지가 실제 선거에 직접적인 영향을 끼쳤고, 페이스북 친구의 친구들에게 미친 간접적인 영향까지 포함하면 투표율을 올리는 데 굉장히 큰 역할을 했다는 것이다. 이제 2012년도 미국 대통령 선거에서 실시된 후속 실험의 결과를 설명하겠다. 페이스북 메시지의 확산은 이 선거의 투표 행위에 직간접적으로 영향을 끼쳤고, 이는 곧 소셜 미디어가 선거에 정치적 참여를 독려하는 효과적인 수단임을 의미한다."

이러한 인식은 유감스럽게도 학문의 영역에만 머물지 않고, 그것으로 돈을 벌려는 '실용적' 목적으로 전환됐다. 지난 미국 대선 때의 일이다. 사람들은 페이스북을 통해 인간에 대한 조작이 대규모로 가능하다는 사실을 알게 됐다. 그 사실이 폭로되면서 2018년 3월 18일부터 25일까지 일주일 동안 페이스북 시가 총액은 750억 달러가 증발했다.* 2018년 4월 1일 현재까지 페이스북 조작 사건과 관련해서 알고 있는 것을 간단하게 요약하면 다음과 같다.

─── * 독일의 대표 시사 잡지 〈포쿠스(Focus)〉의 의뢰로 여론 조사 기관 엠니트(Emnit)가 실시한 설문 조사에 따르면⁴ 독일의 소셜 미디어 이용자들은 거의 둘 중 하나가 개인 정보 보호에 대한 우려로 탈퇴를 고민하고 있다고 한다. 소셜 미디어를 탈퇴할 생각이 있다고 답한 사람들 가운데 남자(53퍼센트)의 비중이 여자(44퍼센트)보다 좀 더 높았다. 미국에서도 페이스북의 미래는 불확실해 보인다. 금융자문회사 피보탈 리서치 그룹 연구원 브라이언 비저(Brian Wieser)는 2018년 3월 22일 〈이코노믹타임스(The Economic Times)〉에 이렇게 썼다. "페이스북은 어쩌면 너무 커져버렸고, 그로 인해 잘못된 경영에 이르렀다. 투자자들은 이제 이 기업이 더 이상 유지될 수 없는 방식으로 성장한 것이 아닌지 심각하게 고민해봐야 한다."⁶

2016년 7월 〈뉴요커(The New Yorker)〉[8]는 러시아 트롤 팜(Troll farm) 또는 트롤 부대(Troll army)에 대한 기사를 처음 보도했다. 2016년 가을 미국 대통령 선거전에 개입한 일명 러시아 댓글 부대다.* 2017년 5월 17일부터 이 사건을 조사한 특별검사 로버트 뮬러는 러시아 국적의 인물 13명과 러시아 인터넷 기업들을 기소했는데, 그중에는 억만장자이자 푸틴의 측근인 예브게니 프리고친과 '인터넷 리서치 에이전시'라는 회사로 위장한 프리고친 소유의 트롤 팜도 포함돼 있었다.[30] 이들에 대한 혐의점은 반국가 음모, 금융 사기, 은행 사기, 신원 도용이었다. 전체적으로 보면 피고인들은 페이스북과 다른 소셜 미디어로 2016년 미국 대통령 선거에 불법적으로 영향력을 행사해 트럼프의 당선을 도우려 했다.

인터넷에서 얻을 수 있는 뮬러 특검의 기소장에 이와 관련한 구절이 나온다.

"2014년 5월쯤까지 피고인과 공범들은 2016년 미국 대통령 선거에 개입할 것을 고민하다가 실제로 이후부터 미국 소셜 미디어 계정과 미국 대통령 선거에 대한 다른 정보 출처들을 감시하기 시작했다. 또한

———— * 우리는 지난 미국 대통령 선거 이전에 있었던 일들을 생생히 기억한다. 수십 년 간 이어진 트럼프와 러시아의 사업 관계는 꾸준히 화제가 됐고, 트럼프와 푸틴은 서로 칭찬만 하는 것이 아니라 여러 사안, 특히 나토에 대한 비판에서 동일한 입장을 취했으며, 그래서 둘이 무슨 작당을 한 것이 아니냐는 의심이 쉴 새 없이 제기됐다. 〈뉴요커〉의 기사 내용을 보자. "트럼프-푸틴 연합에 대한 보도 기사의 엄청난 양과 위험한 내용을 고려하면 두 사람이 매달 푸틴의 흑해 별장에서 만나 전략 회의를 열고 있다는 의심은 피하기 어려워 보인다. '여기선 무언가 무척 이상하고 불안한 일이 진행되고 있는 듯합니다. 절대 그냥 넘겨서는 안 됩니다.' 노벨 경제학상을 받은 폴 크루그먼이 〈타임스(The Times)〉에서 경고한 말이다."

미국 대통령 선거에 개입할 목적으로 2016년까지 온라인에서 허구의 인물로 위장했다. 이들의 작전 목표는 분명했다. 주로 힐러리 클린턴에 대한 부정적인 정보를 유포하고, 테드 크루즈나 마르코 루비오 같은 후보는 비방하고 반대로 버니 샌더스나 도널드 트럼프는 지원하는 것이었다."[1]

기소장에 기재된 러시아 국적의 인물들은 도널드 트럼프의 적수 힐러리 클린턴을 헐뜯을 목적으로 페이스북 광고를 대대적으로 구입했다(표 2). 기소장의 표현을 그대로 옮기면 이런 활동은 '명백한 불법'[1]이었다. 그렇다면 페이스북 역시 범죄 행위로 돈을 벌었다.*

"피고인과 공범들은 늦어도 2016년 4월부터 11월까지 온라인에서 자신들의 러시아 국적과 조직(러시아 회사 '인터넷 리서치 에이전시')을 숨긴 채 미국 소셜 미디어와 다른 웹사이트에서 광고를 생산, 구매, 전파하기 시작했다. 모두 트럼프의 당선을 위해 클린턴을 노골적으로 비방하는 광고들이었다. 피고와 공범들은 이런 선거 활동과 지출 내역을 연방선거관리위원회에 신고하지 않았고, 외국 에이전트로서 미국 법무부에 등록도 하지 않았다."

그사이 트럼프 선거 캠프에서 활동한 고위직 몇 명이 기소되어 일부 유죄 판결을 받았다. 이 역시 공개된 법원 자료로 확인됐다.

영국의 데이터 분석 기업 케임브리지 애널리티카가 2014년 페이스북 이용자 8,700만 명의 정보를 불법으로 수집한 사실도 특검 조사로

---

* 페이스북 설립자이자 최고 경영자인 마크 저커버그가 앞으로 진실과 정보 보호에 더 많은 신경을 쓰겠다고 확언했지만[5] 이런 상황은 결코 바뀌지 않을 것이다.

표 2 피고인들이 구입한 페이스북 광고 내용. 뮬러 특검 기소장에서 발췌했다. 제목은 "다음과 같은 내용의 정치 광고"다.

추정 시점	주요 광고 내용
2016년 4월 6일	많은 흑인들이 힐러리 클린턴은 나의 대통령의 아니라는 말로 우리를 지지하고 있습니다.
2016년 4월 7일	나는 힐러리 클린턴에게 'NO'라고 말합니다. / 나는 조작에 대해 'NO'라고 말합니다.
2016년 4월 19일	2016년 힐러리 클린턴을 감옥으로! 이 운동에 동참을!
2016년 5월 10일	도널드는 테러리즘을 물리치려 하지만 … 힐러리는 테러리즘을 후원하려 한다.
2016년 5월 24일	힐러리 클린턴은 흑인 표를 받을 자격이 없다.
2016년 6월 7일	트럼프는 더 나은 미래를 위한 우리의 유일한 희망이다.
2016년 6월 30일	# NeverHillary # HillaryForPrison # Hillary4Prison # Trump # Trump4President
2016년 7월 20일	오하이오는 힐러리가 감옥으로 가길 원한다.
2016년 8월 10일	우리는 힐러리가 참전 용사들을 돌봐줄 거라고 믿지 않는다!
2016년 10월 19일	힐러리는 사탄이다. 그녀의 범죄와 거짓말을 보면 얼마나 사악한 사람인지 알 수 있다.

밝혀졌다.[22] 당시 직원이던 알렉산드르 코간은 페이스북 이용자들이 스스로 성격 테스트를 할 수 있는 앱을 만들었고, 27만 명이 이 테스트에 참여했다. 물론 참여자들은 이를 통해 자신의 개인 정보뿐 아니라 모든 친구들의 정보까지 빠져나가리라고는 예상하지 못했다. 그렇게 해서 유출된 정보는 총 8,700만 건[5/35]이었다.

결국 페이스북도 유튜브가 추천 알고리즘을 개발할 수밖에 없었던 것과 상황이 비슷했다. 그건 페이스북의 초대 대표이자 음악 파일 공유 프로그램 냅스터의 공동 창업주 숀 파커가 이미 오래전에 시인한 사실이다.

"우리는 이용자들의 시간과 의도적 주의력을 어떻게 가능한 한 많이 끌어올 수 있을까?"[25]

이것이야말로 그가 답을 찾아내야 할 근본 문제였다. 페이스북은 어디서 해결책을 찾았을까? 앞서 언급한 대로 20억 명의 이용자들 개인에 맞는 맞춤형 광고를 제작하는 것이었다. 2017년 가을 〈미국과학원회보〉에 실린 페이스북 이용자 350만 명에 대한 현장 연구에 따르면 개인적 특성과 관심에 따라 맞춤형으로 제작된 광고는 통상적인 광고, 그러니까 맞춤형이 아니거나 개인적 특성을 잘못 맞춘 광고에 비해 50퍼센트 정도 더 효과적인 것으로 나타났다.[18] 그런데 케임브리지 애널리티카는 이런 개인별 맞춤 광고가 상업적으로만 효과적인 것이 아니라 정치적으로도 유익할 수 있다는 사실을 일찍부터 깨달았다.[21] 그래서 표 2에 적시된 '메시지들'은 러시아인들이 의도한 대로 '정치적 견해가 같은 사람들', 다시 말해 케임브리지 애널리티카가 그런 유형으로 분석한 사람들에게로 정확히 전달됐다. 그날그날 전개된 선거전의 양상에 맞게 문구를 바꾸어가면서 말이다. 이것은 대단위로 이루어진 넛지(Nudge) 행위다. 그러니까 팔꿈치로 옆구리를 툭 치듯이 부드럽게 타인의 선택을 자신이 원하는 방향으로 이끄는 권유 행위라는 말이다. 그것으로 미국의 역사, 아니 세계의 역사가 바뀌었다.

지난 미국 대통령 선거 기간 중에 생성된 가짜뉴스 가운데 클린턴보다 트럼프에 유리한 것들이 훨씬 많았다는 점을 고려하면[31] 민주적 과정이 디지털 정보 기술에 의해 얼마나 위태로워질 수 있는지가 명확히 드러났다. 게다가 이런 가짜뉴스가 외부 세력(러시아)에 의해 조종될 수 있다는 점까지 감안하면 그 폭발성은 정말 위험해 보인다. 이런 상황이 미국에만 국한된 문제라면 그나마 다행이겠지만 현실은 그렇지 않다.

안타깝지만 유럽에서도 비슷한 일이 이미 여러 차례 있었다. 2018년 1월의 체코 대통령 선거는 결선까지 가는 치열한 접전이었다. 알코올 중독자 포퓰리스트로 알려진 밀로시 제만 현 대통령과 물리화학과 교수이자 체코 과학원장 이르지 드라호슈 사이의 예측할 수 없는 박빙의 대결이었는데, 결국 제만이 3퍼센트 차이로 승리했다. 그런데 선거전 초입부터 도전자에게 불리한 가짜뉴스들이 대규모로 유포되기 시작했다. 믿을 수 없을 만큼 많은 악성 소문들이 드라호슈에게 쏟아지면서 유권자들은 불안해했고, 그것이 선거 결과에 악영향을 끼친 것으로 보인다. 그 밖에 폴란드의 지난 대통령 선거와 영국의 브렉시트 투표에서도 비슷한 일이 있었다.

트위터가 만든 진실의 상실

지금까지 소셜 미디어의 부정적 영향을 두 가지 언급했다. 유튜브가 보여준 자동적인 과격화의 메커니즘 그리고 정보 수집과 확산을 통한 페이스북의 의도적 선거 개입이 그것이다. 여기에 하나를 더 추가하자면 거짓말의 자동적인 강화, 즉 사회에서의 진실 상실을 들 수 있다. 거짓말은 진실보다 훨씬 빠르다. 무엇보다 온라인상에서는. 이것은 매사추세츠공과대학교(MIT) 과학자들이 〈사이언스〉에 발표한 연구 논문의 결과다. 연구자들은 2006년부터 2017년까지 트위터에 올라온 진짜 메시지와 가짜 메시지 12만 6,000여 건이 300여만 명에 의해 450

만 번 넘게 퍼져나간 것을 조사했다.[33] 세계적으로 3억 명 이상 사용하는 트위터는 페이스북 다음으로 중요한 소셜 미디어로서 개인을 비롯해 기관과 기업, 대중 매체가 최대 280자까지의 짧은 글을 인터넷으로 전파하는 미니 블로그 형태의 소통 플랫폼이다. 이 메시지들이 사실인지, 가짜인지는 95~98퍼센트의 정확성을 자랑하는 여섯 개 팩트 체크 전문 기관*이 판단했다. 그리고 트위터 메시지는 내용별로 '자연 재앙', '테러리즘', '과학', '허구적 일화', '현대판 전설', '경제 뉴스'로 분류했다.

논문의 조사 방식은 다음과 같았다. 누군가 트위터의 주장을 '소문'이라는 이름으로 전파하면 이 주장은 다른 트위터 이용자들을 통해 리트윗되고, 그로써 계단식 폭포 형태의 유통 경로가 생겨난다. 이 주장이 10번 전파됐으면 폭포의 길이는 10이고, 한 번도 전파되지 않았으면 1로 남는다. 논문 저자들은 일정 기간 동안 개인들을 통해 전파된 횟수(리트윗의 수)를 폭포의 깊이로, 폭포 속에 포함된 이용자들의 수는 폭포의 크기로, 동일한 깊이의 이용자 수는 폭포의 최대 폭으로, 소문의 확산 규모는 폭포의 유속으로 분석했다.

그 결과 가짜 메시지가 진실한 메시지보다 더 빨리, 더 멀리, 더 깊이 전파되는 것을 확인할 수 있었다. 이를 〈뉴사이언티스트(New Scientist)〉는 서문에서 다음과 같이 묘사했다.

"가짜 메시지는 … 진실이 신발 끈을 동여매는 동안 벌써 지구 반 바퀴를 앞서간다."[3]

---

* 이 여섯 개 기관에 관한 정보는 다음 사이트에서 얻을 수 있다(snopes.com, politifact. com, factcheck.com, truthorfiction.com, hoaxslayer.com, urbanlegends. about.com).

진실한 메시지는 가짜 메시지에 비해 1,500명에게 전파되는 데 시간이 여섯 배 더 걸린다. 게다가 가짜 메시지는 다른 이용자들에 의해 공유될 확률이 진실한 메시지보다 70퍼센트 더 높다. 가장 빈번하게 확산된 가짜 메시지(상위 1퍼센트)는 보통 1,000번에서 수십만 번까지 전송된 반면에 진실한 메시지는 1,000번을 넘는 경우가 드물었다.

이유는 어디에 있을까? 논문 저자들도 이 문제를 추적했다. 그들은 텍스트 분석 소프트웨어를 이용해 가짜 메시지가 진실한 메시지보다 호기심 지수가 한층 높다는 것을 보여줬다. 예를 들어 앞서 제12장에서 언급한 바 있는 '교황이 임신했다'는 메시지는 지극히 놀랍고 자극적이다. 남자는 임신을 할 수 없고, 심지어 교황은 어떤 남자들보다도 그럴 가능성이 적어 보인다. 따라서 의외성은 가짜 메시지의 본질적 속성에 가깝다. 게다가 가짜 메시지가 의외성 외에 역겨움도 유발한다는 점을 감안하면 거기엔 두 가지 강한 감정이 도사리고 있음을 알 수 있다. 반면에 진실한 메시지는 내용에 따라 슬픔, 기쁨, 신뢰 또는 이런 예감을 불러일으킨다.

결국 MIT 과학자들은 소문의 확산과 관련해서 지금까지 어떤 연구보다 방대했던 이 연구에서 다음과 같은 결론을 얻었다. 거짓이 진실보다 더 빨리, 더 멀리 확산되는 것은 모두 우리 인간 때문이다. 좀 더 정확히 말하자면 예상 밖의 놀라운 뉴스에 대한 우리의 갈증과 감정들 때문이라는 것이다. 이러한 갈증은 지루한 진실보다 자극적인 거짓으로 한결 쉽게 진정될 수 있다. '교황이 임신했다'는 뉴스가 '교황이 임신하지 않았다'는 뉴스보다 훨씬 흥미롭지 않은가?

공짜의 대가

광고는 유튜브, 페이스북, 트위터 같은 세계 굴지의 IT 기업들을 먹여 살리는 사업 모델이다. 좀 더 정확히 말하자면 이 기업들은 수많은 사람들의 시간과 주의력을 디지털 화면 앞에 묶어둠으로써 돈을 번다. 하지만 그로 인해 수십 억 명의 뇌가 체계적으로 거짓 정보와 극단적인 내용들로 채워진다면 그 파장은 엄청나다. 게다가 페이스북의 경우처럼 설상가상으로 범죄 세력까지 개입해서 우리의 민주적 절차에 악영향을 끼친다면 이제는 단순한 고민을 넘어 행동으로 나설 절박한 시점이 됐다. 우리가 왜 막대한 세금으로 광대역을 구축해서 그런 기업들의 사업적 토대를 지원해야 하는가? 체계적이고 자동적인 정보 수집 그리고 거짓과 극단주의의 토대 위에 서 있는 사회가 과연 이대로 계속 존속할 수 있을까?

최근 스페인 학자들이 발표한 논문[7]이 보여주듯이 페이스북 스캔들은 훨씬 심각할 수 있다. 사실 독일에서는 지금껏 주로 미국의 상황, 그 중에서도 5,000만 건의 페이스북 개인 정보 유출 사건만 다루어졌다. 그러나 이런 스캔들은 비단 미국에 국한되지 않는다. 대서양 건너편의 EU에서도 시민의 40퍼센트에 해당하는 2억 명 가까이가 페이스북에 의해 분석되고 있다. 매우 민감한 개인 정보를 이용해서 개인별 맞춤형 광고를 보내기 위해서다. 이것을 처음 발견한 사람은 스페인 논문의 공동 저자 중 한 명이었다. 발단은 어느 날 그에게 갑자기 도착한, 자유롭게 동성애를 즐길 수 있는 한 호텔의 광고였다. 그는 이미 동성애를 끊은 상태였다. 그런데 페이스북은 그의 예전 성적 지향을 어떻게 알고 이런 광고를 보냈을까? 이 논문에 따르면 유럽 페이스북 이용자 73퍼센트(EU 전체 시민의 약 40퍼센트)의 민감한 정보*가 페이스북 알고리즘을 통해 탐지되어 광고 목적으로 사용된 것으로 드러났다. 이는 2016년 5월 24일에 발효된 개인정보보호법의 명백한 위반이었다. 페이스북은 스페인에서 120만 유로의 벌금형에 처해졌다. 이 법은 2018년 5월 25일부터 EU 전역에서 시행됐다. 이제 페이스북은 정보보호법을 위반할 경우 연 매출 4퍼센트에 이르는 금액을 벌금으로 내야 할 상황에 빠졌다.

이런 조처로도 막을 수 없는 것이 있다. 신뢰할 만한 정보 공급자인 대중 매체에 대한 전반적인 신뢰 상실[16]이다. 신뢰는 우리 사회의 또 다른 근간이기에 신뢰 상실은 진실 상실에 못지않게 사회를 위험하게 만드는 요소다. 그렇다면 세계적인 IT 기업들의 돈벌이를 위해 이런 상황을 계속 방치해야 할까? 이대로 계속 허용해야 할까?

정리해보자. 누구도 원치 않는 일이지만, 유튜브와 페이스북, 트위터 같은 거대 인터넷 기업들의 사업 모델은 전 세계적으로 극단주의, 가짜뉴스 유포, 개인 정보 탐지, 정치적 조작을 체계적이고 자동적으로 강화한다. 문제는 인터넷이나 스마트폰이 아니라 그 뒤에 도사린 사업 모델, 즉 '이 모든 게 공짜'라고 주장하는 사업 모델이다. 이제 우리는

———— * EU의 정보보호기본법(GDPR)이 정한 민감한 정보란 '인종적 민족적 태생, 정치적 견해, 종교적 신념, 세계관, 노동조합 가입 여부, 유전 정보, 생체 인증을 위한 바이오 정보, 건강 정보, 성생활 및 성적 취향에 관한 정보'를 일컫는다. 이런 정보의 유포는 정보보호기본법 9조 1항에 의해 금지되어 있다.

이 모델을 계속 허용해야 할지, 허용하고 싶은지, 허용해도 괜찮은지 깊이 고민할 시점에 왔다. 진실과 자유, 사생활, 우리의 시간, 민주 사회가 정말 가치 있는 것이라면 이 사업 모델은 바뀌어야 한다. 세상에 공짜란 없다. 겉으론 공짜 같지만, 우리는 사회적으로 너무 비싼 대가를 치르고 있다. 이런 상황은 반드시 바뀌어야 한다!

제15장

왜 IQ는 점점 떨어지는가?

뒷걸음치는
플린 효과

어린이나 어른에게 난이도가 다른 많은 문제를 주면서 풀어보라고 하면 누군가는 문제를 많이 풀고, 누군가는 문제를 적게 푸는 것을 볼 수 있다. 이때 그게 어떤 문제인지는 별 상관없다. 100년도 더 전에 일반적인 정신 능력의 측정을 위해 표준화된 방법이 개발되어 그 뒤로 널리 사용됐다. 정신 지체가 있는 아이를 찾아내기 위해서 말이다.[1/2]

이러한 일반적인 문제 해결 능력을 '지능'이라는 말로 처음 표현한 사람은 지지난 세기의 프랑스 심리학자 알프레드 비네(Alfred Binet)였다. 그는 1889년에 프랑스 최초의 심리학 연구소를 세웠고, 제자이자 의사인 테오도르 시몬(Théodore Simon)과 함께 처음으로 아동용 지능 검사를 개발했다.

지능이란 무엇인가?

비네의 지능 검사에서는 다양한 나이의 아이들이 상이한 난이도의 문제를 풀어야 했다. 언어 능력, 어휘, 기억력, 상상력, 논리적 추론 같은 서로 다른 인지적 기능을 요구하는 문제들이었다. 이 결과를 토대로 몇 살의 아이들이 평균적으로 어떤 난이도의 문제를 풀 수 있는지가 정해졌다. 이런 식으로 많은 문제를 두고 이런저런 실험이 수년 간 계속됐고, 나중엔 상이한 나이의 다섯 그룹으로 이루어진 50명 아이들에게 30가지 문제로 검사를 실시했다.

비네와 시몬은 이 문제들로 3~13세 아이들의 지능 나이를 정했다. 그들의 목표는 모든 연령대의 아이들에게 테스트를 실시한 뒤 각자에게 맞는 교육 방식을 배정하는 것이었다. 오늘날의 시각에서 보면 개인별 맞춤형 수업이다. 그 이상도 그 이하도 아니다.

지능 지수IQ

몇 년 뒤 독일 심리학자 빌헬름 슈테른(Wilhelm Stern)*은 비네의 아이디어를 좀 더 발전시켜 지능 지수, 즉 IQ를 개발했다.[40] 여섯 살 아이가 다른 여섯 살 아이들이 평균적으로 풀 수 있는 문제를 푼다면 그 아이의 '지능 나이', 즉 정신 연령은 '생활 연령'과 일치한다. 이 둘을 연결시키면 '지능 지수' 공식이 나온다.

---

* 독일 심리학 분야에서 무척 중요한 인물로 차이심리학(Differential psychology)의 창시자이자, 함부르크대학교와 독일심리학협회(DGPs), 응용심리학 잡지의 공동 설립자다. 슈테른은 평생 심리 분석에 대해 비판적 입장이었음에도 1909년 지크문트 프로이트, 카를 구스타프 융과 함께 미국 클라크대학교에서 명예박사학위를 받았다. 1905년에는 심리학자를 가리켜 '사기꾼 해석자'라는 표현을 처음 사용했다. 그러니까 심리학자는 '직업상 사견과 선입견을 심리학적 과학적 인식으로 포장해서 팔아먹는 사기꾼'이라는 것이다.

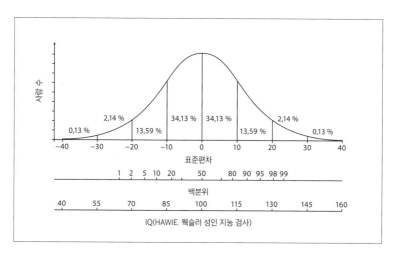

그래프 1 평균치에 68퍼센트가 몰려 있는 것은 가우스 곡선의 주요 특징이다. 따라서 사람의 68퍼센트(3분의 2)는 IQ가 85에서 115 사이다.

(정신 연령 ÷ 생활 연령) × 100 = 지능 지수.

예를 들어 여섯 살짜리 아이가 여섯 살 아이들이 푸는 문제를 풀면 지능 지수는 (6 ÷ 6) × 100 = 100이다. 만일 다섯 살짜리가 여섯 살짜리 아이들이 푸는 문제를 푼다면 그 아이의 지능 나이는 여섯 살이다. 그렇다면 아이의 지능 지수는 (6 ÷ 5 = 1.2) × 100 = 120이다.

'IQ'는 나중에 성인의 보편적 정신 능력을 가리키는 명칭으로 사용됐다. 하지만 성인들의 경우는 '지능 검사'가 맞아떨어지지 않는다. 뇌 발달이 이미 오래전에 끝났기 때문이다. 생각해보라. 50살이 60살의 문제를 푼다고 해서 IQ가 높다고 할 수 있겠는가? 대신 성인들에게는 상이한 난이도의 많은 문제를 풀게 한다. 그러면 대다수 사람이 풀 수 있는 문제의 평균수가 나온다. 소수의 몇 사람만 아주 적은 수의 문제를 풀고, 대다수는 중간 정도에 머물고, 또 극소수의 사람은 거의 모든 문제, 다시 말해 정말 어려운 문제까지 모두 푼다. 이런 분포는 통계학에서 가우스 분포로 알려진 종 모양의 정규 분포와 비슷하다(그래프1).

아이들의 지능 검사에 사용된 매개변수를 이 분포에 적용하면 성인의 경우도 IQ와 비슷한 것을 찾아낼 수 있다. 물론 여기선 지수의 형태가 아니라 곡선 위의 '단순한' 한 점에 불과하지만 말이다. 사람들은 이게 얼마나 실용적인지를 곧 깨달았다. 그래서 IQ는 미국의 대학 입시에 사용됐고, 또 얼마 뒤에는 세계 곳곳의 군대나 기업 인사과에서 장교나 관리자에 적합한 사람을 뽑는 데 활용됐으며, 지금도 일부 활용되고 있다.

정리해보자. 만일 성인 지능의 평균치를 100이라고 정의하면 전체 인류의 지능은 사실 더 높아질 수 없다. 그런데 지난 세기 전반기에 벌써 사람들의 지능이 IQ 검사를 통해 점점 좋아지는 것이 눈에 띄었다. 그 때문에 검사 이론가들은 일단 평균치 100을 다시 만들어내기 위해 지능 검사를 새로 표준화했다. 그런데 이런 재표준화의 문제점은 모든 사람의 지능을 '좀 더 낮게' 분류해야 하고, 그로써 '정신 지체' 판정과 군인 채용에서 명백한 왜곡 현상이 나타날 수 있다는 점이다.[22]

우리는 점점 똑똑해진다

1938년 메릴(A. Merrill)은 905명을 대상으로 '스탠퍼드 비네 지능 검사'를 했던 1916년도 자료를 갖고 있었다. 당시의 표준으로 실시한 검사였다. 그는 이것을 새로운 표준의 IQ 검사로 실시한 2,904명 자료와 비교했고, 그 결과 새로운 표준화로 인한 문제점을 지적했다. 새로운 표준화가 지능이 낮은 사람을 더 낮게 만든다는 것이다.[30]

10년 뒤 2차 세계대전 참전 병사 708명을 상대로 실시한 터드넘(R. Tuddenham) 조사에 따르면 이들의 IQ는 1차 세계대전 당시의 표준을 적용했을 때 확연히 향상된 것으로 확인됐다. 그는 이 결과를 다음과 같이 해석했다.

"필자는 이 조사 결과를 현 세대가 이전 세대보다 지능 면에서 우월해진 것에 대한 표시로 해석하고 싶고, 이 향상을 더 많은 사람들에 대한 더 나은 교육의 결과로 풀이하고 싶다."[45]

이후 다양한 코호트 요인을 고려한 지능 검사의 데이터베이스(예를 들어 군대)가 점점 쌓여갔다. 이런 자료들에 대한 최근의 한 방대한 메타 분석, 그러니까 31개국 400만 명에 가까운 사람들을 상대로 실시한 271개 데이터베이스에 대한 메타 분석에 따르면 1909년부터 2013년까지 사람들의 IQ는 뚜렷이 높아진 것으로 나타났다.[32] 표 1이 일목요연하게 보여주듯 대부분의 나라들에서 IQ 상승 지수는 10년마다 평균 2~3포인트에 이르렀다.

이 자료의 유효성은 조사 인원의 수에 따라 차이를 보일 수밖에 없다. 예를 들어 100만 명이 넘는 스웨덴 조사와 50만 명이 넘는 덴마크 자료를 89명의 한국이나 124명의 스위스 자료와 동등하게 취급할 수는 없다. 조사 인원이 많을수록 신뢰성은 높아진다.

어쨌든 리처드 헌스타인(R. Henstein)과 찰스 머리(C. Murray)는 지능과 관련해서 많은 논란을 일으킨 자신들의 책에서 수십 년 동안의 이

표 1   10년마다 국가별 IQ 상승 현황[33]

나라	연구 논문 수	조사 인원(명)	시기	IQ 상승 포인트/10년 단위
아르헨티나	2	2,270	1964~1998	7.2
오스트레일리아	8	41,432	1936~1995	4.2
벨기에	2	102,400	1958~1967	8.1
브라질	13	1,906	1930~2007	-1.2
불가리아	1	1,657	1941~1973	2.1
중국	2	3,231	1984~2011	2.2
덴마크	1	549,148	1959~2004	1.7
독일	13	504,284	1956~2008	6
도미니카 공화국	1	725	1947~1983	4.9
에스토니아	1	1,812	1935~2006	1.7
핀란드	1	75,144	1988~2009	2
프랑스	6	146,377	1938~1993	4.4
영국	24	164,937	1932~2008	1.1
이스라엘	3	492,000	1971~1984	5.8
일본	3	4,466	1951~1975	10.2
캐나다	2	9,583	1946~1976	4.4
케냐	1	655	1984~1998	17.9
뉴질랜드	3	32,042	1936~1978	2.4
네덜란드	9	133,460	1952~2005	3.6
노르웨이	1	210,000	1954~2002	2.3
오스트리아	4	10,602	1962~2000	2.4
사우디아라비아	4	4,628	1977~2013	3.5
스웨덴	5	1,084,903	1912~1937 1961~2004	2.5
스위스	1	124	1954~1981	8
스페인	9	43,239	1963~2000	4.6
한국	1	89	1986~1999	5.6
남아프리카공화국	4	3,239	1963~1987	1.6
수단	2	4,292	1964~2007	2.8
터키	1	476	1977~2010	1.6
미국	136	54,243	1909~2006	3.4

런 IQ 상승 현상을 '플린 효과(Flynn effect)'라고 불렀다.[20] 뉴질랜드 학자 제임스 플린(James Flynn)이 이 현상을 처음으로 상세히 설명했기 때문이다. 플린은 처음엔 미국을 사례로,[14] 3년 뒤에는 독일을 포함해 또 다른 14개국을 사례[15]로 이 효과를 설명했다.*

플린 효과

플린은 이 효과를 무척 조심스럽게 논술했고, 그 의미와 관련해서 세 가지 가능성을 제시했다.

첫째, 실질적 의미는 없고, 모두 통계적 왜곡일 수 있다. 그러니까 통계상의 수치 상승만 있을 뿐 인간의 지능이 실제로 좋아지지는 않는다는 것이다. 실질적인 증가를 확인하려면 시간 흐름 속에서 동일한 인간을 상대로 측정해야 하는데 그건 불가능하다. 오히려 통계상의 IQ 상승으로 인해 정신 장애를 가진 사람들이 '선별되어' 특별 시설로 보내질 가능성은 예전에 비해 더욱 커진다. 그래서 그런 사람들은 학교나 군대에서 실시하는 지능 검사를 점점 꺼리게 된다.

---

* 이와 관련해서 플린 본인은 "지금껏 IQ 검사를 한 번도 받은 적이 없다"고 밝혔다.[16] 실제로 그의 직업은 법률가였다. 그는 이 효과에 굳이 이름을 붙인다면 자신이 아니라 영국인 리처드 린(Richard Lynn)에게 영광이 돌아가야 마땅하다고 생각했다. 린이 이미 1982년 〈네이처〉에 일본인들의 IQ 상승 현상을 발표했기 때문이다. 그런 측면에서 로버트 윌리엄스(Robert Williams)는 2013년 플린 효과를 전체적으로 기술하는 책 서두에서, 사실 플린 효과는 '린-플린 효과'라고 부르는 것이 맞고, 아니면 최소한 '플린(FLynn) 효과(여기서 두 번째 대문자 'L'은 'Lynn'의 첫 글자를 딴 것이다)'라고 불려야 한다고 말했다.

둘째, 어느 정도 실질적 의미가 있다. 그러니까 인간은 예전에 비해 개념을 범주화하고 추상적인 규칙을 인식하는 능력이 발달한 덕분에 검사에서 점수가 더 잘 나온다. 결국 지능의 '실질적인' 상승은 없고 답을 잘 찾아내는 요령만 발달했다는 것이다.

셋째, 실질적인 의미가 있다. 이 경우 한 가지 문제가 발생한다. 예를 들면 100년 전에는 평균치였던 IQ 100이 오늘날엔 IQ 70정도에 해당하는데, 그렇다면 이것은 정신 장애로 판정받을 수 있다. 거꾸로 오늘날의 IQ 100은 100년 전에는 IQ 130에 해당하는데, 그렇다면 과거 기준으로 보면 상당히 머리가 좋은 사람이다. 실제로도 그럴까? 알 수 없는 노릇이지만, 아무튼 플린 자신은 그렇게 생각하지 않았다.

'플린 효과'라는 이름을 낳은 당사자의 이런 회의적 견해에도 불구하고 많은 학자들이 IQ 상승을 진지하게 받아들였다. 그러나 오늘날 같은 해에 태어난 모든 사람에 대해 IQ 검사를 실시할 수 없고, IQ의 반복 측정으로 검사 문제들에 대해 부분적 '학습'이 이루어진다는 점을 감안하면 이 효과의 전체 규모에 대한 설명이 부족한 건 사실이다. 그럼에도 인간의 지능이 실제로 상승한다면 그 이유는 어디에 있을까?

유전적 원인이 제기됐지만 곧 탈락했다. 불과 100여 년 사이에 진행된 이 효과의 빠른 속도를 유전적 요인으로 설명할 수는 없기 때문이다. 그렇다면 환경적 영향만 남았고, 실제로 그렇게 가정해도 될 이유는 충분했다. 예를 들어 노르웨이에서는 1954년부터 2002년까지 신체와 IQ가 함께 발달함을 알 수 있었다. 신체와 IQ 발달의 원인 가운데 하나로는 대다수 주민들의 영양과 위생 개선을 꼽을 수 있다. 다만 스웨덴의 상황은 달랐다. 여기서는 조사 기간 동안 신체 발달과 IQ 상승 사이에 어떤 연관성도 나타나지 않았다.[38]

어쨌든 노르웨이에서는 이 기간에 주민들의 사회경제적 수준이 한층 개선됐는데, 이 점도 일정한 역할을 했을 것으로 보인다. 그것을 뒷받침해 주는 예는 또 있다. 마찬가지로 신체와 IQ 발달의 강력한 상관성을 보여주는 일본이 그렇다. 2차 세계대전 후 이 나라는 경제적으로 부흥하고 영양 상태도 획기적으로 개선됐는데, 이런 점들이 적지 않은 역할을 한 것이 분명하다.

경제적 조건의 향상 외에 교육 분야의 개선도 IQ 상승에 일정한 역할을 했다. 이번에도 노르웨이에서 실시된 한 준(準)실험적 연구가 그것을 보여준다. 보편적 의무 교육 기간을 7년에서 9년으로 2년 올린 1960년대 교육 개혁의 영향에 대한 연구였는데, 이를 통해 교육 개혁이 학생들의 IQ 향상에 뚜렷한 영향을 끼친 것으로 확인됐다.[4]

이때 IQ 검사는 19세 청년들을 상대로 이루어졌는데, 이 개혁 조처는 전국적으로 동시에 실시된 것이 아니라 지역마다 몇 년의 편차가 있었다. 그로써 한편으론 평가에 어려움이 따랐지만(약 20퍼센트의 학생들은 정확한 개혁 시점을 확인할 수 없었기 때문이다), 다른 한편으론 자료의 내구성이 높아졌다(개혁이 수년에 걸쳐 이루어짐으로써 개별 연도의 특수 상황에 따른 영향을 줄일 수 있었기 때문이다). 교육 개혁이 IQ에 미친 효과는 0.6포인트였다. 동일한 코호트에서 플린 효과가 1.6포인트로 측정됐기 때문에 연구 보고서의 저자들은 다음과 같은 결론을 내렸다. 1960년대의 해당 시기에 확인된 플린 효과는 3분의 1 이상이 교육 개혁에 따른 효과로 보아야 한다.

최근에 발표된 한 메타 분석[37]은 총 60만 명 이상의 학생들을 상대로 학교가 IQ에 미친 영향을 조사한 세 가지 준실험적 연구(그중에는 방금 언급한 노르웨이 연구도 포함되어 있다)를 심층 조사했다. 그 결과 학교를 1년 더 다니면 IQ가 1~5포인트까지 올라갈 수 있다는 사실이 밝혀졌다. 이게 가능한지를 두고 1980년대에 격한 논쟁이 붙었다.

당시의 인식은 이랬다. IQ는 (주로 이데올로기적인 이유에서) 본질적으로 유전적 요소에 좌우된다고 믿었기에 IQ에 대한 교육의 영향을 거의 배제했다. 대신 IQ와 교육의 관련성을 오직 선택 효과로만 설명했다(더 똑똑한 사람이 더 오래 학교를 다닌다!). 물론 이런 선택 효과가 있기는 하지만, IQ와 교육의 관련성을 오직 그것으로만 설명할 수 없다는 것은 많은 연구들에 의해 증명됐다. 보고서 저자들의 말을 직접 들어보자.

"교육은 지능을 높이기 위해 존재하는 모든 것들 가운데 가장 꾸준하고 확실하고 지속적인 방법으로 보인다(표 1)."[37]

그와 일치하게 플린도 IQ 상승을 통계적 왜곡이라기보다 정신력 수행 능력의 명백한 실질적 변화로 평가했다.[17]

"더 나은 교육과 더 오랜 학습, 더 많은 인지적 능력을 요구하는 일자리, 더 나은 건강이 … 몇 세대에 걸쳐 IQ의 상승을 낳았다."

- 지능은 100년 훨씬 이전부터 측정됐고, 문제 및 과제를 푸는 인간의 정신 능력을 가리킨다.
- 지능은 어릴 때 벌써 나타나기 시작하고, 뇌가 본격적으로 발달하는 아동기와 청소년기에는 교육의 질과 양에도 좌우된다.
- IQ 검사로 지능이 측정되는 게 사실이라면 인간의 지능은 지난

수십 년간 세계 곳곳에서 상승했다.

뒷걸음치는 플린 효과

인간의 IQ 상승은 대략 새천년 전환기까지 이어졌다. 이후부터는 IQ 하락에 관한 연구 보고가 줄줄이 나오고 있다.[42]

두 심리학자 토머스 티즈데일(Thomas Teasdale)과 데이비드 오언(David Owen)의 자료도 "뒷걸음치는 플린 효과"라는 논문 제목이 말해주듯 명백하게 동일한 상황을 언급하고 있다. 티즈데일의 소견을 직접 들어보자.[8]

"IQ 상승은 1990년대 초에 멈추기 시작해서 1999년부터는 하락이 관찰됐다."

대략 1990년대 중반부터 방금 언급한 북유럽 국가들을 시작으로 나중에는 다른 유럽 국가들에서도 IQ의 뒷걸음질이 증명됐고, 그 흐름은 지금까지 이어지고 있다.

이러한 역(逆) 플린 효과는 어떻게 일어났을까? 이와 관련해서 가장 많은 논란을 부른 원인은 유전적 요인이다. 일반적으로 잘 알려져 있듯이 교육 수준이 높은 사람, 즉 머리가 똑똑한 사람은 아이를 적게 낳는다. 특히 여자들이 그렇지만, 남자들도 그런 경향을 보인다.[6/7/36] 교육을 많이 받은 사람일수록 아이를 적게 낳는다면, 달리 말해 교육을 적게 받은 사람일수록 아이를 많이 낳는다면 선진국 국민의 IQ는 장기적으로 점점 하락할 수밖에 없다. 역 플린 효과도 이러한 유전적 요인에서 비롯됐다는 것이다.[10/28]

역 플린 효과는 지금껏 선진국에서만 확인됐다. 반면에 그 밖의 국가들에서는 여전히 플린 효과가 발견된다. 2017년 '플린 효과' 및 '역 플린 효과'와 관련해서 전문가 75명에게 설문 조사를 한 결과 가장 많은 사람들이 지목한 원인은 유전적 메커니즘이었다.[35]

이런 견해를 처음 입증해주는 것처럼 보이는 아이슬란드의 연구 논문이 같은 해에 발표됐다. 아이슬란드는 잘 알려져 있듯이 인간 유전학의 엘도라도다. 다시 말해 전체 인구가 31만 7,000명에 불과하기에 전 국민에 대한 유전적 조사가 가능하고, 이 자료들을 생물학적, 심리적, 사회적 변수(예를 들면 교육이나 건강)들과 연결시키기에 이보다 좋은 장소가 없다.

〈네이처〉에 발표된 한 전장유전체 연관성 분석(GWAS)을 통해 한 인간이 교육 기관에서 보낸 햇수와 관련 있는 74개의 유전자 자리(gene locus)가 밝혀졌다.[31] 한 인간의 지적 수준은 약 20퍼센트만 유전적 영향이고 나머지 80퍼센트는 사회적 요인과 같은 다른 환경적 요인에 좌우되지만, 교육 기관에서 보낸 햇수로 지적 수준을 측정할 경우 그 수치는 비교적 쉽게 객관적으로 규정됐다. 또한 이런 유전자 자리를 토대로 향상된 지적 수준을 점수(다원유전자 점수)로 환산하는 것이 가능해졌다.

이렇게 해서 1910년에서 1990년 사이에 태어난 아이슬란드인 12만 9,808명에게서 이 점수가 결정됐고, 그중 10만 9,120명의 생식에 이 점수가 끼친 영향을 조사했다.[23] 그 결과 이 점수가 높을수록 아이들을 적게 낳을 뿐 아니라 첫 아이의 출산 시기도 점점 늦어지는 것으로 나타났다. 이 효과는 남자보다 여자에게 더 큰 것으로 드러났다.

그런데 그냥 아이슬란드인 수십만 명의 IQ를 측정하고, 자녀 수와 출산 시 부모 나이를 조사하는 게 한결 간단하지 않았을까? 다원유전 자 점수는 교육 햇수 분산값의 3.7퍼센트만 설명하고, 교육 햇수 역시 지능과 50퍼센트까지만 연관되어 있다는 점을 고려하면 오히려 단순 하게 IQ를 측정하고, 자녀 수와 출산 시 부모 나이를 조사하는 방법이 훨씬 더 큰 결과로 이어지지 않았을까? 어쨌든 우리에겐 유전학이 있고, 모든 인간의 유전 정보가 최상으로 파악되어 있고, 그 자료가 디 지털 목록으로 존재하기에 그 방법조차 그렇게 힘이 들지 않은 건 분 명하다. 충분히 그렇게 생각할 수 있다!

하지만 이 조사는 한계가 있었다. 일부 피조사자의 경우 교육 햇수 를 직접 조사했고(아이슬란드에는 모든 자료가 마련되어 있는 게 분명하다!), 그 로써 지적 수준에 중요한 유전자의 영향뿐 아니라 교육 햇수의 영향도 생식과 연결 지을 수 있었다. 이때 교육 햇수의 효과가 실제로 더 큰 것 으로 드러났지만, 공통의 통계적 관찰에 따르면 대부분 서로 무관했다. 그러니까 교육 햇수가 자녀 수에 미치는 영향은 여성의 경우 -0.097에 서 -0.053으로 줄었다.

"이 결과는 다원유전자 점수가 생식에 직접적인 영향을 끼치고, 실 제로 도달한 교육 수준과는 무관하다는 것을 보여준다."[23]

그런데 남성의 경우 이는 특별한 방식으로 나타났다. 남자들의 교육 햇수는 자녀 수와 비례했다. 물론 비례의 정도는 무척 경미했다.

"이 흐름이 수백 년 동안 지속된다면 유의미한 결과라고 할 수 있다."

보고서 저자들의 말이다.* 그러나 이 자료들은 역 플린 효과를 명확하게 설명해주지 못한다. 그러기엔 이 자료들로 증명된 효과가 너무나 미미하다.

무엇이 우리를 점점 바보로 만드는가?

IQ 하락 현상에서 유전적 요인이 배제된다면 남은 건 환경적 요인뿐이다. 관련 보고서 가운데 세이어(M. Shayer)와 긴즈버그(D. Ginsberg)는 구체적 사고에서 추상적 사고로 발달해간다는 피아제의 인지 이론에 뿌리를 두고, 이를 부피와 무게 같은 물리적 개념과 연결시킨 한 테스트를 사용했는데, 그 결과 11세와 12세 아동들의 능력이 1970년대 이후 뚜렷이 떨어진 것을 확인했다. 세이어와 긴즈버그는 이렇게 평했다.[51]

"이 논문에서 보고한 하락의 이유에 대해서는 추측만 가능하다. 1960년대부터 매주 수십 시간씩 TV를 시청함으로써 뇌 발달에 부정적인 요소가 증가했다. 게다가 예전에는 아이들이 몇 시간씩 밖에서 친구들과 뛰놀고, 갖가지 형태의 물건이나 도구를 갖고 놀았지만, 이제

---

* 저자들은 보고서 말미에서 다음과 같은 견해를 내놓았다.[23] "이런 현상(IQ 하락 현상)이 일시적이거나 잠정적일 수 있다는 가능성도 거론됐다. 실제로 이 현상의 순환적 요소는 가능하다. 높은 수준의 지능과 연결된 대립유전자가 호모 사피엔스의 진화사에서 언젠가 긍정적으로 선택됐으리라고 합리적으로 가정할 수 있기 때문이다. 여기서 핵심 메시지는 다음과 같다. 인간은 유전적으로 한 가지 중요한 특성에만 정체되지 않는 종족이라는 사실이다. 수십 년 동안 측정된 지적 수준의 변화에 대한 보고는 주목할 만하지만, 그런 변화조차 진화사 전체에서 보면 눈 한 번 깜짝할 순간에 지나지 않는다. 그러나 이 흐름이 수백 년 동안 지속되면 그 파장은 상당히 클 수 있다."

는 컴퓨터 게임과 가상현실이 그런 것들을 몰아내버렸다."

오슬로의 랑나르 프리슈 경제연구소의 브라츠베르그(B. Bratsberg)와 로게베르그(O. Rogeberg)는 군대에서 신병 73만 6,808명을 상대로 실시한 IQ 테스트를 재차 연구했다. 여기서 출생 코호트는 1962년에서 1991년이었다.[3] 이들은 주민 기록을 근거로 가족 관계도 확인했다. 그러니까 첫째 아들인지, 둘째 아들인지를 파악했다는 말이다. 그들은 이 연구로 1975년도 출생 코호트까지는 IQ가 증가했고, 이후로는 감소했다는 것을 재차 증명했다. 브라츠베르그와 로게베르그도 유전적 관련성을 전반적으로 배제하면서 이렇게 결론 내렸다.[3]

"우리의 결과는 IQ 하락에 관한 일련의 가정들과 일치한다. 그런 가정들로는 교육의 질적·형태적 변화, 미디어 환경의 변화, 영양 또는 건강의 악화, 이주민의 증가로 인한 사회적 문제를 꼽을 수 있다."

여기서 악화된 영양의 요소는 선진국에서는 쉽게 배제할 수 있고, 이주민 문제도 거기에 무척 많은 요소들이 작용하고 있다. 그렇다면 새천년 전환기 초부터 확인된 IQ 하락의 가능한 원인으로 남는 것은 학교와 미디어 소비의 질이다.

역 플린 효과와 관련해서 지금까지 가장 방대한 최신 메타 분석이 하나 있다. 13개국 30만 2,234명을 조사한 40개 데이터베이스에다 66개 변수를 첨가한 메타 분석인데, 이 분석에 따르면 사람들의 IQ는 10년마다 1.5포인트 감소한 것으로 드러났다.[50] 우리 모두 깊이 고민해야 할 대목이 아닌가 싶다.

정리해보자. 지난 세기 선진국에서는 인간들이 점점 똑똑해졌다. 그런데 이 효과는 새천년 전환기부터 뒷걸음치고 있다. 그러니까 1만 번 넘게 측정된 IQ 검사가 보여주듯 최소한 13개 선진국에서는 지능이 감소하고 있다. 이 추세는 너무 뚜렷해서 단순히 측정 오류나 다른 통계학적 허위 효과로 폄하할 수 없게 됐다. 지능 지수 1포인트는 돈으로 환산하면 한 인간의 평생 소득에서 대략 18,000유로에 해당한다. 인간이 평생 45년 동안 일한다고 가정하면 지능 지수 1포인트가 매년 벌어다 주는 돈은 400유로다. 역 플린 효과가 약 10억 명(유럽과 미국, 일본의 인구를 합친 숫자)에게 미친다고 한다면 이는 매년 4,000억 유로의 경제적 손실을 부른다. 여기엔 지능 저하가 건강에 미치는 부정적인 영향 및 그에 따른 비용은 고려하지 않았다. 이제는 정말 진지한 고민이 필요한 시점이다!

제1장

1 Rideout V. Common Sense Media. The Common Sense Census: Media Use by Tweens and Teens. San Francisco, CA: Common Sense Media 2015.

2 Lauricella AR, Cingel DP, Beaudoin-Ryan L, Robb MB, Saphir M, Wartella EA. 2017 The Common Sense census: Plugged-in parents of tweens and teens. Common Sense Media, San Francisco, CA (http://cmhd.northwestern.edu/wp-content/uploads/2017/04/common-sense-parent-census_whitepaper_new-for-web.pdf; abgerufenam 28.6.2018).

3 Hancox RJ, Milne BJ, Poulton R. Association between child and adolescent television viewing and adult health: a longitudinal birth cohort study. Lancet 2004, 364: 257 – 262.

4 Hancox RJ, Milne BJ, Poulton R. Association of television viewing during childhood with poor educational achievement. Arch Pediatr Adolesc Med 2005; 159: 614 – 618.

5 Johnson JG, Cohen P, Smailes EM, Kasen S., Brook JS. Television Viewing and Aggressive Behavior During Adolescence and Adulthood. Science 2002, 295: 2468 – 2471.

6 Anderson CA, Bushman BJ. The effects of media violence on society. Science 2002, 295: 2377 – 2378.

7 Spitzer M. Vorsicht Bildschirm. Klett 2005.

8 Rideout VJ, Foehr UG, Roberts DF. Generation M2: media in the lives of 8- to 18-year-olds. Henry J. Kaiser Family Foundation; Menlo Park, CA: 2010.

9 Brown JD, Bobkowski PS. Older and newer media: patterns of use and effects on adolescents' health and well-being. J Res Adolesc. 2011; 21: 95 – 113.

10   Spitzer M. Digitale Demenz. Droemer 2012.

11   Spitzer M. Cyberkrank! Droemer 2015.

12   Frank E, Pong J, Asher Y, Soares CN Smart phone technologies and ecological momentary data: is this the way forward on depression management and research? Curr Opin Psychiatry 2018, 31: 3 – 6.

13   Lu T. Almost half of smartphone users spend more than 5 hours a day on their mobile device. Counterpoint Research 2017 (https://www.counterpointresearch. com/almost-half-of-smartphoneusers-spend-more-than-5-hours-a-day-on-their-mobile-device/;abgerufen am 6.1. 2018).

14   Lanchester J. Über Facebook. Du bist das Produkt. DLF24 (http://podcastmp3. dradio.de/podcast/2018/04/01/du_bist_das_produkt_ueber_facebook_teil_12_ dlf_20180401_0930_278da4af.mp3;abgerufen am 8.4. 2018).

15   Benoit D. iPhones and Children Are a Toxic Pair, Say Two Big Apple Investors. Wall Street Journal, 7. Januar 2018 (https://www.wsj.com/articles/iphones-and-children-are-a-toxic-pair-say-twobig-apple-investors-1515358834; abgerufen am 9.1. 2018).

16   Schuler M. Entwicklerkonferenz WWDC. Apples Politik der kleinen Schritte. Stand: 05.06. 2018 02:55 Uhr. Tagesschau.de (https://www.tagesschau.de/ wirtschaft/apple-entwicklerkonferenz-103.html; abgerufen am 6.7. 2018).

17   Roberto CA, Swinburn B, Hawkes C, Huang TTK, Costa SA, Ashe M, Zwicker L, Cawley JH, Brownell KD. Patchy progress on obesity prevention: emerging examples, entrenched barriers, and new thinking. Lancet 2015, 385: 2400 – 2409.

18   Booker CL, Skew AJ, Kelly YJ, Sacker A. Media use, sports participation, and well-being in adolescence: Cross-sectional findings from the UK Household Longitudinal Study. Am J Public Health. 2015; 105: 173 – 179.

19   Spengler S, Mess F, Schmocker E, Woll A. Longitudinal associations of health-related behavior patterns in adolescence with change of weight status and self-rated health over a period of 6 years: results of the MoMo longitudinal study. BMC Pediatr. 2014; 14: 242.

20   Streb J, Kammer T, Spitzer M, Hille K. Extremely reduced motion in front of screens: Investigating real-world physical activity of adolescents by accelerometry and electronic diary. PLoS ONE 2015; 10: e0 126 722.

21   Wilkie HJ, Standage M, Gillison FB, Cumming SP, Katzmarzyk PT. Multiple lifestyle behaviours and overweight and obesity among children aged 9–11 years: results from the UK site of the International Study of Childhood Obesity, Lifestyle and the Environment. BMJ Open 2016;6(2): e010 677 (doi: 10.1136/bmjo-

pen-2015-010677).

22   Arora T, Hussain S, Hubert Lam KB, Lily Yao G, Neil Thomas G, Taheri S.
     Exploring the complex pathways among specific types of technology, self-
     reported sleep duration and body mass index in UK adolescents. Int J Obes
     (Lond). 2013; 37: 1254 – 1260.

23   Stracciolini A, Stein CJ, Kinney S, McCrystal T, Pepin MJ, Meehan WP. Associa-
     tions Between Sedentary Behaviors, Sleep Patterns, and BMI in Young Dancers
     Attending a Summer Intensive Dance Training Program. J Dance Med Sci. 2017;
     21:102 – 108.

24   Robinson TN, Banda JA, Hale L, Lu AS, Fleming-Milici F, Calvert SL, PhD, Wart-
     ella E. Screen media exposure and obesity in children and adolescents. Pediat-
     rics 2017; 140; S97 (doi: 10.1542/peds.2016-1758 K).

25   Thomée S, Lissner L, Hagberg M, Grimby-Ekman A. Leisure time computer use
     and overweight development in young adults-prospective study. BMC Public
     Health 2015; 15: 839.

26   Siegfried W, Eder A, Schoosleitner C, Knollmann M, Lohmann A, Rehbein F,
     Mößle T »Internet Gaming Disorder«, »school absenteeism« and »Obesity« co-
     occur frequently. Is there an ISO-Syndrome? Praktische Pädiatrie 2015; 21:
     100 – 108.

27   Kim S-E, Kim J-W, Jee Y-S. Relationship between smartphone addiction and
     physical activity in Chinese international students in Korea. Journal of Behav-
     ioral Addictions 2015; 4: 200 – 205.

28   Lamberg EM, Muratori LM. Cell phones change the way we walk. Gait Posture.
     2012; 35: 688 – 690.

29   Anonymus. Why go outside when you have an iPhone. America's national
     parks struggle to attract young visitors. The Economist August 17th 2013
     (https://www.economist.com/news/united-states/21583689-americas-national-parks-
     struggle-attract-young-visitors-why-go-outside-when-you-have; abgerufen am 19.8.
     2013).

30   Tandon P, Thompson S, Moran L, Lengua L. Body mass index mediates the
     effects of low income on preschool children's executive control, with implica-
     tions for behavior and academics. Childhood Obesity 2015; 11 (doi: 10.1089/
     chi.2014.0071).

31   Park M, Falconer C, Viner R, Kinra S. The impact of childhood obesity on mor-
     bidity and mortality in adulthood: a systematic review. Obes Rev 2012; 13: 985 –
     1000.

32 Faught EL, Gleddie D, Storey KE, Davison CM, Veugelers PJ. Healthy life-style behaviours are positively and independently associated with academic achievement: An analysis of self-reported data from a nationally representative sample of Canadian early adolescents. PLoS ONE 2017; 12: e0 181 938.

33 Cohen AK, Rai M, Rehkopf DH, Abrams B. Educational attainment and obesity: A systematic review. Obes Rev. 2013; 14: 989 – 1005.

34 Tremmel M, Gerdtham U-G, Nilsson PM, Saha S. Economic Burden of Obesity: A Systematic Literature Review. Int J Environ Res Public Health. 2017; 14: 435 (doi: 10.3390/ijerph14040435).

35 Hysing M, Pallesen S, Stormark KM, Jacobsen R, Lundervold A, Sivertsen B. Sleep and use of electronic devices in adolescence: results from a large population-based study. BMJ Open 2015; 5: e006 748.

36 Falbe J, Davison KK, Franckle RL, Ganter C, Gortmaker SL, Smith L, Land T, Taveras EM. Sleep duration, restfulness, and screens in the sleep environment. Pediatrics. 2015; 135: e367 – 75 (doi: 10.1542/peds.2014-2306).

37 Schweizer A, Berchtold A, Barrense-Dias Y, Akre C, Suris JC. Adolescents with a smartphone sleep less than their peers. Eur J Pediatr. 2017; 176: 131 – 136.

38 Royant-Parola S, Londe V, Tréhout S, Hartley S (2017) The use of social media modifies teenagers' sleep-related behavior [Article in French]. Encephale pii: S0013 – 7006(17)30 114 – 8 (doi: 10.1016/j.encep.2017.03009).

39 LeBourgeois MK, Hale L, Chang AM, Akacem LD, Montgomery-Downs HE, Buxton OM. Digital Media and Sleep in Childhood and Adolescence. Pediatrics 2017; 140 (Suppl 2): S92-S96.

40 Chang AM, Aeschbach D, Duffy JF, Czeisler CA. Evening use of light-emitting eReaders negatively affects sleep, circadian timing, and next-morning alertness. PNAS 2015; 112: 1232 – 1237.

41 Green A, Cohen-Zion M, Haim A, Dagan Y. Evening light exposure to computer screens disrupts human sleep, biological rhythms, and attention abilities. Chronobiol Int 2017; 34: 855 – 865.

42 Miller AL, Lumeng JC, LeBourgeois MK. Sleep patterns and obesity in childhood. Curr Opin Endocrinol Diabetes Obes. 2015; 22: 41-47.

43 Anothaisintawee T, Reutrakul S, Van Cauter E, Thakkinstian A. Sleep disturbances compared to traditional risk factors for diabetes development: Systematic review and meta-analysis. SleepMed Rev 2016; 30: 11-24.

44 Holliday EG, Magee CA, Kritharides L, Banks E, Attia J. Short sleep duration is associated with risk of future diabetes but not cardiovascular disease: a pro-

spective study and meta-analysis. PLoS One 2013; 8(11):e82 305 (doi: 10.1371/journal.pone.0082305).

45   St-Onge MP, Grandner MA, Brown D, Conroy MB, Jean-Louis G, Coons M, Bhatt DL American Heart Association Obesity, Behavior Change, Diabetes, and Nutrition Committees of the Council on Lifestyle and Cardiometabolic Health; Council on Cardiovascular Disease in the Young; Council on Clinical Cardiology; and Stroke Council. Sleep Duration and Quality: Impact on Lifestyle Behaviors and Cardiometabolic Health: A Scientific Statement From the American Heart Association. Circulation. 2016; 134(18): e367-e386.

46   Cassidy-Bushrow AE, Johnson DA, Peters RM, Burmeister C, Joseph CL. Time Spent on the Internet and Adolescent Blood Pressure. J Sch Nurs. 2015 Oct;31(5):374-84 (doi: 10.1177/1059840514556772).

47   Clayton RB, Leshner G, Almond A. The extended iSelf: The impact of iPhone separation on cognition, emotion, and physiology. Journal of Computer-Mediated Communication 2015; 20: 119-135 (doi: 10.1111/jcc4.12 109).

48   Thomée S, Häenstam A, Hagberg M. Mobile phone use and stress, sleep disturbances, and symptoms of depression among young adults-a prospective cohort study. BMC Public Health. 2011; 11: 66.

49   Bickham DS, Hswen Y, Rich M. Media use and depression: exposure, household rules, and symptoms among young adolescents in the USA. Int J Public Health. 2015; 60: 147-55.

50   McTague T. Children glued to social media sites like Facebook and Twitter are twice as likely to suffer mental health problems. Daily Mail 20.10. 2015 (http://www.dailymail.co.uk/news/article-3281206/Children-glued-social-media-siteslike-Facebook-Twitter-TWICE-likely-suffer-mental-health-problems.html?ito=social-twitter_dailymailus; abgerufen am 6.8.2018).

51   Twenge JM, Joiner TE, Rogers ML, Martin GN. Increases in depressive symptoms, suicide-related outcomes, and suicide rates among U. S. adolescents after 2010 and links to increased new media screen time. Clinical Psychological Science 2018; 6: 3-17.

52   CDC (Centers for Disease Control and Prevention). Suicide Rates for Teens Aged 15-19 Years. National Vital Statistics System, mortality data (https://www.cdc.gov/nchs/nvss/deaths.htm; abgerufen am 3.1.2018).

53   Tossell CC, Kortum P, Shepard C, Rahmati A, Zhong L. You can lead a horse to water but you cannot make him learn: Smartphone use in higher education. British Journal of Educational Technology 2015; 46: 713 (DOI: ⟨10.1111/bjet.12

176).

54 Kammerl R, Unger A, Güther S, Schwedler A. BYOD-Start in die nächste Generation. Abschlussbericht der wissenschaftlichen Evaluation des Pilotprojekts. Hamburg, 3.11. 2016, Universität Hamburg.

55 Beland L-P, Murphy R. Ill Communication: Technology, Distraction & Student Performance. Centre for Economic Performance (CEP) Discussion Paper No 1350 (May 2015). London School of Economics and Political Science, Houghton Street, London WC2A 2AE.

56 OECD. Students, Computers and Learning: Making the Connection. Paris, France: OECD Publishing; 2015.

57 Mueller PA, Oppenheimer DM. The pen is mightier than the keyboard: Advantages of longhand over laptop note taking. Psychological Science 2014; 25: 1159-1168.

58 Kirschner PA, Bruyckere P. The myths of the digital native and the multitasker. Teaching and Teacher Education 2017; 67: 135-142.

59 Ophir E, Nass C, Wagner AD. Cognitive control in media multitaskers. PNAS 2009, 106: 15 583-15 587.

60 Livingston G, et al. Dementia prevention, intervention, and care. Lancet 2017; 390: 2673-2734.

61 Richards R, McGee R, Williams SM, Welch D, Hancox RJ (2010) Adolescent screen time and attachment to peers and parents. Archives of Pediatrics & Adolescent Medicine 164: 258-262.

62 Gilbert N. Green space: A natural high. Nature 2016; 531: 56-57.

63 Richardson EA, Pearce J, Shortt NK, Mitchell R. The role of public and private natural space in children's social, emotional and behavioural development in Scotland: A longitudinal study. Environ Res 2017; 158: 729-736.

64 Kesebir S, Kesebir P. A growing Disconnection from nature is evident in cultural products. Perspectives on Psychological Science 2017; 12: 258-269.

65 Louv R. Last Child in the Woods: Saving Our Children from Nature-Deficit Disorder. Chapel Hill, NC: Algonquin Books 2005.

66 Sandstrom GM, Dunn EW. Is efficiency overrated? Minimal social interactions lead to belonging and positive affect. Soc Psychol Personal Sci 2014 a; 5: 437-442.

67 Sandstrom GM, Dunn EW. Social interactions and well-being: the surprising power of weak ties. Personal Soc Psychol Bull 2014 b; 40: 900-922.

68 Kushlev K, Proulx JDE. The Social Costs of Ubiquitous Information: Consuming

Information on Mobile Phones Is Associated with Lower Trust. PLoS ONE 2016;
11: e0 162 130 (doi: 10.1371/journal.pone.0162130).

69 Tufekci Z. YouTube, the great redicalizer. The New York Times, 2.3. 2018, S.
1, 15 (auch unter: https://www.nytimes.com/2018/03/10/opinion/sunday/youtube-
politics-radical.html; abgerufen am14.3. 2018).

70 Vosoughi S, Roy D, Aral S. The spread of true and false news online. Science
2018; 359: 1146-1151.

71 Wu Y, Kosinski M, Stillwella D Computer-based personality judgments are
more accurate than those made by humans. PNAS 2015; 112: 1036-1040.

72 Kramer ADI, Guillory JE, Hancock JT. Experimental evidence of massive-scale
emotional contagion through social networks. PNAS 2014; 111: 8788-8790.

73 Rosenberg M, Frenkel S. Facebook's role in data misuse sets off storms
on two continents. The New York Times, 18.3. 2018 (https://www.nytimes.
com/2018/03/18/us/cambridge-analytica-facebook-privacy-data.html; abgerufen am
27.3. 2018).

74 Silverman E. Facebook's first president, on Facebook: ›God only knows what it'
s doing to our children's brains‹. The Washington Post, 9.11. 2017. (https://www.
washingtonpost.com/news/theswitch/wp/2017/11/09/facebooks-first-president-
on-facebookgod-only-knows-what-its-doing-to-our-childrens-brains/?utm_
term=8193cbc693c7; abgerufen am 10.2. 2018).

75 Matz SC, Kosinski M, Nave G, Stillwell DJ. Psychological targeting as an effec-
tive approach to digital mass persuasion. PNAS 2017; 114: 12 714-12 719.

제2장

1 Tideman JW, Polling JR, van der Schans A, Verhoeven VJ, Klaver CC. Myopia, a
growing health problem [Article in Dutch]. Ned Tijdschr Geneeskd. 2016; 160:
D803.

2 Warner N. Update on myopia. Curr Opin Ophthalmol 2016; 27: 402-406.

3 Williams KM, Verhoefen VJM, Cumberland P et al. Prevalence of refractive error
in Europe: the European Eye Epidemiology (E3) Consortium. Eur J Epidemiol
2015; 30: 305-315.

4 Hopf S, Pfeiffer N. Epidemiology of myopia. [Article in German] Ophthalmo-
loge 2017; 114: 20-23.

5 Schaeffel F, Glasser A, Howland HC. Accommodation, refractive error and eye
growth in chickens. Vision Res 1988; 28: 639-657.

6 Wallman J, Winawer J. Homeostasis of eye growth and the question of myopia.

Neuron 2004; 43: 447-468.

7   Schaeffel F. Biological mechanisms of myopia [Article in German]. Ophthalmologe 2017; 114: 5-19.

8   Morgan IG, Ohno-Matsui K, Saw SM. Myopia. Lancet 2012; 379: 1739-1748.

9   Pew Research Center. Smartphone Ownership and Internet Usage Continues to Climb in Emerging Economies, February, 2016. (http://www.pewglobal.org/files/2016/02/pew_research_center_global_technology_report_final_february_22_2016.pdf; abgerufen am 6.1.2018).

10 Wu JF, Bi HS, Wang SM, Hu YY, Wu H, Sun W, Lu TL, Wang XR, Jonas JB. Refractive error, visual acuity and causes of vision loss in children in Shandong, China. The Shandong Children Eye Study. PLoS ONE 2013; 8(12): e82 763.

11 Li SM, Li S-Y, Kang M-T et al. Near work related parameters and myopia in Chinese children: The Anyang childhood eye study. PLoS ONE 2015; 10: e0 134 514.

12 Zheng YF, Pan CW, Chay J, Wong TY, Finkelstein E, Saw SM. The economic cost of myopia in adults aged over 40 years in Singapore. Invest Ophthalmol Vis Sci. 2013; 54: 7532-7537.

13 Warner N. Update on myopia. Curr Opin Ophthalmol 2016; 27: 402-406.

14 Jones LA, Sinnott LT, Mutti DO et al. Parental history of myopia, sports and outdoor activities, and future myopia. Invest Ophthalmol Vis Sci 2007; 48: 3524-3532.

15 Jones-Jordan LA, Sinnott LT, Cotter SA et al. Time outdoors, visual activity, and myopia progressionin juvenile-onset myopes. Investigative Ophthalmology & Visual Science 2012; 53: 7169-7175.

16 Jones-Jordan LA, Sinnott LT, Graham ND et al. The contributions of near work and outdoor activity to the correlation between siblings in the collaborative longitudinal evaluation of ethnicity and refractive error (CLEERE) study. Investigative Ophthalmology & Visual Science 2014; 55: 6333-6339.

17 Cooper J, Schulman E, Jamal N. Current status on the development and treatment of myopia. Optometry 2012; 83: 179-199.

18 Walline JJ. Myopia control: A review. Eye Contact Lens 2016; 42: 3-8.

19 Lin Z, Vasudevan B, Jhanji V, Gao TY, Wang NL et al. Eye exercises of acupoints: their impact on refractive error and visual symptoms in Chinese urban children. BMC Complement Altern Med 2013; 13: 306.

20 Li SM, Kang MT, Peng XX, Li SY, Wang Y, Li L, Yu J, Qiu LX, Sun YY, Liu LR et al. Efficacy of Chinese eye exercises on reducing accommodative lag in school-

aged children: a randomized controlled trial. PLoS One 2015; 10(3): e0 117 552.

제3장

1   Cheever NA, Rosen LD, Carrier LM, Chavez A. Out of sight is not out of mind: The impact of restricting wireless mobile device use on anxiety levels among low, moderate and high users. Computers in Human Behavior 2014; 37: 290-297.

2   Clayton RB, Leshner G, Almond A. The extended iSelf: The impact of iPhone separation on cognition, emotion, and physiology. Journal of Computer-Mediated Communication 2015; 20: 119-135.

3   Dietz S, Henrich C. Texting as a distraction to learning in college students. Computers in Human Behavior 2014; 36: 163-167.

4   End CM, Worthman S, Bridget M, Wetterau M, Wetterau K. Costly cell phones: The impact of cell phone rings on academic performance. Teaching of Psychology 2009; 37: 55-57.

5   Froese AD, Carpenter CN, Inman DA, Schooley JR, Barnes RB, Brecht PW, Chacon JD. Effects of classroom cell phone use on expected and actual learning. College Student Journal 2012; 46: 323-332.

6   Isikman E, MacInnis DJ, Ulkumen G, Cavanaugh LA. The effects of curiosity-evoking events on activity enjoyment. J Exp Psychol Appl 2016; 22: 319-330.

7   Oulasvirta A, Rattenbury T, Lingyi M, Eeva R. Habits make smartphone use more pervasive. Personal and Ubiquitous Computing 2011; 16: 105-114.

8   Pfister R, Pohl C, Kiesel A, Kunde W. Your unconscious knows your name. PLoS One 2012; 7: e32 402.

9   Roye A, Jacobsen T, Schroger E. Personal significance is encoded automatically by the human brain: An event-related potential study with ringtones. Eur J Neurosci 2007; 26: 784 -790.

10   Shelton JT, Elliott EM, Lynn SD, Exner AL. The distracting effects of a ringing Cell Phone: An investigation of the laboratory and the classroom setting. J Environ Psychol 2009; 29: 513-521.

11   Spitzer M. Smartphones. Zu Risiken und Nebenwirkungen fur Bildung, Sozialverhalten und Gesundheit. Nervenheilkunde 2014; 33: 9-15.

12   Thornton B, Faires A, Robbins M, Rollins E. The mere presence of a cell phone may be distracting: Implications for attention and task performance. Social Psychology 2014; 45: 479-488.

13   Ward AF, Duke K, Gneezy A, Bos MW. Brain Drain: The mere presence of one'

s own smartphone reduces available cognitive capacity. Journal of the Association for Consumer Research (JACR) 2017; 2: 140-154.

14 Zheng F, Gao P, He M, Li M, Wang C, Zeng Q, Zhou Z, Yu Z, Zhang L. Association between mobile phone use and inattention in 7102 Chinese adolescents: a population-based cross-sectional study. BMC Public Health 2014; 14: 1022.

15 Przybylski AK, Weinstein N. Can you connect with me now? How the presence of mobile communication technology influences face-to-face conversation quality. Journal of Social and Personal Relationships 2013; 30: 1 – 10.

제4장

1 BLIKK Medien Studie 2018 Abschlussbericht BLIKK-Medien: Kinder und Jugendliche im Umgang mit elektronischen Medien (https://www.drogenbeauftragte.de/fileadmin/Dateien/5_Publikationen/Praevention/Berichte/Abschlussbericht_BLIKK_Medien. pdf; abgerufen am 2.7. 2018).

2 Brand M, Young KS, Laier C. Prefrontal control and Internet addiction: a theoretical model and review of neuropsychological and neuroimaging findings. Front Hum Neurosci 2014; 8: 375.

3 Christakis DA, Gilkerson J, Richards JA, Zimmerman FJ, Garrison MM, Xu D, Gray S, Yapanel U. Audible television and decreased adult words, infant vocalizations, and conversational turns: a population-based study. Arch Pediatr Adolesc Med 2009; 163: 554-558.

4 Davidov M, Grusec JE. Untangling the links of parental responsiveness to distress and warmth to child outcomes. Child Dev 2006; 77: 44-58.

5 Drogenbeauftragte der Bundesregierung, 2017, Gemeinsame Pressemitteilung. Ergebnisse der BLIKK Studie 2017 vorgestellt: Übermäßiger Medienkonsum gefährdet Gesundheit von Kindern und Jugendlichen. Berlin 29.5. 2017.

6 Feinberg ME, Brown LD, Kan ML. A multi-domain self-report measure of coparenting. Parenting 2012; 12: 1-21.

7 Harris T. How Technology is Hijacking Your Mind-from a Magician and Google Design Ethicist 2016 (https://journal.thriveglobal.com/how-technology-hijacks-peoples-minds-froma-magicianand-google-s-design-ethicist-56d62ef5edf3; abgerufen am 24.6. 2018).

8 Hinkley T, Verbestel V, Ahrens W, Lissner L, Molnár D, Moreno LA, Pigeot I, Pohlabeln H, Reisch LA, Russo P, Veidebaum T, PhD; Tornaritis M, Williams G, De Henauw S, De Bourdeaudhuij I; für das IDEFICS Consortium. Early childhood electronic media use as a predictor of poorer wellbeing: a prospective

cohort study. JAMA Pediatr 2014; 168: 485-492.

9   Johnson SB, Riley AW, Granger DA, Riis J. The science of early life toxic stress for pediatric practice and advocacy. Pediatrics 2013; 131: 319-327.

10   Kellershohn J, Walley K, West B, Vriesekoop. Young consumers in fast food restaurants: technology, toys and family time. Young Consumers 2018; 19: 105-118.

11   Kirkorian HL, Pempek TA, Murphy LA, Schmidt ME, Anderson DR. The impact of background television on parent-hild interaction. Child Dev 2009; 80: 1350-1359.

12   Lauricella AR, Cingel DP, Beaudoin-Ryan L, Robb MB, Saphir M, Wartella EA. 2017 The Common Sense census: Plugged-in parents of tweens and teens. Common Sense Media, San Francisco, CA (http://cmhd.northwestern.edu/wp-content/uploads/2017/04/common-sense-parent-census_whitepaper_new-for-web.pdf; abgerufen am 28.6. 2018).

13   McDaniel BT, Coyne SM. »Technoference«: The interference of technology in couple relationships and implications for women's personal and relational well-being. Psychol Pop Media Cult 2016; 5: 85.

14   McDaniel BT, Radesky JS. Technoference: longitudinal associations between parent technology use, parenting stress, and child behavior problems. Pediatric Research 2018; June 13; https://doi.org/10.1038/s41390-018-0052-6).

15   McDaniel BT, Radesky, JS. Technoference: parent distraction with technology and associations with child behavior problems. Child Dev 2018; 89: 100-109.

16   McDaniel BT, Galovan AM, Cravens JD, Drouin M. »Technoference« and implications for mothers' and fathers' couple and coparenting relationship quality. Comput Human Behav 2018; 80: 303-313.

17   Mendelsohn AL, Berkule SB, Tomopoulos S, et al. Infant television and video exposure associated with limited parent-hild verbal interactions in low socio-economic status households. Arch Pediatr Adolesc Med 2008; 162: 411-417.

18   Misra S, Cheng L, Genevie J, Yuan M. The iPhone effect: the quality of in-person social interactions in the presence of mobile devices. Environ Behav 2016; 48: 275-298.

19   Moffitt TE, Arsenault L, Belsky D, Dickson N, Hancox RJ, Harrington H, Houts R, Poulton R, Roberts BW, Ross S, Sears MR, Thomson WM, Caspi A. A gradient of childhood self-control predicts health, wealth, and public safety. PNAS 2011; 108: 2693-2698.

20   Oduor E, Neustaedter C, Odom W, Tang A, Moallem N, Tory M et al. (eds.) The

frustrations and benefits of mobile device usage in the home when co-present with family members. In Proc. of the 2016 ACM Conference on Designing Interactive Systems. ACM, New York, NY 2016.

21 Poulain T, Vogel M, Neef M, Abicht F, Hilbert A, Genuneit J, Körner A, Kiess W. Reciprocal associations between electronic media use and behavioral difficulties in preschoolers. International Journal of Environmental Research and Public Health 2018; 15: 814.

22 Przybylski AK, Weinstein N. Can you connect with me now? How the presence of mobile communication technology influences face-to-face conversation quality. J Soc Pers Relat 2013; 30: 237-246.

23 Radesky JS, Miller AL, Rosenblum KL, Appugliese D, Kaciroti N, Lumeng JC. Maternal mobile device use during a structured parent- child interaction task. Acad Pediatr 2015; 15: 238-244.

24 Radesky JS, Kistin CJ, Eisenberg S, Gross J, Block G, Zuckerman B, Silverstein M. Parent perspectives on their mobile technology use: the excitement and exhaustion of parenting while connected. J Dev Behav Pediatr 2016; 37: 694-701.

25 Radesky JS, Kistin CJ, Zuckerman B, Nitzberg K, Gross J, Kaplan-Sanoff M, Augustyn M, Silverstein M. Patterns of mobile device use by caregivers and children during meals in fast food restaurants. Pediatrics 2014; 133: e843 - 849.

26 Radesky JS, Leung C, Appugliese D, Miller AL, Lumeng JC, Rosenblum KL. Maternal mental representations of the child and mobile phone use during parent-child mealtimes. J Dev Behav Pediatr 2018; 39: 310-317.

27 Richards R, McGee R, Williams SM, Welch D, Hancox RJ. Adolescent screen time and attachment to peers and parents. Arch Pediatr Adolesc Med 2010; 164: 258- 262.

28 Spitzer M. Familienabendessen. Nervenheilkunde 2014; 33: 759-760.

29 Spitzer M. Am Anfang war das Wort. Nervenheilkunde 2015; 34: 466-468.

30 Spitzer M. Die Smartphone-Denkstorung. Nervenheilkunde 2017; 36: 587-590.

31 Steiner-Adair C, Barker TH. The big disconnect: Protecting childhood and family relationships in the digital age. Harper Business 2013.

32 Uhls YT, Michikyan M, Morris J, Garcia D, Small GW, Zgourou E, Greenfield PM. Five days at outdoor education camp without screens improves preteen skills with nonverbal emotion cues. Comput Human Behav 2014; 39: 387-392.

33 Ward AF, Duke K, Gneezy A, Bos MW. Brain Drain: The mere presence of one' s own smartphone reduces available cognitive capacity. Journal of the Association for Consumer Research 2017; 2: 140-154.

34 Wartella E, Rideout V, Lauricella A. Partenting in the Age of Digital Technology (http://cmhd.northwestern.edu/wp-content/uploads/2015/06/ParentingAgeDigitalT-echnology.REVISED.FINAL_2014.pdf. 2014; abgerufen am 28.6. 2018).

35 Oberst U, Wegmann E, Stodt B, Brand M, Chamarro A. Negative consequences from heavy social networking in adolescents: The mediating role of fear of missing out. J Adolsesc 2017; 55: 5160.

36 Kross E, Verduyn P, Demiralp E, Park J, Lee DS et al. Facebook use predicts declines in subjective well-being in young adults. PloS ONE 2013; 8(8): e69 841.

제5장

1 Balmford A, Clegg L, Coulson T, Taylor J. Why conservationists should heed Pokemon. Science 2002; 295: 2367-2367.

2 Berman MG, Jonides J, Kaplan S. The Cognitive Benefits of InteractingWith Nature. Psychological Science 2008; 19: 1207-1212.

3 Egan T. Nature-deficit disorder. The New York Times, The Opinion Pages section, The Opinionator blog, 29.3. 2012. 2015 (http://opinionator.blogs.nytimes.com/2012/03/29/nature-deficit-Disorder; abgerufen am 31.10.2017).

4 Faber Taylor AF, Kuo. Children with attention deficits concentrate better after walk in the park. Journal of Attention Disorders 2009; 12: 402-409.

5 Faber Taylor AF, Kuo. Could exposure to everyday green spaces help treat ADHD? Evidence from children's play settings. Applied Psychology: Health and Well-Being 2011; 3: 281-303.

6 Faber Taylor AF, Kuo FE, Sullivan WC. Coping with ADD. The surprising connection to green play settings. Environment and Behavior 2001; 33: 54-77.

7 Faber Taylor AF, Kuo FE, Sullivan WC. Views of nature and self-discipline: Evidence from inner city children. Journal of Environmental Psychology 2002; 22: 49-63.

8 Flood A. Oxford Junior Dictionary's replacement of ›natural‹ words with 21st-century terms sparks outcry. The Guardian, 13.1.2015. (https://www.theguardian.com/books/2015/jan/13/oxford-junior-dictionary-replacement-natural-words; abgerufen am 21.10. 2017).

9 Kesebir S, Kesebir P. A growing Disconnection from nature is evident in cultural products. Perspectives on Psychological Science 2017; 12: 258-269.

10 Louv R. Last Child in the Woods: Saving Our Children from Nature-Deficit Disorder. Algonquin Books 2005, Chapel Hill, NC.

11 Moss S. Natural Childhood. Natural Trust Fund. Park Lane Press. 2012 (https://

www.nationaltrust.org.uk/documents/read-our-natural-childhoodreport.pdf; ab-
gerufen am 22.10.2017).

12   Richardson EA, Pearce J, Shortt NK, Mitchell R. The role of public and private
     natural space in children's social, emotional and behavioural development in
     Scotland: A longitudinal study. Environ Res 2017; 158: 729-736.

13   Spitzer M. Pokémon go away. Nervenheilkunde 2017; 36: 500-507.

14   Spitzer M. Ins Grüne und Blaue. Natur: Geschützt, gesund und teuer! Nerven-
     heilkunde 2017; 36: 689-694.

15   Warber SL, DeHudy AA, Bialko MF, Marselle MR, Irvine KN. Addressing »Na-
     ture-Deficit Disorder«: A Mixed Methods Pilot Study of Young Adults Attending
     a Wilderness Camp. Evid Based Complement Alternat Med 2015: 651 827 (doi:
     10.1155/2015/651827).

제6장

1   Anonymus. Wanka will fünf Milliarden Euro für digitalisierte Schulen. Reuters,
     Inlandsnachrichten, 12. Oktober 2016 (http://de.reuters.com/article/deutschland-
     bildung-digitalisierung-id-DEKCN12C1N6).

2   Bagshaw E. The reality is that technology is doing more harm than good in our
     schools' says education chief. Sydney Morning Herald 1.4. 2016 (http://www.
     smh.com.au/national/education/thereality-is-that-technology-is-doing-more-harm-
     than-good-inour-schools-says-education-chief-20160330-gnu370.html).

3   Chopik WJ. The benefits of social technology use among older adults are me-
     diated by reduced lone-liness. Cyberpsychology, Behavior, and Social Net-
     working 2016; 19(9): 551-556.

4   Cranwell J, Whittamore K, Britton J, MD, Leonar-di-Bee J. Alcohol and tobacco
     content in UK video games and their association with alcohol and tobacco
     use among young people. Cyberpsychology, Behavior, and Social Networking
     2016; 19: 426-434.

5   Daniel DB, Willingham DT. Electronic textbooks: Why the rush? Science 2012;
     335: 1570-1571.

6   Fuchs T, Woessmann L. Computers and student learning: bivariate and multi
     variate evidence on the availability and use of computers at home and at
     school. CESifo Working Paper 2004; 1321 (www.CESifo.de).

7   Henkel LA. Point-and-shoot memories: the influence of taking photos on
     memory for a museum tour. Psychol Sci 2013; 25: 396-402.

8   Kammerl R, Unger A, Günther S, Schwedler A. BYOD-Start in die nächste Gen-

eration. Abschlussbericht der wissenschaftlichen Evaluation des Pilotprojekts. Hamburg: Universität Hamburg

9 Kizilcec RF, Saltarelli AJ, Reich J, Cohen GL. Closing global achievement gaps in MOOCs. Science 2017; 355: 251-252.

10 Mizrachi D. Undergraduates' academic reading format preferences and behaviors, The Journal of Academic Librarianship 2015 (http://dx.doi.org/10.1016/j.acalib.2015.03.009).

11 Mueller PA, Oppenheimer DM. The pen is mightier than the keyboard: Advantages of longhand over laptop note taking. Psychological Science 2014; 25: 1159-1168.

12 OECD. Students, computers and learning: Making the connection, PISA, OECD Publishing 2015 (http://dx.doi.org/10.1787/9789264239555-en).

13 Ophir E, Nass C, Wagner AD. Cognitive control in media multitaskers. PNAS 2009; 106: 15 583-15 587.

14 Patton GC, Sawyer SM, Santelli JS et al. Our future: a Lancet commission on adolescent health and wellbeing. Lancet 2016; 387: 2423-2478.

15 Ravizza SM, Uitvlugt MG, Fenn KM. Logged in and zoned out: How laptop internet use relates to classroom learning. Psychological science 2017; 28: 171-180.

16 Richards R, McGee R, Williams SM, Welch D, Hancox RJ. Adolescent screen time and attachment to peers and parents. Arch Pediatr Adolesc Med 2010; 164: 258-262.

17 Sana F, Weston T, Cepeda NJ. Laptop multitasking hinders classroom learning for both users and nearby peers. Computers & Education 2013; 62: 24-31.

18 Sparrow B, Liu J, Wegner DM. Google effects on memory: Cognitive consequences of having information at our fingertips. Science 2011; 333: 776-778.

19 Spitzer M. Multitasking-Nein danke! Nervenheilkunde 2009; 28: 861-864.

20 Spitzer M. Schenken Sie doch-schlechte Noten. Nervenheilkunde 2010; 29: 263-266.

21 Spitzer M. Digitale Demenz. München: Drömer 2012.

22 Spitzer M. Laptop und Internet im Horsaal? Nervenheilkunde 2013; 32: 805-812.

23 Spitzer M. Cyberkrank! Munchen: Droemer 2015.

24 Spitzer M. Buch oder E-book? Nervenheilkunde 2015; 34: 319-325.

25 Spitzer M. Sex on demand. Satellitennavigation und Geschlechtskrankheiten. Nervenheilkunde 2015; 34: 231-234.

26 Spitzer M. Smart Sheriff gegen Smombies. Nervenheilkunde 2016; 35: 95-102.

27 Unsworth N, Redick TS, McMillan D, Hambrick DZ, Kane MJ, Engle RW. Is play-ing video games related to cognitive abilities? Psychological Science 2015; 26: 759-774.

28 Weis R, Cerankosky BC. Effects of video-game ownership on young boys' aca-demic and behavioral functioning: A randomized, controlled study. Psychologi-cal Science 2010; 21: 463-470.

29 Swing EL, Gentile DA, Anderson GA, Walsh D. Television and Video Game Ex-posure and the Deelopment of Attention Problems. Pediatrics 2010; 126: 214-221.

30 APA American Psychiatric Association. Diagnostic an statistical manual of men-tal disorders: DSM-5. Fifth Edition. Arlington, VA, American Psychiatric Associa-tion 2013.

31 Irvine MA, Worbe Y, Bolton S, Harrison NA, Bullmore ET, Voon V. Impaired Decisional Impulsivity in Pathological Videogamers. PLoS ONE 2013; 8(10): e75 914.

32 Abler B, Walter H, Erk S, Kammerer H, Spitzer M. Prediction error as a linear function of reward probability is coded in human nucleus accumbens. Neuro-image 2006; 31: 790-795.

33 Abler B, Walter H, Erk S. Neural correlates of frustration. Neuro-Report 2005; 16: 669-672.

34 Hahn T, Notebaert KH, Dresler T, Kowarsch L, Reif A, Fallgatter AJ. Linking on-line gaming and addictive behavior: converging evidence for a general reward deficiency in frequent online gamers. Frontiers in Behavioral Neuroscience 2014; 8: 385.

35 Bleckmann P, Mößle T. Position zu Problemdimensionen und Präventionsstrat-egien der Bildschirmnutzung. Sucht 2014; 60: 1-13.

제7장

1 Aker S, Sahin MK, Sezgin S, Oguz G. Psychosocial factors affecting Smartphone Addiction in university students. J Addict Nurs 2017; 28: 215-219.

2 Anthes E. Pocket Psychiatry (News Feature). Nature 2016; 532:20-23.

3 Cavanagh SR. No, Smartphones are not destroying a generation. Psychology Today, 6.8. 2017 (https://www.psychologytoday.com/blog/oncemore-feeling/201708/no-smartphones-are-not-destroying-generation).

4 CDC, Center for Disease Control (2017) Quick-Stats: Suicide Rates for Teens

Aged 15-19 Years, by Sex-United States, 1975-2015. MMWR Morb Mortal Wkly Rep 2017; 66: 816.

5   Chen B, Liu F, Ding S, Ying X, Wang L, Wen Y. Gender differences in factors associated with smartphone addiction: a cross-sectional study among medical college students. BMC Psychiatry 2017; 17(1): 341.

6   Choi SW, Kim DJ, Choi JS, Ahn H, Choi EJ, Song WY, Kim S, Youn H. Comparison of risk and protective factors associated with smartphone addiction and Internet addiction. J Behav Addict 2015; 4: 308-314.

7   Cohen J. CDC word ban? The fight over seven health-related words in the president's next budget. Posted in: Scientific Community (doi: 10.1126/science. aar7959), 18.12.2017 (http://www.sciencemag.org/news/2017/12/fightover-seven-health-related-words-presidents-next-budget).

8   Collier R. Mental health in the smartphone era. CMAJ 2016; 188: 1141-1142.

9   de la Torre I, Castillo G, Arambarri J, López-Coronado M, Franco MA. Mobile apps for suicide prevention: Review of virtual stores and literature. JMIR Mhealth Uhealth 2017; 5(10): e130.

10   Dehling T, Gao F, Schneider S, Sunyaev A. Exploring the far side of mobile health: Information security and privacy of mobile health Apps on iOS and Android. JMIR Mhealth Uhealth 2015; 3(1): e8.

11   Demirci K, Akgönül M, Akpinar A. Relationship of smartphone use severity with sleep quality, depression, and anxiety in university students. J Behav Addict 2015; 4: 85-92.

12   Donker T, Petrie K, Proudfoot J, Clarke J, Birch MR, Christensen H. Smartphones for smarter delivery of mental health programs: A systematic review. J Med Internet Res 2013; 15(11): e247.

13   Eder S. Facebook und sein trojanisches Pferd. FAZ 20.3. 2017 (http://www.faz. net/aktuell/gesellschaft/gesundheit/kuenstlicheintelligenz-untersuchtpsyche-von-facebook-nutzern-14931226.html?printPagedArticle=true#void).

14   Elhai JD, Dvorak RD, Levine JC, Hall BJ. Problematic smartphone use: a conceptual overview and systematic review of relations with anxiety and depression psychopathology. J Affect Disord 2017; 207: 251-259.

15   Elhai JD, Levine JC, Dvorak RD, Hall BJ. Non-social features of smartphone use are most related to depression, anxiety and problematic smartphone use. Comput Hum Behav 2017; 69: 75-82.

16   Elhai JD, Tiamiyu MF, Weeks JW, Levine JC, Picard KJ, Hall BJ. Depression and emotion regulation predict objective smartphone use measured over one

주

week. Personal. Individ Dif 2017 (http://dx.doi.org/10.1016/j.paid.2017.04.051).

17 Fernandez-Luque L, Staccini P. All that glitters is not gold: Consumer health informatics and education in the era of social media and health apps. Findings from the Yearbook 2016 Section on Consumer Health Informatics. Yearb Med Inform 2016; 1: 188-193.

18 Frank E, Pong J, Asher Y, Soares CN. Smart phone technologies and ecological momentary data: is this the way forward on depression management and research? Curr Opin Psychiatry 2018; 31: 3-6.

19 Gao T, Xiang YT, Zhang H, Zhang Z, Mei S. Neuroticism and quality of life: Multiple mediating effects of smartphone addiction and depression. Psychiatry Res 2017; 258: 457-461.

20 Goyal S, Nunn CA, Rotondi M, Couperthwaite AB, Reiser S, Simone A, Katzman DK, Cafazzo JA, Palmert MR. A mobile App for the self-management of Type 1 Diabetes among adolescents: A randomized controlled trial. JMIR Mhealth Uhealth 2017; 5: e82.

21 Grundy Q, Held FP, Bero LA. Tracing the potential flow of consumer data: A network analysis of prominent health and fitness apps. J Med Internet Res 2017; 19(6): e233.

22 Guernsey L. Don't Take Away Your Teen's Phone. Slate 10.8. 2017 (http://www.slate.com/articles/technology/future_tense/2017/08/smartphones_haven_t_destroyed_a_generation.html).

23 He D, Naveed M, Gunter CA, Nahrstedt K. Security concerns in android mHealth apps. AMIA Annu Symp Proc 2014: 645-654.

24 Huckvale K, Prieto JT, Tilney M, Benghozi PJ, Car J. Unaddressed privacy risks in accredited health and wellness apps: a cross-sectional systematic assessment. BMC Med 2015; 13: 214.

25 Kaplan S, McNeil DG Jr. Uproar Over Purported Ban at C. D. C. of Words Like ›Fetus‹ The New York Times 16.12. 2017 (https://www.nytimes.com/2017/12/16/health/cdc-trump-bannedwords.html).

26 Kim E, Cho I, Kim EJ. Structural equation model of smartphone addiction based on adult attachment theory: Mediating effects of loneliness and depression. Asian Nurs Res (Korean Soc Nurs Sci) 2017; 11: 92-97.

27 Kim HJ, Min JY, Kim HJ, Min KB. Association between psycho-logical and self-assessed health status and smartphone overuse among Korean college students. J Ment Health 2017; 4: 1-6.

28 Kim J, Seo M, David P. Alleviating depression only to become problematic mo-

bile phone users: can face-to-face communication be the antidote? Comput Hum Behav 2015; 51: 440-447.

29 Kim SE, Kim JW, Jee YS. Relationship between smartphone addiction and physical activity in Chinese international students in Korea. J Behav Addict 2015; 4: 200-205.

30 Kim SK, Kim SY, Kang HB. An analysis of the effects of smartphone push notifications on task performance with regard to smartphone overuse using ERP. Comput Intell Neurosci 2016: 5 718 580.

31 Klein JP et al. Internetbasierte Interventionen in der Behandlung psychischer Storungen. Der Nervenarzt 2016; 87: 1185-1193.

32 Larsen ME, Nicholas J, Christensen H. A systematic assessment of smartphone tools for suicide prevention. PLoS ONE 2016; 11(4): e0 152 285.

33 Leigh S, Flatt S. App-based psychological interventions: friend or foe? Evidence-Based Mental Health 2015; 18: 97-99.

34 Livingston G, et al. Dementia prevention, intervention, and care. Lancet 2017; 390: 2673-2734.

35 Martínez-Pérez B, de la Torre-Díez I, López-Coronado M. Mobile health applications for the most prevalent conditions by the World Health Organization: Review and analysis. J Med Internet Res 2013; 15(6): e120.

36 Matar Boumosleh J, Jaalouk D. Depression, anxiety, and smartphone addiction in university students-A cross sectional study. PLoS ONE 2017; 12(8): e0 182 239.

37 McTague T. Children glued to social media sites like Facebook and Twitter are twice as likely to suffer mental health problems. Daily Mail 20.10. 2015 (http://www.dailymail.co.uk/news/article-3281206/Children-glued-social-media-siteslike-Facebook-Twitter-TWICE-likely-suffer-mental-health-problems.html?ito=social-twitter_dailymailus).

38 Mendenhall E, Kohrt BA, Norris SA, Ndetei D, Prabhakaran D. Non-communicable disease syndemics: poverty, depression, and diabetes among low-income populations. Lancet 2017; 389: 951-963.

39 Oberst U, Wegmann E, Stodt B, Brand M, Chamarro A. Negative consequences from heavy social networking in adolescents: The mediating role of fear of missing out. J Adolesc 2017; 55: 51-60.

40 Orth B. Die Drogenaffinität Jugendlicher in der Bundesrepublik Deutschland 2015. Teilband Computerspiele und Internet. BZgA-Forschungsbericht. Köln: Bundeszentrale für gesundheitliche Aufklärung 2017.

41 Schuler M. Facebook will Suizide verhindern. Tagesschau.de vom 28.11. 2017 (https://www.tagesschau.de/wirtschaft/facebook-suizidpraevention-101.html).

42 Shen N, Levitan MJ, Johnson A, Bender JL, Hamilton-Page M, Jadad AA, Wiljer D. Finding a depression app: a review and content analysis of the depression app marketplace. JMIR Mhealth Uhealth 2015; 3(1): e16.

43 Sohn M, Oh H, Lee SK, Potenza MN. Suicidal ideation and related factors among Korean High School Students: A focus on cyber addiction and school bullying. J Sch Nurs 2017; (doi: 10.1177/1059840517734290).

44 Spitzer M. Smartphones. Zu Risiken und Nebenwirkungen für Bildung, Sozialverhalten und Gesundheit. Nervenheilkunde 2014; 33: 9-15.

45 Spitzer M. Cyberkrank! München: Drömer 2015.

46 Spitzer M. M-Learning? When it comes to learning, smartphones are a liability, not an asset. Trends in Neuroscience and Education 2015; 4: 87-91.

47 Spitzer M. Schlaflos mit Blaulicht. Nervenheilkunde 2015; 34: 560-562.

48 Spitzer M. Kurzsichtig wegen mangelnder Weitsicht. Nervenheilkunde 2016; 35: 152-155.

49 Spitzer M. Die Smartphone-Denkstörung. Nervenheilkunde 2017; 36: 587-590.

50 Spitzer M. Phantom-Vibration. Nervenheilkunde 2017; 36: 655-658.

51 Sun LH, Eilperin J. CDC gets list of forbidden words: Fetus, transgender, diversity. The Washington Post 15.12. 2017 (https://www.washingtonpost.com/national/health-science/cdc-gets-listof-forbidden-words-fetus-transgender-diversity/2017/12/15/f503837a-e1cf-11e7-89e8-edec16379010_story.html?utm_term=5e0e924b61ff).

52 Thomée S. ICT use and mental health in young adults. Effects of computer and mobile phone use on stress, sleep disturbances, and symptoms of depression. Dissertation. Occupational and Environmental Medicine Department of Public Health and Community Medicine Institute of Medicine at Sahlgrenska Academy, University of Gothenburg 2012.

53 Thomée S, Härenstam A, Hagberg M. Mobile phone use and stress, sleep disturbances, and symptoms of depression among young adults-a prospective cohort study. BMC Public Health 2011; 11: 66.

54 Twenge JM. iGen. Why today's super-connected kids are growing up less rebellious, more tolerant, less happy-and completely unprepared for adulthood. New York: Atria Books 2017.

55 Twenge JM. Have smartphones destroyed a generation? The Atlantic, September 2017 (https://www.theatlantic.com/magazine/archive/2017/09/has-the-smart-

phone-destroyed-a-generation/534198).

56 Twenge JM, Joiner TE, Rogers ML, Martin GN. Increases in depressive Symp-
toms, suicide-related outcomes, and suicide rates among U. S. adolescents after
2010 and links to increased new media screen time. Clinical Psychological Sci-
ence 2018; 6: 3 −. 17.

57 Vom Orde H, Durner A. Grunddaten Jugend und Medien 2017. Aktuelle Ergeb-
nisse zur Mediennutzung von Jugendlichen in Deutschland. Internationales
Zentralinstitut für das Jugendund Bildungsfernsehen (IZI), München (http://
www.bronline.de/jugend/izi/deutsch/Grundddaten_Jugend_Medien.pdf).

58 Wang Y, Xue H, Huang Y, Huang L, Zhang D. A systematic review of applica-
tion and effectiveness of mHealth Interventions for Obesity and Diabetes
Treatment and Self-Management. Adv Nutr 2017; 8: 449 −. 462.

59 Witt K, Spittal MJ, Carter G, Pirkis J, Hetrick S, Currier D, Robinson J, Milner A.
Effectiveness of online and mobile telephone applications (›apps‹) for the self-
management of suicidal ideation and self-harm: a systematic review and meta-
analysis. BMC Psychiatry 2017; 17: 297.

60 Wolniewicz CA, Tiamiyu MF, Weeks JW, Elhai JD. Problematic smartphone use
and relations with negative affect, fear of missing out, and fear of negative and
positive evaluation. Psychiatry Res pii: 2017; S0165 −. 1781(17)30 901 −. 0.

61 Zhao J, Freeman B, Li M. Can mobile phone apps influence people's health be-
havior change? An Evidence Review. J Med Internet Res 2016; 18(11): e287.

제8장

1 Kross E, Verduyn P, Demiralp E, Park J, Lee DS et al. Facebook use predicts de-
clines in subjective well-being in young adults. PLoS ONE 2013; 8(8): e69 841.

2 Lindfors P, Solantaus T, Rimpelä A. Fears for the future among Finnish adoles-
cents in 1983-2007: from global concerns to ill health and loneliness. J Adolesc
2012; 35: 991-999.

3 Mallan K. Look at me! Look at me! Self Representation and self-exposure
through online networks. Digital Culture & Education 2009; 1: 51-66.

4 Orlet C. The Look at Me Generation. The American Spectator 2007 (http://spec-
tator.org/archives/2007/03/02/the-look-at-me-generation).

5 Paris J. Modernity and narcissistic personality disorder. Personality disorders:
Theory, research, and treatment 2014; 5: 220-226.

6 Spitzer M. Aschenputtel als Flugsimulator. Mit Darwin und Sprache können Sie
rechnen! In: Spitzer M: Nichtstun, Flirten, Küssen und andere Leistungen des

Gehirns. Stuttgart: Schattauer 2012.

7   Spitzer M. Groß in Facebook, klein im Gehirn? Gehirnforschung zu sozialen Netzwerken. Nervenheilkunde 2012; 31: 299-304.

8   Statista. Anzahl der Haushalte in Deutschland nach Anzahl der Personen im Haushalt von 2000 bis 2015. 2017 (https://de.statista.com/statistik/daten/studie/167169/umfrage/entwicklung-derhaushaltsgroessen-in-deutschland-seit-2000).

9   Statista. Aus welchem Grund sind Sie Ihrer Meinung nach Single? 2017 (https://de.statista.com/statistik/daten/studie/163192/umfrage/ gruendefuer-partnerlosigkeit-von-singles-nach-geschlecht).

10 Thomée S, Härenstam A, Hagberg M. Mobile phone use and stress, sleep disturbances, and symptoms of depression among young adults-a prospective cohort study. BMC Public Health 2016; 11: 66 (1-11).

11 Tromholt M. The Facebook Experiment: Quitting Facebook leads to higher levels of well-being. Cyberpsychology, behavior, and social networking 2016; 19: 661-666

12 Twenge JM, Campbell WK, Gentile B. Increases in individualistic words and phrases in American books, 1960-2008. PLoS ONE 2012; 7: e40 181.

13 Twenge JM, Foster JD. Birth cohort increases in narcissistic personality traits among American college students, 1982-2009. Soc Psychol Personal Sci 2010; 1: 99-106.

14 Wähnke W. Handbuch Sozialplanung für Senioren: Demografische und sozialstrukturelle Daten. Gütersloh: Bertelsmann Stiftung 2017.

15 Wolfe T. The »Me« Decade and the Third Great Awakening. New York Magazine 23.8. 1976 (http://nymag.com/news/features/45938).

16 Primack BA et al. Social media use and perceived social isolation among youngadults in the U. S. Am J Prev Med 2017 (doi: 10.1016/j.amepre.2017.01 010).

17 Spitzer M. Cyberkrank! München: Drömer 2015.

18 Konrath SH et al. Changes in dispositional empathy in American college students over time: A meta-analysis. Personality and Social Psychology Review 2011; 15: 180-198.

19 Michel JB et al. Quantitative analysis of culture using millions of digitized books. Science 2011; 331: 176-182.

20 Adler P, Kwon S. Social capital: Prospects for a new concept. Academy of Management Review 2002; 27: 17-40.

21 Johnston KL et al. Evaluating PROMISs instruments and methods for patient-centered outcomes research: patient and provider voices in a substance use

treatment setting. Qual Life Res 2016; 25: 615-624.

22   Twenge JM, Campbell WK, Gentile B. Changes in pronoun use in American books and the rise of individualism, 1960-2008. Journal of Cross-Cultural Psychology 2012; 44: 406-415.

23   Twenge JM. Generation Me. New York: Simon & Schuster 2014.

제9장

1   Ahonen T. Average person looks at his phone 150 times per day. 2013. Zit. nach www.phonearena.com/news/Average-personlooks-at-his-phone-150-times-per-day_id26636.

2   Drouin M, Kaiser D, Miller D. Phantom vibrations in young adults: prevalence and underlying psychological characteristics. Comput Human Behav 2012; 28: 1490-1496.

3   Eadicicco L. Americans Check Their Phones 8 Billion Times a Day. Time.com 15.12.2015 (http://time.com/4147614/smartphone-usage-us-2015).

4   Laramie D. Emotional and behavioral aspects of mobile phone use [Abstract] 2007. (Unpublished doctoral dissertation). Alliant International University, Los Angeles, CA. (http://grad-works.umi.com/32/68/3268867.html).

5   Lin YH, Chen CY, Li P, Lin SH. A dimensional approach to the phantom vibration and ringing syndrome during medical internship. Journal of Psychiatric Research 2013; 47: 1254-1258.

6   Lin YH, Chen CY, Li P, Lin SH. A dimensional approach to the phantom vibration and ringing syndrome during medical internship. Journal of Psychiatric Research 2013; 47: 1254-1258.

7   Lin YH, Lin SH, Li P, Huang WL, Chen CY. Prevalent Hallucinations during Medical Internships: Phantom Vibration and Ringing Syndromes. PLoS ONE 2013; 8(6): e65 152.

8   Parisi D. Banishing phantoms from the skin: »Vibranxiety« and the pathologization of interfacing. Flow 17 2013. (http://flowtv.org/2013/01/banishing-phantoms-from-the-skin).

9   Posey TB, Losch ME. Auditory hallucinations of hearing voices in 375 normal subjects. Imagination, Cognition and Personality 1983/84; 3: 99-113.

10   Rosen L. iDisorder: Understanding our obsession with technology and overcoming its hold on us. New York, NY: Palgrave 2012.

11   Rothberg MB, Arora A, Hermann J, Kleppel R, St. Marie P, Visintainer P. Phantom Vibration Syndrome among Medical Staff: A cross sectional survey. British

Medical Journal 2010; 341: c6914.

12 Spitzer M. Halluzinationen. Heidelberg: Springer 1988.

13 Spitzer M. Smartphones. Nervenheilkunde 2014; 33: 9-15.

14 Spitzer M. Die Smartphone-Denkstorung. Nervenheilkunde 2017; 36: 587-590.

15 West DA. A mass-observation questionnaire on hallucinations. Journal of the Society for psychical research 1948; 34: 187-196.

16 Williams C. ›Phantom‹ Cell Phone Sensations: Mind Over Matter. ABC News, 17.10. 2007 (http://abc-news.go.com/Health/story?id=3740984&page=1).

17 Wilmer HH, Sherman LE, Chein JM. Smartphones and cognition: A review of research exploring the links between mobile technology habits and cognitive functioning. Front Psychol 2017; 8: 605.

18 Young HF, Bentall RP, Slade PD, Dewey ME. Disposition towards hallucinations, gender and EPQ scores: A brief report. Person Individ Diff 1986; 7: 247-249.

19 Smith GCS, Pell JP. Parachute use to prevent death and major trauma related to gravitational challenge: systematic review of randomized controlled trials. Br Med J 2003; 327: 1459-1461.

20 Spitzer M. Sollen wir Wasser trinken? Nervenheilkunde 2014; 23: 435-437.

21 Schwab ME. A study of reported hallucinations in a Southeastern County. Ment Health Soc 1977; 4: 344-354.

22 Jones RD. Phantom Vibration Syndrome-Update Blog (http://inclusiveworks. com/cn-executive-coaching-corner/phantom-vibration-syndrome-update; abgerufen am 6.7. 2017).

23 Deb A. Phantom vibration and phantom ringing among mobile phone users: A systematic review of literature. Asia-Pacific Psychiatry 2015; 7: 231-239.

제10장

1 Althoff T, White RW, Horvitz E. Influence of Pokémon Go on physical activity: Study and implications. J Med Internet Res 2016; 18(12): e315.

2 Anonymus. Pokémon-harmloses Spielzeug oder Gift fürs Gemüt? Rundbrief 1, Für die Familie e. V., Dezember 2000 (http://www.fuerdiefamilie.de/pokemon.htm; abgerufen am 13.5.2017).

3 Anonymus. Pokémon. Academic 2000-2016, (http://de.academic.ru/dic.nsf/dewiki/1118324; abgerufen am 13.5.2017).

4 Anonymus. Game on for Pokémon Go. Placement of Pokémon characters may breach confidentiality. BMJ 2016; 354: i4780.

5 Anonymus. Pokémon Go. Wikipedia-Eintrag englisch 2017 (abgerufen am 13.5.2017).

6 Anonymus. Pokémon Go. Wikipedia-Eintrag deutsch 2017 (abgerufen am 13.5.2017).

7 Bailin A, Milanaik R, Adesman A. Health implications of new age technologies for adolescents: a review of the research. Curr Opin Pediatr 2014; 26: 605-619.

8 Ballouard J-M, Brischoux F, Bonnet X. Children Prioritize Virtual Exotic Biodiversity over Local Biodiversity. PLoS ONE 2011; 6(8): e23 152.

9 Balmford A, Clegg L, Coulson T, Taylor J. Why conservationists should heed Pokémon. Science 2002; 295: 2367.

10 Balmford A, Beresford J, Green J, Naidoo R, Walpole M, Manica A. A global perspective on trends in nature-based tourism. PLoS Biol 2009; 7(6): e1 000 144.

11 Bogost I. The tragedy of Pokémon Go. The Atlantic 11 July 2016 (http://www. theatlantic.com/technology/archive/2016/07/the-tragedy-of-pokemongo/490793/).

12 Delzo J. Men fall from cliff playing Pokémon Go. In: CNN [Internet]. 15 Jul 2016 (http://www.cnn.com/2016/07/15/health/pokemon-go-players-falldowncliff/index. html; abgerufen am 18.5.2017).

13 Ding D, Lawson KD, Kolbe-Alexander TL, Finkelstein EA, Katzmarzyk PT, van Mechelen W, Pratt M; Lancet Physical Activity Series 2 Executive Committee. The economic burden of physical inactivity: a global analysis of major noncommunicable diseases. Lancet 2016; 388: 1311-1324.

14 Granic I, Lobel A, Engels RC. The benefits of playing video games. Am Psychol 2014; 69: 66-78.

15 Hand KL, Freeman C, Seddon PJ, Recio MR, Stein A, van Heezik Y. The importance of urban gardens in supporting children's biophilia. PNAS 2017; 114: 274-279.

16 Howe KB, Suharlim C, Ueda P, Howe D, Kawachi I, Rimm EB. Gotta catch'em all! Pokémon GO and physical activity among young adults: difference in differences study. BMJ 2016; 355: i6270.

17 Joseph B, Armstrong DG. Potential perils of peri-Pokémon perambulation: the dark reality of augmented reality? OxfordMedical Case Reports 2016; 10: 265-266. (http://cicero.de/salon/pokemon-go-diedigitale-spasskultur-macht-dumm; abgerufen am 29.7.2017).

18 Logan AC, Selhub EM. Vis Medicatrix naturae: does nature »minister to the mind«? Biopsychosoc Med 2012; 6(1): 11.

19 Luke. Das Ende der Zivilisation: Pokémon Go und die Versklavung durch

Technologie. Scott.net 31.7. 2016 (https://de.sott.net/article/25309-Das-Ende-der-Zivilisation-Pokemon-Go-und-die-Versklavung-durch-Technologie; abgerufen am 8.8.2016).

20 McCartney M. Game on for Pokémon Go. BMJ 2016; 354: i4306.

21 Murch NR. Placement of Pokémon characters may breach confidentiality. BMJ 2016; 354: i4780.

22 Nemet D. Childhood obesity, physical activity, and exercise. Pediatr Exerc Sci 2017; 29: 60-62.

23 Oelkers J. Die Welt aus Lego und Pokémon. Kindererziehung im Konsumzeitalter. In: Universitas. Zeitschrift für interdisziplinäre Wissenschaft. Schmidel. Stuttgart 2002; 59(671): 473-481.

24 Oelkers J. Was lernt man mit Pokémon? Kindheit und Medien heute. Vortrag anlässlich der Eröffnungsfeier des Neubaus der psychosomatisch-psychiatrischen Station der Universitäts-Kinderklinik Zürich am 31. Mai 2001 (Webseite im Netzt nicht mehr auffindbar; zitiert nach de.academic http://de.academic.ru/dic.nsf/dewiki/1118324; abgerufen am 13.5.2017).

25 Pergams OR, Zaradic PA. Is love of nature in the US becoming love of electronic media? 16-year downtrend in national park visits explained by watching movies, playing video games, internet use, and oil prices. J Environ Manage 2006; 80: 387-393.

26 Pourmand A, Lombardi K, Kuhl E, O'Connell F. Videogame-Related Illness and Injury: A Review of the Literature and Predictions for Pokémon GO! Games Health J 2017; 6: 9-18.

27 Rasche P, Schlomann A, Mertens A. Who is still playing Pokémon Go? A Web-based survey. JMIR Serious Games 2017; 5(2): e7.

28 Serino M, Cordrey K, McLaughlin L, Milanaik RL. Pokémon Go and augmented virtual reality games: a cautionary commentary for parents and pediatricians. Curr Opin Pediatr 2016; 28: 673-677.

29 Smith DR. A walk in the park. Is Pokémon Go foreshadowing the future of biodiversity research and scientific outreach? EMBO Rep 2016; 17: 1506-1509.

30 Snaddon JL, Turner EC, Foster WA. Children's Perceptions of ainforest Biodiversity: Which Animals Have the Lion's Share of Environmental Awareness? PLoS ONE 2008; 3(7): e2579.

31 Spitzer M. Handy-Unfälle. Nervenheilkunde 2014; 33: 223-225.

32 Spitzer M. Der bestirnte Himmel über mir und das moralische Gesetz in mir. Ehrfurcht, Naturerleben und Sozialverhalten. Nervenheilkunde 2015; 34: 955-

963.

33 Tucker JM, Welk GJ, Beyler NK. Physical activity in US adults. Compliance with the physical activity guidelines for Americans. Am J Prev Med 2011; 40: 454-461.

34 Tsukayama H. Pokémon Go's unexpected side effect: injuries. The Washington Post, 10.6. 2016 (https://www.washingtonpost.com/news/theswitch/wp/2016/07/08/pokemon-gos-unexpectedside-effect-injuries/; abgerufen am 15.5.2017).

35 Tudor-Locke C, Craig CL, Aoyagi Y, Bell RC, Croteau KA, De Bourdeaudhuij I, Ewald B, Gardner AW, Hatano Y, Lutes LD, Matsudo SM, Ramirez-Marrero FA, Rogers LQ, Rowe DA, Schmidt MD, Tully MA, Blair SN. How many steps/day areenough? For older adults and special populations. Int J Behav Nutr Phys Act 2011; 8: 80.

36 Yang CC, Liu D. Motives Matter: Motives for playing Pokémon Go and implications for well-being. Cyberpsychol Behav Soc Netw 2017; 20: 52-57.

37 Barbieri S, Vettore G, Pietrantonio V, Snenghi R, Tredese A, Bergamini M, Previato S, Stefanati A, Gaudio RM, Feltracco P. Pedestrian inattention blindness while playing Pokémon Go as an emerging health-risk behavior: A case report. J Med Internet Res 2017; 19: e86.

38 Kornyeyeva L. Die digitale Spaßkultur macht dumm. Cicero. Magazin für politische Kultur, 29. Juli 2016, (http://cicero.de/salon/pokemon-go-diedigitale-spasskultur-macht-dumm; abgerufen am 29.7.2017).

39 Spitzer M. Lernen. Gehirnforschung und die Schule des Lebens. Heidelberg: Spektrum Akademischer Verlag 2002.

제11장

1 Aristoteles. Metaphysik. Stuttgart: Reclam 1976.

2 Green H. Breaking Out of Your Internet Filter Bubble. Forbes 29.8. 2011. \(http://www.forbes.com/sites/work-in-progress/2011/08/29/breaking-out-of-your-internet-filter-bubble/print/; abgerufen am 2.5.2012).

3 Kaiser J. Mixed results from cancer studies unsettle the field. Only two confirmations in first five results. Science 2017; 355: 234-235.

4 Lepore J. After the fact. In the history of truth, a new chapter begins. The New Yorker, 21.3.2016 (http://www.newyorker.com/magazine/2016/03/21/the-internet-of-us-and-the-endof-facts; abgerufen am 13.1.2017).

5 Morozov E. Fake News als Geschäftsmodell. Süddeutsche Zeitung 19.1. 2017, S. 9 (http://www.sueddeutsche.de/digital/facebook-und-google-fake-news-sind-ein-

symptom-des-digitalen-kapitalismus-1,3337982).

6 Oxford Dictionaries. Word of the Year 2016. (https://en.oxforddictionaries.com/word-of-the-year/word-ofthe-year-2016; abgerufen am 22.1.2017).

7 Spitzer M. Aschenputtel als Flugsimulator. Mit Darwin und Sprache können Sie rechnen! Nervenheilkunde 2011; 30: 545-554.

8 Sunstein C. On Rumors. How falsehoods spread, why we believe them, and what can be done. Princeton: Princeton University Press 2014.

9 Tugendhat E, Wolf U. Logisch-semantische Propädeutik. Stuttgart: Reclam 1983.

10 Jones D. Seeing reason: How to change minds in a »post-fact« world. New Scientist 2016; 3102

제12장

1 Beal D. New tech bubble reflects shift in wealth creation, settling in of digital age. MinnPost, 31.3. 2015 (https://www.minnpost.com/business/2015/03/new-tech-bubble-reflects-shiftwealth-creation-settling-digital-age; abgerufen am 24.7.2016).

2 Bower JL, Christensen CM. Disruptive Technologies: Catching the Wave. Harvard Business Review 1995; 73(1): 43-53.

3 Büttner W. Der Weberaufstand. ZEIT Online 1994 (http://pdf.zeit.de/1994/23/der-weberauf-stand.pdf; abgerufen am 5.7.2016).

4 Carney SJP. The USC Roski Fiasco Points to the corrosion of Art Education Nationwide. Can the »disruption« of art education lead anywhere good? 5. Juni 2015 (https://news.artnet.com/artworld/usc-roski-crisis-art-education-305429; abgerufen am 24.7.2016).

5 Christensen CM. The Innovator's Dilemma. New York: Harper Business 1995/2011.

6 Christensen CM, Horn MB, Johnson CW. Disrupting Class. How disruptive Innovation will change the way the world learns. New York: McGraw Hill 2008.

7 Christensen CM, Eyring HJ. The Innovative University: Changing the DNA of Higher Education from the Inside Out. San Francisco: Wiley 2011.

8 Fox J. The disruption myth. The idea that businesses are more vulnerable to upstarts than ever is out-of-date—nd that's a big problem. The Atlantic, October 2014 (http://www.theatlantic.com/magazine/archive/2014/10/the-disruption-myth/379348/; abgerufen am 24.7.2016).

9 Hauptmann G, Kollwitz K. Die Weber. F. Plötz (Hrsg.). Kloster Hiddensee: Gerhart-Hauptmann-Stiftung 2011/2012.

10   Henrich J, Boyd R, Bowles S, Camerer C, Fehr E, Gintis H. Foundations of Human Sociality: Economic Experiments and Ethnographic Evidence from Fifteen Small-Scale Societies. Oxford: Oxford University Press 2004.

11   Kuhn TS. Die Struktur wissenschaftlicher Revolutionen. Franfurt am Main: Suhrkamp 1996.

12   Lepore J. The disruption machine. What the gospel of innovation gets wrong. The New Yorker 23.6. 2014 (http://www.newyorker.com/magazine/2014/06/23/the-disruption-machine; abgerufen am 3.7.2016).

13   Louie GG. Committee on Forecasting Future Disruptive Technologies Division on Engineering and Physical Sciences. Persistent Forecasting of Disruptive Technologies-Report 2. Washington, DC: The National Academic Press 2010 \(http://www.nap.edu/catalog.php?record_id=12834).

14   Passiak D. Disruption revolution. New York: Social Mediate Press 2013.

15   Smith T. The rise and fall of the Apple Newton MessagePad (http://www.theregister.co.uk/2013/09/17/20_years_of_the_apple_newton/; abgerufen am 23.7.2016).

16   Stromberg M. Entire First-Year MFA Class Drops Out in Protest at the University of Southern California; 15.5. 2015 (http://hyperaller-gic.com/207235/entire-first-year-mfa-classdrops-out-in-protest-at-the-university-of-southern-california/; abgerufen am 24.7.2016).

17   UYH (http://www.uhydeutschland.de/wp-content/down/Pressemitteilung-2012.01. 16.pdf; abgerufen am 24.7.2016)

18   Von Hodenberg C. Aufstand der Weber. Die Revolte von 1844 und ihr Aufstieg zum Mythos. Bonn: JHW Dietz 1997.

제13장

1   Anonymus. Kampagne 2017. Lernen Sie unsere aktuelle Kampagne kennen. (https://about.hypovereinsbank.de/de/portraet/unsere-kampagne/; abgerufen am 1.10.2017).

2   Böckle R. ⋯ bis Ihre Kaffeemaschine die Zahnbürste hackt. ChannelPartner 18.1. 2017 (https://www.channelpartner.de/a/bis-ihre-kaffeemaschine-die-zahnbuerste-hackt,3049406; abgerufen am 1.10.2017).

3   Bonin H, Gregory T, Zierahn U. Übertragung der Studie von Frey/Osborne (2013) auf Deutschland. Endbericht Kurzexpertise 2015 Nr. 57; an das Bundesministerium für Arbeit und Soziales, Referat Ia4, Wilhelmstr. 49, 10 117 Berlin (ftp://ftp. zew.de/pub/zew-docs/gutachten/Kurzexpertise_BMAS_ZEW2015.pdf; abgerufen am 15.9.2017).

4   Dörner S. Droht mit Digitalisierung jedem zweiten Job das Aus? Die Welt 11.1.
2016 (https://www.welt.de/wirtschaft/webwelt/article150856398/Droht-mit-Digital-
isierung-jedem-zweiten-Job-das-Aus.html; abgerufen am 1.10.2017).

5   Frey C, Osborne MA. The Future of Employment: How Susceptible are Jobs to
Computerization? University of Oxford 2013 (http://www.oxfordmartin.ox.ac.uk/
downloads/academic/The_Future_of_Employment.pdf; abgerufen am 15.9.2017).

6   Gierow H. Unterwegs auf der Babymesse. Eltern vibrieren nicht 2017
(https://www.golem.de/news/unterwegs-auf-der-babymesse-eltern-vibrieren-
nicht-1709-130178.html; abgerufen am 1.10.2017).

7   Grace K, Salvatier J, Dafoe A, Zhang B, Evans O. When will AI exceed human
performance? Evidence from AI experts 2017 (https://arxiv.org/pdf/1705.08807.
pdf; abgerufen am 1.10.2017).

8   ILO. Bericht: World Employment and Social Outlook- Trends 2015. ILO-Berlin
(http://www.ilo.org/berlin/presseinformationen/WCMS_337926/lang-de/index.htm;
abgerufen am 1.10.2017).

9   Lobo S. Das Ende der Welt, wie wir sie kannten. Spiegel Online 13.9. 2017 (http://
www.spiegel.de/netzwelt/web/apple-iphone-xund-co-das-arkit-war-das-wahre-
highlight-der-apple-show-a-1167399.html; abgerufen am 15.9.2017).

10   Rauner M. Die Pi-mal-Daumen-Studie. ZEIT Online, 23. März 2017 (http://
www.zeit.de/2017/11/kuenstliche-intelligenz-arbeitsmarkt-jobs-roboter-arbeitspla-
etze/komplettansicht; abgerufenam 1.10.2017).

11   Reinhardt A. Gefahr durch Internet der Dinge. Wenn der Kühlschrank angreift.
SWR 6.6.2017 (https://www.swr.de/marktcheck/gefahr-durch-internet-der-dinge-
w⋯angreift/-/id=100834/did=19649142/nid=100834/iwwxqq/index.html; abgerufen
am 1.10.2017).

12   Reynolds M. DeepMind AI teaches itself about the world by watching videos.
New Scientist 10.8.2017 (https://www.newscientist.com/article/2143498-deepmind-
ai-teaches-itself-about-theworld-by-watching-videos/; abgerufen am 1.10.2017).

13   Spitzer M. Cyberchondrie oder Morbus Google. Eine Krankheit, die man nur
hermeneutisch versteht. Nervenheilkunde 2015; 34: 123-127.

14   Spitzer M. Smartphones, Angst und Stress. Nervenheilkunde 2015; 34: 591-600.

15   Spitzer M. Zerreißen oder zerrissen werden? Digital disruptiv: Dysfunktional
und destruktiv! Nervenheilkunde 2016; 35: 553-557.

16   Steier H. Wie Kaffeemaschinen die Meinungsfreiheit gefährden. Sicherheit im
Internet der Dinge. Neue Züricher Zeitung 7.10. 2016 (https://www.nzz.ch/digi-
tal/sicherheit-im-internet-der-dinge-wie-kaffeemaschinen-die-meinungsfreiheit-

gefaehrden-ld.1204361/; abgerufen am 12.7.2017).

17   Taxipedia. Wissenswertes rund ums Taxi 2016 (http://taxipedia.info/zahlen-und-fakten/; abgerufen am 1.10. 2017).

18   Turk V. Home Invasion. How we fell in love with our voice-activated home assistants. New Scientist 17.12. 2016 (https://www.newscientist.com/article/mg23231045-700-how-we-fell-in-love-with-ourvoiceactivated-home-assistants/; abgerufen am 1.10.2017).

제14장

1   Anklageschrift IN THE UNITED STATES DISTRICT COURT FOR THE DISTRICT OF COLUMBIA, CRIMINAL NO.(18 U. S. C. §§2, 371, 1349, 1028A) (Case 1:18-cr-00 032-DLF Document 1 Filed 02/16/18) (https://www.justice.gov/opa/press-release/file/1035562/download).

2   Anonymus. Digital intuition. A computer program that can outplay humans in the abstract game of Go will redefine our relationship with machines (Editorial). Nature 2016; 529: 437.

3   Anonymus. Is all publicity good? New Scientist 2018; 3167: 5.

4   Anonymus. Abmeldung bei sozialen Medien? Daten-Skandal schreckt Deutsche ab. N-tv.de, 24.3. 2018 (https://www.n-tv.de/panorama/Daten-Skandal-schreckt-Deutsche-ab-article20352773.html?service=print).

5   Anonymus. As Facebook scandal mushrooms, Mark Zuckerberg vows to ›step up‹ The Economic Times, 22.3. 2018 (https://economictimes.indiatimes.com/news/international/business/···hrooms-mark-zuckerberg-vows-to-step-up/printarticle/63407174.cms).

6   Bond RM, Fariss CJ, Jones JJ, Kramer ADI, Marlow C, Settle JE, Fowler JH. A 61-million-person experiment in social influence and political mobilization. Nature 2012; 489: 295-298.

7   Cabañas JG, Cuevas Á, Cuevas R. Facebook use of sensitive data for advertising in Europe. arXiv: 1802.05030v, 14.2. 2018 (https://arxiv.org/pdf/1802.05030.pdf).

8   Chen A. The real paranoia-inducing purpose of Russian hacks. The New Yorker, 27. Juli 2016 (https://www.newyorker.com/news/news-desk/the-real-paranoia-inducing-purpose-of-russian-hacks).

9   Covington P, Adams J, Sargin E. Deep Neural Networks for You-Tube Recommendations. RecSys '16 September 15-19, 2016, Boston, MA, USA (doi: http://dx.doi.org/10.1145/2959100.2959190).

10   Eltagouri M. The rise of ›Putin's chef‹, the Russian oligarch accused of ma-

nipulating the U. S. election. The Washington Post 17.2.2018 (https://www.washingtonpost.com/news/worldviews/wp/2018/02/16/the-rise-of-putins-chef-yevgeniyprigozhin-therussian-accused-of-manipulatingthe-u-s-election/?utm_term=4142b7ea1d6d).

11   Europäische Union. Datenschutz-Grundverordnung (https://eurlex.europa.eu/legal-content/DE/TXT/PDF/?uri=CELEX:32016R0679&from=DE).

12   Fowler JH. A Follow-up to a 61 Million Person Experiment in Social Influence and Political Mobilization (http://www.nasonline.org/programs/sackler-colloquia/documents/fowler.pdf).

13   Kosinski M, Stillwell D, Graepel T. Private traits and attributes are predictable from digital records of human behavior. PNAS 2013; 110: 5802-5805.

14   Kosinski M, Matz SC, Gosling SD, Popov V, Stillwell D. Facebook as a Research Tool for the Social Sciences. Opportunities, Challenges, Ethical Considerations, and Practical Guidelines. American Psychologist 2015; 70: 543-556.

15   Kramer ADI, Guillory JE, Hancock JT. Experimental evidence of massive-scale emotional contagion through social networks. PNAS 2014; 111: 8788-8790.

16   Lazer DMJ, Baum MA, Benkler Y, Berinsky AI, Greenhill KM, Menczer F, Metzger MJ, Nyhan B, Pennycook G, Rothschild D, Schudson M, Sloman SA, Sunstein CR, Thorson EA, Watts DJ, Zittrain JL. The science of fake news. Science 2018; 359: 1094-1096.

17   Lohr S. It's True: False News Spreads Faster and Wider. And Humans Are to Blame. New York Times. 8. März 2018 (https://www.nytimes.com/2018/03/08/technology/twitter-fake-news-research.html).

18   Matz SC, Kosinski M, Nave G, Stillwell DJ. Psychological targeting as an effective approach to digital mass persuasion. PNAS 2017; 114: 12 714-12 719.

19   Nicas J. How YouTube Drives People to the Internet's Darkest Corners. Wall Street Journal 7.2. 2018 (https://www.wsj.com/articles/how-youtubedrives-viewers-to-the-internets-darkestcorners-1518020478).

20   Revell T. What's not to like? The scale and scope of Facebook's huge ad machine has been revealed. New Scientist 2018; 3166: 4-5.

21   Rosenberg M Confessore N, Cadwalladr C. How Trump consultants exploited the Facebook data of Millions. The New York Times, 17.3. 2018 (https://www.nytimes.com/2018/03/17/us/politics/cambridge-analytica-trump-campaign.html).

22   Rosenberg M, Frenkel S. Facebook's role in data misuse sets off storms on two continents. The New York Times, 18.3. 2018 (https://www.nytimes.com/2018/03/18/us/cambridge-analytica-facebook-privacy-data.html).

23   Rosenthal R. Media violence, antisocial behavior, and the social consequences of small effects. Journal of Social Issues 1986; 42: 141–154.

24   Rosenthal R. How are we doing in soft psychology? Americal Psychjologist 1990: 775–777.

25   Silverman E. Facebook's first president, on Facebook: ›God only knows what it's doing to our children's brains‹. The Washington Post, 9.11. 2017. (https://www.washingtonpost.com/news/theswitch/wp/2017/11/09/facebooks-first-presidenton-facebook-god-onlyknows-what-its-doing-toour-childrens-brains/?utm_term=,8193cbc693c7).

26   Spitzer M. Spuren in der Wolke. Mit Sozialverhalten kann man rechnen–aber wollen wir das? Nervenheilkunde 2013; 32: 253–256.

27   Spitzer M. Dopamin und Käsekuchen. Essen als Suchtverhalten. Nervenheilkunde 2010; 29: 482–486.

28   Spitzer M. Qatar. Eine deutsche schule, islamische Kunst und ein Land, das nachdenklich macht. Nervenheilkunde 2018; 37: 125–135.

29   Thubron R. YouTube's ›recommended videos‹ algorithm keeps surfacing controversial content. Despite Google's tweaks. Techspot 8.3.2018 (https://www.techspot.com/news/73178-youtuberecommended-videos-algorithm-keeps-surfacingcontroversial-content.html).

30   Troianovski A, Helderman RS, Nakashima E, Timberg C. The 21st-century Russian sleeper agent is a troll with an American accent. The Washington Post, 17.2.2018. (https://www.washingtonpost.com/business/technology/the-21st-century-russiansleeperagent-is-a-troll-with-an-american-accent/2018/02/17/d024ead2-1404-11e8-8ea1-c1d91fcec3fe_story.html).

31   Tufekci Z. YouTube, the great redicalizer. The New York Times 2018; 12: 15.

32   Verma IM. Editorial Expression of Concern and Correction. PNAS 2014; 111: 10 779.

33   Vosoughi S, Roy D, Aral S. The spread of true and false news online. Science 2018; 359: 1146–1151.

34   Wu Y, Kosinski M, Stillwella D. Computer-based personality judgments are more accurate than those made by humans. PNAS 2015; 112: 1036–1040.

35   Meyer R. My Facebook Was Breached by Cambridge Analytica. Was Yours? How to find out if you are one of the 87 million victims. The Atlantic, 10.4. 2018 (https://www.theatlantic.com/ technology/archive/2018/04/facebook-cambridge-analytica-victims/557648).

제15장

1   Binet A, Simon T. Méthodes nouvelles pour le diagnostic du niveau intellectuel des anormaux. In: L'année psychologique 1904; 11: 191-244.

2   Binet A, Simon T. Le développement de l'intelligence chez les enfants. In: L'année psychologique 1907; 14: 1-94.

3   Bratsberg B, Rogeberg O. Flynn effect and its reversal are both environmentally caused. PNAS 2018 (www.pnas.org/cgi/doi/10.1073/pnas.1718793115).

4   Brinch CN, Gallowaya TA. Schooling in adolescence raises IQ scores. PNAS 2012; 109: 425-430.

5   Caldwell JC. Mass education as a determinant of the timing of fertility decline. Popul Dev Rev 1980; 6: 225-255.

6   Castro Martín T. Women's education and fertility: Results from 26 demographic and health surveys. Stud Fam Plann 1995; 26: 187-202.

7   Donner S. Forscher schlagen Alarm: in den Industrieländern ist der IQ auf Talfahrt. Bild der Wissenschaft, 16.5. 2005.

8   Dutton E, Bakhiet SFA, Osman HA, Becker D, Essa YAS, Blahmar TAM, Lynne R, Hakami AM. A Flynn Effect in Khartoum, the Sudanese capital, 2004-2016. Intelligence 2018; 68: 82-86.

9   Dutton E, Bakhiet SFA, Ziada KE, Essa YAS, Blahmar TAM. A negative Flynn effect in Khartoum, the Sudanese capital. Intelligence 2017; 63: 51-55.

10 Dutton E, Lynn R. A negative Flynn in Finland, 1997-2009. Intelligence 2013; 41: 817-820.

11 Dutton E, van der Linden D, Lynn R. The negative Flynn Effect: A systematic literature review. Intelligence 2016; 59: 163-169.

12 Emanuelsson I, Reuterberg SE, Svensson A. Changing differences in intelligence? Comparisons between groups of 13-year-olds tested from 1960 to 1990. Scandinavian Journal of Educational Research 1993; 37: 259-276.

13 Flynn JR. The Mean IQ of Americans: Massive Gains 1932 to 1978. Psychological Bulletin 1984; 95: 29-51.

14 Flynn JR. Massive IQ Gains in 14 Nations: What IQ Tests Really Measure. Psychological Bulletin 1987; 101: 171-191.

15 Flynn JR. The »Flynn Effect« and Flynn's paradox. Intelligence 2013; 41: 851-857.

16 Flynn JR, Shayer M (2018) IQ decline and Piaget: Does the rot start at the top? Intelligence 2018; 66: 112-121.

17 Gray JR, Chabris CF, Braver TS. Neural mechanisms of general fluid intelli-

gence. Nat Neurosci 6: 316-322.

18 Hearne LJ, Mattingley JB, Cocchi L. Functional brain networks related to individual differences in human intelligence at rest. Sci Rep 2016; 6: 32 328 (doi: 10.1038/srep32 328).

19 Herrnstein RJ, Murray C. The bell curve: Intelligence and class structure in American life. Free Press. New York, NY 1994.

20 Jiménez Fanny. Warum der IQ der Menschen steigt und steigt. Die Welt 2015.

21 Kanaya T, Scullin MH, Ceci S J. The Flynn Effect and U. S. Policies. The Impact of Rising IQ Scores on American Society Via Mental Retardation Diagnoses. American Psychologist 2003; 58: 778-790.

22 Kong A, Frigge ML, Thorleifsson G, Stefansson H, Young AI, Zink F, Jonsdottir GA, Okbay A, Sulem P, Masson G, Gudbjartsson DF, Helgason A, Bjornsdottir G, Thorsteinsdottir U, Stefansson K Selection against variants in the genome associated with educational attainment. PNAS 2017; 114: E727-E732.

23 KoÞrgesaar M. Flynni Efekti Esinemine Eesti Abiturientide Seas Raveni Testi Pohjal [Presence of Flynn Effect Among Estonian School-Leavers in Raven Matrices. English abstract]. (Seminaritöö) Tartu Ulikool. Tartu 2013 (http://dspace.ut.ee/bitstream/handle/10062/30644/korgesaar_merle.pdf?sequence=1&isAllowed=y; abgerufen am 8.7.2018).

24 Liu J, Lynn R. An Increase of Intelligence in China 1986-2012. Intelligence 2013; 41 (5) (doi: 10.1016/j.intell.2013.06 017).

25 Lynn R. IQ in Japan and the United States shows a growing disparity. Nature 1982; 297: 222-223.

26 Lynn R. What has caused the Flynn effect? Secular increases in the Devolopment Quotients of infants. Intelligence 2009; 37: 16-24.

27 Lynn R, Harvey J. The decline of the world's IQ. Intelligence 2008; 36: 112-120.

28 Lynn, R. Race differences Tartu 2013.

29 Merrill MA. The significance of IQ's on the revised Stanford-Binet scales. Journal of Educational Psychology 1983; 29: 641-651.

30 Okbay A et al. LifeLines Cohort Study. Genomewide association study identifies 74 loci associated with educational attainment. Nature 2016; 533: 539-542.

31 Pietschnig J, Gittler G. A reversal of the Flynn effect for spatial perception in German-speaking countries: Evidence from a cross-temporal IRTbased meta-analysis (1977-2014). Intelligence 2015; 53: 145-153.

32 Pietschnig J, Voracek M. One Century of Global IQ Gains: A Formal Meta-Analysis of the Flynn Effect (1909-2013). Psychological Science 2015; 10: 282-306.

주

33 Rauner Max. Abstieg in die Dummheit. ZEIT ONLINE 2016.

34 Rindermann H, Becker D, Coyle TR. Survey of expert opinion on intelligence: The Flynn effect and the future of intelligence. Personality and Individual Difference 2017; 106: 242-247.

35 Rindfuss RR, Morgan SP, Offutt K. Education and the changing age pattern of American fertility: 1963-1989. Demography 1996; 33: 277-290.

36 Ritchie SJ, Tucker-Drob EM. How Much Does Education Improve Intelligence? A Meta-Analysis. Psychological Science 2018; (https://doi.org/10.1177/095679761877425).

37 Rönnlund M, Carlstedt B, Blomstedt Y, Nilsson L-G, Weinehall L. Secular trends in cognitive test performance: Swedish conscript data 1970-1993. Intelligence 2013; 41: 19-24.

38 Siegler RS. The other Alfred Binet. Developmental Psychology 1992; 28: 179-190.

39 Stern W. Die Psychologischen Methoden der Intelligenzprüfung und deren Anwendung an Schulkindern (Sonderdruck aus: Bericht über den V. Kongress für experimentelle Psychologie / Berlin 1910). Leipzig: Johann Ambrosius Barth 1912.

40 Sudet JM, Borren I, Tambs K. The Flynn effect is partly caused by changing fertility patterns. Intelligence 2008; 36: 183-191.

41 Sundet JM, Barlaug DG, Torjussen TM. The end of the Flynn effect? A study of secular trends in mean intelligence test scores of Norwegian conscripts during half a century. Intelligence 2004; 32: 349-362.

42 Teasdale TW, Owen DR. A long-term rise and recent decline in intelligence test performance: The Flynn Effect in reverse. Personality and Individual Differences 2005; 39: 837-843.

43 Teasdale TW, Owen DR. Secular declines in cognitive test scores: A reversal of the Flynn Effect. Intelligence 2008; 36: 121-126.

44 Tuddenham RD. Soldier intelligence in World Wars I and II. American Psychologist 1948; 3: 54-56.

45 Wicherts JM, Dolan CV, Hessen DJ, Oosterveld P, von Baal GCM, Boomsma DI, Span MM. Are intelligence tests measurement invariant over time? Investigating the nature of the Flynn effect. Intelligence 2004; 32: 509-537.

46 Williams RL. Overview of the Flynn effect. Intelligence 2013; 41: 753-764.

47 Woodley MA, Meisenberg G. In the Netherlands the anti-Flynn effect is a Jensen effect. Personality and Individual Differences 2013; 54: 871-876.

48 Woodley MA, Nijenhuis J te, Murphy R. Were the Victorians cleverer than us?

The decline in general intelligence estimated from a meta-analysis of the slowing of simple reaction time. Intelligence 2013; 41: 843-850.

49 Woodley of Menie MA, Peñaherrera-Aguirre M, Fernandes HBF, Figueredo A-J. What Causes the Anti-Flynn Effect? A Data Synthesis and Analysis of Predictors. Evolutionary Behavioral Sciences Sep 25, 2017 (http://dx.doi.org/10.1037/ebs0000106).

50 Shayer M. Ginsburg D, Coe R. Thirty years on-a large anti-Flynn effect? The Piagetian test Volume & Heaviness norms 1975-2003. British Journal of Educational Psychology 2007; 77: 25-41.

찾아보기

노모포비아
스마트폰이 없는 공포

초판 1쇄 발행 2020년 3월 25일
초판 2쇄 발행 2020년 4월 22일

지은이 만프레드 슈피처
옮긴이 박종대
펴낸이 신경렬

편집장 유승현 **책임편집** 황인화 **편집** 김정주
마케팅 장현기 정우연 정혜민
디자인 캠프
경영기획 김정숙 김태희 조수진
제작 유수경

펴낸곳 (주)더난콘텐츠그룹
출판등록 2011년 6월 2일 제2011-000158호
주소 04043 서울시 마포구 양화로12길 16, 7층(서교동, 더난빌딩)
전화 (02)325-2525 | **팩스** (02)325-9007
이메일 book@thenanbiz.com | **홈페이지** www.thenanbiz.com

ISBN 978-89-8405-986-3(03330)

이 도서의 국립중앙도서관 출판예정도서목록(CIP)은 서지정보유통지원시스템 홈페이지
(http://seoji.nl.go.kr)와 국가자료공동목록시스템(http://www.nl.go.kr/kolisnet)에서 이용하실 수
있습니다.(CIP 제어번호: CIP2020006040)